작가작품론의 실제

송희복

작가작품론은 문학비평에 있어서 실제비평이니, 실천비평이니 하고 부릅니다. 구체적인 작가나 작품을 비평의 주된 대상으로 삼는 경우를 말합니다. 이 책은 작가작품론을 열쇠말로 삼고 있습니다. 이 책에서 다루어진 작가와 작품은 거의 대부분 작고한 작가들로, 또 우리 문학사에 검증된 작품들로 선정되어 있습니다. 덜 체계적이기는 하겠지만, 나의 근현대 문학사론에 관한 저서라고도 할 수 있겠습니다.

도서출판 월인

책머리에

세 달 하고도 열흘이 지났는데, 세상은 아직도 세월호 이야기로 가득 차 있습니다. 우리의 집단적인 외상은 이처럼 크고 뚜렷한 적이 없나 봅니다. 이럴 때 저는 문학의 치유적인 기능에 대해 생각을 해봅니다. 그러나 문학은 인간의 삶에 구체적인 복지를 기약해 주지 못하고 있습니다. 문제의 제기만 있지 해결의 기미를 남겨주지 못하는 문학과 예술. 눈앞의 세계만 세계의 모든 것을 구성하는 게 아니라는 사실에 위안을 삼아야 하겠지요.

작가작품론은 문학비평에 있어서 실제비평이니, 실천비평이니 하고 부릅니다. 구체적인 작가나 작품을 비평의 주된 대상으로 삼는 경우를 말합니다. 이 책은 작가작품론을 열쇠말로 삼고 있습니다. 이 책에서 다루어진 작가와 작품은 거의 대부분 작고한 작가들로, 또 우리 문학사에 검증된 작품들로 선정되어 있습니다. 덜 체계적이기는 하겠지만, 나의 근현대 문학사론에 관한 저서라고도 할 수 있겠습니다.

이 책은 내가 대학 선생의 입장에서 쓴 것이라는 특성에서 다소 자유롭지 못하기 때문에 학문의 체계로서는 미흡하거나 한계가 있는 게 사실입니다. 그렇다고 해도, 여기에 기울인 정성과 흘린 땀은 행간마다, 면수마다 배여 있습니다. 우리 근현대 문학사의 인식 틀에 관심을 가지고 있는 분들과 공감을 나누었으면 합니다. 잘못된 부분이 있으면 질정을 부탁드립니다.

그동안 여러 차례 신세를 진 도서출판 월인에, 또한 어려운 출판 환경 속에서 분투하고 계시는 박 사장님께 다시 한 번 고맙다는 말씀을 전합니다.

갑오년 성하

저자

목차

1. 메타비평의 눈

한국문학비평사 속의 작가작품론 연구

- 1970년대의 김윤식과 신동욱을 중심으로

1. 작가론과 작품론의 보이지 않는 충돌

작가론과 작품론은 문학을 이해하는 데 있어서 가장 기본적인 비평의 형태가 된다. 전자는 작가의 작품을 통하여 작가의 문학 활동이나 문학 사상을 비평하거나 연구하는 일을, 후자는 작가의 개별적인 작품을 대상으로 비평하거나 연구하는 일을 가리킨다. 양자가 서로 밀접한 상관관계를 맺는다는 것은 두말할 나위가 없다고 할 것이다.

작가론은 작가 없는 작품이 있을 수 없다는 사실을 전제로 삼는다. 작가는 물론 작품의 원인적인 조건이 된다. 작가의 전기적인 사실이 작품을 이해하고 평가하는 데 중심적인 전제 조건이 된다는 데서 작가론의 행방이 비롯된다.

이에 반해, 작품론은 작가가 이룩해 놓은 낱낱의 작품이 작가의 수중으로부터 벗어났을 때 그것은 독립적이고 객관적인 실체로 분리해서 존재한다는 사실을 전제로 한다. 특히 20세기의 형식주의 비평가들은 작가 개인의 문학적 업적에 대한 막연한 인상을 밝히기보다는 작품의 본문을 구체적으로 예거하면서 세밀한 접근을 시도하거나 분석적인 방법을 사용해 비평문이나 논문을 기술한다.

작가론이 원인을 중시한다면 작품론은 결과를 중시한다. 작가론이라고 해서 작품 분석이 없는 게 아니며, 작품론에 작가의 생애에 관한 기록물을 무시하거나 작가의 사상 및 세계관을 도외시할 수는 없는 것이다. 대학 국문과 교육과정 중에서 '작가작품론'이란 이름의 강좌가 있듯이, 양자의 개념이 동일선상에 나란히 놓이곤 한다. 작가와 작품이 떼려야 뗄 수 없는 관계라는 인식이 강화되면 될수록 작가와 작품이 무관하지 않다는 관점의 목소리가 커지게 된다. 『작가연구의 실천』을 저술한 이기철은 이러한 목소리의 한 사례로 다음과 같이 자신의 견해를 밝힌 바 있었다.

> 작가론의 목적은 하나의 문학 작품을 총체적이고 심도 있게 이해하려는 노력의 일단이고 그러므로 작품과 작가는 불가분의 관계라고 해야 할 밖에 없다. 작가론과 작품론은 사실은 개별자적(個別者的) 동일화 작업이며 또한 작가론과 작품론은 다 같이 공동의 어려움과 공동의 즐거움이 있다. 그러나 여기서 우리가 주의해야 할 것은 작품의 모든 현실을 작가의 조건에 따라서 설명하는 나머지 작품 자체의 의미가 제이의적(第二義的)으로 밀려남은 바람직하지 않으며 그렇다고 작가와 절연된 상태에서 순수하게 작품만을 이해한다는 일도 문제가 있음을 부정할 수 없으니 작가론을 쓰기 위해서는 총체론적인 방법이 필요한 것이라 할 수밖에 없다.[1)]

인용된 글의 논자에 의하면, 작가론을 쓸 때 작품론적 작가론을 쓰고, 작품론을 쓸 때 작가론적 작품론을 쓰는 것이 이상적이다. 이를 총체적인 방법이라고 했다. 사실은 총체적인 방법이라기보다는 편의적인 방법인지도 모르겠다. 문학을 인식하는 세계관적인 시각의 차이를 생각한다면 작가론과 작품론은 쉽게 교합할 수 없는 이종(異種)의 산물이다. 엄밀히 말해 양자 간에는 보이지 않는 모순이

---

1) 이기철, 『작가연구의 실천』, 영남대 출판부, 1986, 25~6면.

나 충돌이 있다.

작가론은 표현론적 문학관의 소산이라고 할 수 있다. 이 관점에서 볼 때 문학은 작가의 표현에 있는 것. 그러면 작가는 문학 작품을 통해 무엇을 표현했다는 말인가? 취향, 감정, 상상력, 자발성, 내면화된 인생관, 가치 있는 체험 등등이 될 것이다. 한때 낭만주의 시대의 시인들이 표현론적 문학관의 신봉자들이었다. 이들은 시야말로 시인의 내면적인 그 무엇을 표현한 것이라고 여겼다. 18세기의 낭만주의자들뿐만이 아니라 낭만주의를 계승한 19세기의 문인들도 작가의 표현을 중시했다. 이들 모두에게는 황홀한 희열감이 내발(內發)된 표현으로서의 음악적 특성이 문학의 요소 가운데 중요한 것이라는 인식을 공유하고 있었다.

① W. 워즈워드 : 좋은 시는 강렬한 감정의 범람이다.
② S. T. 콜리지 : 소리의 반복으로 이루어진 모든 글은 시라는 범주 속에 포함된다.
③ P. B. 셸리 : 시는 인간과의 동종(同種)의 기원을 갖고 있는 상상력의 표현이다.
④ W. 페이터 : 모든 예술은 음악의 상태를 열망한다.
⑤ P. 베를렌 : 무엇보다도 먼저 음악을!
⑥ E. A. 포 : 시는 아름다움의 율동적 창조이다.

낭만주의 계통의 시인이나 소설가의 작품을 분석할 때 작품의 선행적인 조건이 되는 표현의 실체를 규명하지 않고서는 그 작품을 제대로 이해했다고 할 수 없다. 작가론은 역사전기비평의 영역에 해당한다. 외재적인 비평의 시발점이 되는 작가론은 문학 작품의 사회적이며 시대적인 조건의 기초 위에 굳건히 존재하는 것이어서 때로는 비사회적이거나 초시대적인 조건에 놓여 있는 개개의 작품에는 그다지 큰 영향력을 미치지 못한다. 그럼에도 불구하고 작가의 내면 의식이 강하게 반영된 작품은 작가의 표현의 실체나 정신세계를 탐구하기에 적절한 작가론에 의거해 해명되지 않으면 안 된다. 이런 점에서 볼 때 후술하겠거니와 작가론의 극단적인 형태는 정신분석학적인 문학비평의 유형이 아닐까 한다.

작품론은 작가의 의도를 최대한 배제한다. 작품의 다양한 읽기가 열려 있는 여러 가지의 가능태에서 그 의미를 구성하고자 한다. 작품론의 전제 조건에는 문학의 존재론적 관점이 놓여 있다고 하겠다. 이 관점에 따르면, 시인이나 소설가 등 작가의 인품에 의해 작품의 품격이 확정되지 아니하며, 또한 작품은 어디까지나 내재적인 분석과 판단 기준에 따라 독자적으로 존립하고 있는 객관적인 대상일 따름이다. 이러한 관점이 과격해지면, 작가론이 작가의 삶을 문학과 동일시하는 이른바 환원주의의 오류에 빠지게 될 것이라는 견해도 나올 수 있다.

20세기의 범(汎)형식주의자들은 작품(시)의 절대성을 강조했다. 작품이야말로 작가로부터 엄격하게 분리되어 자립하는 객관적인 실체이다, 라고 그들은 믿어 의심치 않았다. 물론 이 말에는 마치 자서전 쓰듯이 쓴 작품은 그만큼 좋은 작품이 되지 못하다는 뜻도 포함되어 있다.

① Y. 로트만 : 한 편의 시는 복잡하게 구조화된 의미이다.

② A. 머클리쉬 : 시는 의미하는 것이 아니라 존재하는 것이다.

③ J. C. 랜섬 : 좋은 시는 시인의 주체성을 상실한 것이다.

④ J. 무카로브스키 : 시인의 삶이 시 작품에 영향을 끼칠 뿐만 아니라, 시 작품이 시인의 삶에 영향을 끼친다.

이러한 유의 작품관은 비교적 극단적이기는 하지만 문학의 실상보다 이론을 강조할수록 더욱 힘을 얻는다. 물론 비평의 유형에 있어서도 작가론을 과감히 배제하고 작품론을 무척 선호한다. 작가의 익명성(anonymity) 조건에서 '그 자체를 위해 존재하는 작품 자체의 자율성(the autonomy of the work itself as existing of its own sake)'을 드러내는 것이 바로 작품론의 본령이 될 수밖에 없는 것이다.

문학을 보는 관점이 표현론과 존재론으로 날카롭게 대립될수록 작가론과 작품론의 모순과 충돌은 한결 심화된다. 작가론과 작품론이 일종의 단일개념으로서 작가작품론이란 이름으로 통용되고 있기는 하지만 문학관의 차이에 따라서 그 양자의 개념은 알게 모르게 모순과 충돌의 관계를 맺고 있다고 할 것이다. 작가와 작품 사이에 놓인 인과율을 어떻게 이해하고 받아들일 것인가 하는 문제에 따라서 작가를 통해 작품을 볼 것인가, 작품을 통해 작가를 볼 것인가 하는 점이 부각된다고 말할 수 있다.

2. 작가론의 이론 체계를 세운 레온 에델

작가론은 작품을 기본적으로 작가와의 관계에서 취급한다. 작가의 문학적 생애가 작품 속에 어떻게 유기적으로 형상화되어 있는가 하는 것을 밝히는 것이 작가론을 쓰는 비평가와 연구가의 몫이다. 비평사에서 작가론의 단초를 제공한 이는 19세기 초의 박물학적인 문학비평가였던 C. A. 생트뵈브(Sainte-Beuve)였다. 그는 문학을 작가 전기의 입장에서 접근했고 인간과 문학의 불가분한 관계를 늘 염두에 두고 있었다. 그는 작가와 작품의 관계를 비유해 말하기를 '그 나무에 그 열매'라고 했다. 이와 같이 문학의 인과(因果) 결정론

과정은 그의 생각을 계승한 H. A. 테느(Taine)에게로 이어진다. 그는 저서 『영문학사』에서 문학이 인간들에 의한 어떤 종류의 정신 표현에 의해 만들어진 것이라고 했다. 요컨대, 생트뵈브와 테느는 작품보다 작가에 더 큰 관심을 기울였다.

작가론의 배경과 정보 가치에 관한 얘기는 이미 이상섭이 한 바 있거니와, 작가론의 과학적인 기초와, 정보 가치의 유무를 판단할 수 있는 비평적인 능력이 확보되어야만 올바른 작가론을 기술할 수 있다.

레온 에델(Leon Edel)은 「제임스 조이스론」(1947)과 「헨리 조이스론」(1953) 등의 작가론을 쓴 비평가로 잘 알려진 인물이다. 작가론에 정평이 나 있는 비평가이면서도, 그는 제 나름대로 작가론의 이론적 체계를 수립한 문학이론가이기도 했다. 그의 명저서 『문학전기(Literary Biograph)』(1959)는 그 방면의 고전으로 평가되고 있다. 이 책은 우리나라에 『작가론의 방법』(김윤식 옮김, 1953)이란 표제로 번역되기도 했다.

레온 에델은 작가론을 쓰는 비평가가 자료를 수집하고 조사하고 분류하는 일, 즉 증거를 이루는 것들에 대한 심오한 이해 못지않게 작품을 치밀하게 읽고 깊이 있게 통찰하는 이른바 '비평적 능력'을 갖는 것이 그 무엇보다도 중요하다는 사실을 강조한 바 있었다. 그는 이 비평적 능력이야말로 작가론의 본질을 규명하는 것이라고 확신했다. 레온 에델의 이와 같은 견해는 『문학 연구의 방법』의 저자인 이상섭에게로 전이된다.

> 위대한 작품의 생산자는 더욱 위대하다는 천재 또는 영웅 숭배의 낭만적 사상이 작가 연구를 고취하기도 했지만, 작가는 작품이라는 현상의 원인이 된다는 인과율의 과학적 사고방식의 영향도 크다. 영웅숭배주의가 사라진 오늘날에도 작가의 성격과 생애를 연구하는 일이 계속되고 있는 것은 바로 그

과학적인 이유에서이다.

(……)

작가 연구자는 작품, 생산에 관련된 작가의 모든 면모를 다 파헤치고자 한다. 작가의 정신적 자세, 교육, 교우관계, 신체적 조건, 친척관계, 직업, 재산 정도, 애정관계, 읽은 책, 정치사상, 습관, 취미, 심지어는 입맛까지도 작품 생산에 관련이 있다고 판단되면 가치 있는 정보로 간주하여 수집 정리하는 것이다. 문제는 그 가치 유무를 판단하는 비평적 능력이다. 어디서나 비평의식은 살아 있어야 한다.[2)]

레온 에델이 주로 활동했던 1940, 1950년대는 미국의 뉴크리티시즘 비평의 전성기가 막 지나간 시대였다. 존 크로우 랜섬, 앨런 데이트, 클리언스 브룩스 등등의 뉴크리틱스가 자세히 읽기의 방법을 최대치로 활용하면서 작가 개개인의 선입견을 걷어내면서 낱낱의 작품으로 존재하고 있는 본문들을 객관적으로 분석하여 작품론 만능의 시대를 열어 놓았다. 문학 비평의 과학화에 그들이 기여한 것은 말할 나위조차 없다. 그러나 그들은 세세한 부분은 논리적으로 정확히 꿰뚫어 보았지만 전체적인 인상의 직관은 수립하지 못했다. 레온 에델의 문학전기, 즉 정확하게 일치하는 개념은 아니지만 작가론의 개념은 뉴크리티시즘에 대한 여러 갈래의 대안적인 기획의 하나로 부상하게 되었던 것이다. 『문학전기』 머리말에 다음과 같은 표현이 나를 주목케 한다. 그의 문학관의 정점을 보여주는 부분이 아닐까 한다.

이 시대의 전기의 재평가에 대해서는 다른 중요한 이유가 있다. 나는 최근에 몇몇 비평가들이 전기를 문학비평에서 제외시키려는 시도에 충격을 받았

---

2) 이상섭, 『문학 연구의 방법』, 탐구당, 1992, 28~9면.

> 다. 그들은 우리가 문학 작품을 그 창작자들과 분리시켜야만 한다고 주장한다. 이것은 매우 건전한 방법으로 나아갈 경우 작가의 텍스트의 중요성을 주장하는 것이 되는 반면, 문학작품은 우리가 꽃병이나 박물관에서 고대의 장식품을 볼 때와 마찬가지로 단순한 가공물이라는 관점에로도 이끌어진다. 나는 문학의 그러한 비인간화를 받아들이기란 어렵다고 생각한다. 결국 문학의 소리는 '침묵의 소리'의 하나가 아니다. 그것은 생각되어질 수 있는 것처럼 쉽사리 말을 하는 사람 또는 듣고 있는 세계와 분리되어질 수 있는 것은 아니다.[3)]

레온 에델의 말을 일단 수용한다면, 작품은 작가의 인생관, 작가의 생애로부터 유기적으로 형상화된 체험의 등가물과 무관하게 존립할 수 없으며, 그것들 역시 삶의 구체적인 현장으로서의 사회적인 조건과 시대적인 배경과도 절연할 수 있는 성질의 것이 결코 아니다. 예컨대, 김동인의 「배따라기」에서 화자가 진시황을 숭배하는 발언이 나오는데, 이것은 작가 김동인의 방탕한 사생활을 반영한 것이며, 염상섭의 「만세전」은 3·1운동 이후의 식민지 조선이 감당하고 있는 시대 상황과 결코 무관하다고 할 수가 없는 것이다.

> 형태 없는 형상, 색깔 잃은 망령,
> 마비된 힘, 동작 없는 몸짓,
>
> Shape without form, shade without colour,
> Paralysed force, gesture without motion:

인용문은 T. S. 엘리엇의 장시 「황무지」에 나오는 시구이다. 이

---

3) 레온 에델 지음, 김윤식 옮김, 『작가론의 방법』, 삼영사, 1988, 9면.

시는 엘리엇이 황폐한 땅의 불모성을 인식한 것. 레온 에델의 저서 『문학전기』의 한 장(章)에 '작품의 내적 독해와 분석-「황무지」 분석'이란 표제의 글이 있다. 그는 여기에서 인용문을 가리켜 "어둠의 심연은 또한 지옥의 밑바닥이기도 하며, 지옥의 밑바닥은 한 인간의 절망의 밑바닥이기도 하다. 이 시의 이미저리 바로 그 자체가, 시인이 자신의 어둠의 심연에 도달해 있음을 암시하고 있다."[4]라고 말하고 있다.

전술한 표제의 글은 엘리엇의 시를 전기적 방법으로 분석한 글의 전범으로 손꼽힌다고 한다. 얼핏 보기에 그것은 현저하게도 작품론이다. 하지만 작품의 분석에 치중하기보다는 시인의 전기적인 상황이 우선적으로 부각되었다면, 그것은 작가론의 범주에 속하게 된다. 이 경우는 작가론이 작품의 해석에 빛을 던져주어 가치를 발하는 것의 대표적인 사례가 아닐까?

레온 에델은 작가론이 인생 자체만큼이나 미묘하고 인간적이라고 본다. 작가를 온전히 벗어난 작품(론)은 벗어나면 벗어난 만큼 비인간적으로 삭막해진다고 그는 보았을 터이다. 그에 의하면 작가론은 단순하고 범박한 문학전기에서 비롯하여 궁극적으로는 문학평전에로 지향한다. 비평가 혹은 연구자가 자료의 핵심을 꿰뚫어보는 직관과 통찰력에 의해 자신의 인생 자체로 향해서도 창문을 열고 있다는 느낌을 줄 수가 있는 작가론의 이상 상태가 문학평전의 형식을 통해 구현되는 것은 아닐까? 김윤식의 말마따나 궁극적으로는 연구자 자신의 심혼(心魂)을 탐구하는 그런 작가론 말이다.

이어령의 『한국작가전기연구』(1975)가 단순하고 범박한 문학전기로서의 작가론의 성격을 지닌 것이라고 한다면, 김윤식의 『이광수와 그의 시대』(1986)는 문학평전의 상태를 지향하고 있다고 하겠다.

---

4) 같은 책, 135면.

김윤식 자신의 심혼 탐구의 결과일지 모르기 때문이다. 이것은 국내의 작가론으로서는 최고의 경지에 오른 것이다. 그 자신의 실증적인 엄밀함과 창조적인 비평의식을 잘 조화함으로써 작가 이광수의 생애와 작품의 궤적을 좇아 근대 한국인의 정신사와 관련된 문제의식을 심층적으로 밝히고 있다는 사실이 그것이 지닌 분명한 의의라고 말할 수 있을 것이다.

3. 작품론, 언어 형식의 조건에서 가치 판단으로

르네 웰렉과 오스틴 워렌이 공저한 『문학의 이론』은 모두 19장으로 구성된 문학이론서이다. 여기에서 주목하게 한 것이 있다. 제7장인 '문학과 전기'가 문학연구상의 비본질적인 태도 속에 규정되어 있음에 비하여, 제12장인 '예술적인 문학 작품의 존재양식'이 문학의 본질적 연구 가운데 포함되어 있다는 사실이다. 형식주의에 다소 경도되어 있는 이론가들이 작가론과 작품론을 어떻게 보고 있는가 하는 시각이 이 대목에서 잘 시사되어 있다고 하겠다.

제12장을 집필한 르네 웰렉은 시(작품)의 진정성이 어떤 형태로 존재하는가 하는 물음을 우선 던지고 있다. 그는 작품의 존재양식이 '본체론상의 위치(ontological situs)'에 놓이는 문제라고 보면서도 작품을 적절하게 분석하는 길을 열어주는 것이야말로 그 진정성의 형태가 존재하는 것으로 간주했다.

작품은 유기적인 전체이다. 매우 복잡하고 다기한 부분들이 모여서 구성의 통일을 이루는 것이 하나의 작품이다. 아리스토텔레스는 자신의 비극론에서 운명의 변화에 상응하는 플롯과 형식에 관한 논의를 개진한 이래, 신고전주의자의 3일치법칙, 콜리지의 반기계론적 단일체론, W. 블레이크의 반그리스적 고딕형식론, 헨리 제임스의 소설의 구조적 긴박성 이론 등이 제기되었다. 이때 작품은 삶의 완결성을 지닌 것이라기보다 형식의 완결성을 지닌 것이 된다. 그것은 개인의 감정이 배제된 객관적인 분석의 대상 그 이상도 그 이하도 아니다. 작품의 형식적 요인을 강조하는 사람들은 작품에서 창작자의 생애나 삶의식을 읽어내려는 그 어떠한 시도도 결과적으로는 '전기의 오류'를 초래할 뿐이라고 얘기한다.

> 우리들의 견해로는 삶과 예술작품은 별개의 아주 다른 문제이다. 따라서 전자에 대한 친숙한 이해가 후자를 쾌적하게 즐기는 데 꼭 필요한 것은 아니다. 우리에게 작품을 제공해주는 작가가 그 작품에 이어 그의 삶을 제시할 필요는 없다.
>
> \- 헨리 제임스

> 현대의 비평가들은 작품 그 자체의 텍스트에다 주의를 기울이려는 경향이 있다. 즉, 시를 시로서 보려하지, 시인의 전기에 대한 부속물이나 그의 독서의 반영물이나 사상사에 대한 조명물로서 보려하지는 않고 있다.
>
> \- 클리언스 브룩스

> 높은 가치가 인정된 사상을 주재료로 사용하기만 하면 좋은 작품이 되는 것은 절대로 아니다. '구슬이 서말이라도 꿰어야 보배'라는 속담처럼 많은 재료가 무질서하게 잡다하게 축적만 되어 있으면 그만인 것은 아니다.
>
> \- 이상섭

작품론은 작품의 구조적 통일성을, 작품의 언어형식의 조건을 논하는 것이 첫 번째 과제일 것이다. 그러나 작품이 그 자체로 지나치게 폐쇄되어 있으면 문학의 전면적인 통찰력이 상실하게 된다. 작품의 형식적인 조건 못지않게 작품성의 가치 판단 여부도 폭넓게 파악하기 위해서라면, 작품이 누구에 의해 창작되었으며 누구에게로 수용될 것인가 하는 문제도 사실상 전혀 배제될 수는 없다. 작품론이 문학비평이나 문학연구의 중심적인 과제로 부상할 수 있게 된 것도 창작이나 수용과의 상호 관련성을 인정하는 전제 조건으로부터 비로소 가능해지는 것이다.

프로이트주의자들은 셰익스피어가 창조한 인간상인 햄릿에게서 정신분석학의 차원에서 작품 해석의 단초를 얻는다. 햄릿의 여성혐오증은 성장 과정에서 어머니에 대한 관능적인 애정을 지나치게 억압하는 데서 생겨났으며, 아버지 살해의 무의식적인 동기로 인해 복수해달라는 아버지의 유령이 요구한 바 클로디어스를 죽이는 데 주춤할 수밖에 없다는 것이다. 즉 그의 우유부단한 성격은 외부적인 환경에 있지 않고 내면 상황에 대한 설명으로밖에 이해될 수 없다. 아버지에 대한 그의 감정은 복잡하다. 그는 유령으로 무대에 등장한 망부(亡父)에 대한 동일시와 사랑의 경쟁자로서의 증오의 아버지인 숙부 클로디어스에 대한 복수심을 공유한다. 이 애증에 얽힌 아버지에의 투사(projection)는 죽일 것인가, 살릴 것인가 하는 행위를 보이면서 독특한 양가성(兩價性) 반응을 이끌어가고 있다. 요컨대 비극 「햄릿」은 신경증적으로 억압된 오이디푸스 콤플렉스의 고전적 전범으로 손꼽히고 있다. 이에 대한 형식주의적인 분석도 있어 눈길을 끌게 한다. 다음의 인용문이 그 적례의 하나이다.

> 이 세상만사가 나에게는 지루하고 고리타분하고 부질없이만 보이는가!
> 에잇 더러운 세상, 초목은 다 시들어 빠지고,
> 거칠고 무성한 잡풀들이 독차지하는구나!

> 이 대사를 했을 때에 햄릿은 아버지의 죽음의 사실에 대해서는 생각하지 않고, 어머니가 새 왕과 성급히 결혼한 것에 관심을 쏟고 있는 것이다. (……)

> 햄릿은 자연과 인간의 부정(不貞)의 전형으로서 덴마크에 주의를 집중시킨다. 따라서 우리는 덴마크와 우주 사이의, 즉 인간과 자연 사이의 관련에 대한 햄릿의 점증하는 관심에서 어떤 구조적인 의장(意匠)을 알아낸다. 의문과 대답, 대화와 독백이 서로 이어질 때에 극본은 완전한 주제의 주장을 예견하게 하고, 보다 처음의 연상을 뒤돌아보게 하는 반복된 말과 구절의 통일된 언어의 의장을 이룩한다.
>
> 막과 장면이 전개될 때 극본은 자연과 인간의 본성과 국가의 건전성과 인간의 운명에 관한 문제가 변증법적인 강렬성을 띠는 방대한 시가 된다.[5)]

인용된 부분은 많은 전문 교수들이 참여해 엮어서 간행한 비평학 입문서인 『문학의 이해와 감상(A Handbook of Critical Appro aches to Literature)』(1966) 중에서 따온 글이다. 「햄릿」의 변증법적 형식에 관한 작품론이다. 「햄릿」은 인간과 인간의 본성에 관한 심오한 통찰에도 불구하고 그 나름의 구조적인 의장이랄까, 형식적인 질서 같은 것이 존재한다. 인간 사회의 타락상과 세계의 본질적인 실체 사이에 모순과 갈등이 상존한다. 이것들은 의문과 대답, 대화와 독백이라는 언어의 구조적인 의장에 의해 총체적으로 극복되어 간다. 「햄릿」의 변증법적인 형식의 질서가 존재하는 것은 이 때문이다.

우리나라 비평사에서 가장 탁월한 성과를 거둔 작품론은 시인이면서 강단비평가로 활동한 바 있었던 송욱의 저서 『한용운 시집 '님의 침묵' 전편 해설』(1974)이다.

이 책은 뉴크리티시즘의 기본적인 개념을 정확하게 수용한 실제비평의 산물로 당시의 우리 비평 수준을 한 단계 끌어올린 역저이다. 동서양을 넘나드는 해박한 지식과 작품 구조를 세밀하게 분석한 그의 비평적 감수성은 작품론의 한 전형을 제시한 것이기도 했다.

---

5) 윌프레드 L. 궤린 외 공저, 정재완 · 김성곤 공역, 『문학의 이해와 비평』, 청록출판사, 1981, 85~6면.

1960년대에 외국의 이론을 분별없이 받아들여 마구잡이식으로 우리 문학을 폄하하려는 몰주체적인 한계를 보인 세칭 강단비평이 자기 성찰의 기회를 가지면서 이론의 모형보다 작품의 실체에 차분하게 접근한 노력의 산물이 이것으로 나타내게 된 것은 아닐까? 그밖에도 뉴크리티시즘을 직간접적으로 접한 강단비평가들, 예컨대 김우창 · 이상섭 등도 작품론에 자신의 비평적 안목을 진지하게 보여주었다.

4. 1970년대 문학비평계의 작가작품론

(1) 김윤식의 작가론

김윤식의 『한국근대작가론고』는 1974년 일지사에서 간행되었다. 여기에 실려 있는 25편의 작가론은 1969년에서 1974년까지 5년간에 걸쳐 발표된 글들이다. 이 저서는 인상주의 비평에 의거한 초보적인 수준의 작가론에 머문 조연현의 『한국현대작가론』(1952)을 훌쩍 뛰어넘은 차세대의 새로운 실적으로 평가됨직하다. 그는 학구성이 좀 부족해 보이는 듯한 조연현의 인상적인 연구 성향과 달리, 자신의 작가론에 '인간과 그 시대, 즉 주체와 상황의 관계 개념'을 설정해 보려고 했던 것이다. 물론 그의 작가론은 조연현의 그것을 의식하면서 씌어진 것이 결코 아니지만 말이다.

김윤식의 작가론이 지향하는 궁극적인 이상은 인간적인 통찰에 있었다. 영미권 뉴크리시티즘이 비평의 방법으로 압도하고 있던 시대에 이것이 지향하는 '문학의 비인간화'에 대한 하나의 확실한 응전력으로선 그것만한 것이 없었다. 그는 그 사실을 누구보다도 잘 알고 있었다. 다시 말하면, 작가론이 정교한 읽기와 정치한 분석을,

인간적인 면모에 있어서 능가하고 있다고 그는 믿었던 것 같다.

> 전기 및 작가론은 생(生) 그것만큼 복잡 다각적이다. 호기심, 탐구, 비판, 분석 심리, 통찰의 가치-이러한 요소가 작용한다. 한마디로 말해서 지극히 인간적인 분야이다. 체험의 진실을 파악하기 위하여는 가치의 조정이 한시도 떠날 수 없다. 작가들이 인생과 환경의 본질을 포착함으로써 우리 문화와 인간 체험의 영역을 확대한다면 이 작가에 대한 연구는 동시에 우리 문화와 인간에 대한 탐구로 돌아간다. 그러므로 작가론을 쓴다는 것은 우리 자신을 쓰는 것이며, 작가론의 연구는 우리 자신의 연구와 구제인 것이다.[6]

김윤식의 작가론에 대한 이해와 관점은 『한국근대작가론고』의 부록인 「작가론의 방법」에 잘 반영되어 있다. 물론 이것은 레온 아델의 이론을 거의 무비판적으로 원용한 것에 지나지 않는다. 그가 이것에 매료된 까닭은 이것이 신비평의 다음 단계에 놓인다는 것, 신비평보다 더 새로운 이론이라는 것에 있었던 듯싶다.

김윤식이 기술한 25편의 작가론 중에서 첫 머리에 놓인 것은 「문자행위와 상상력 : 박지원론」이다. 가장 앞 쪽에 있는 글이지만 시기적으로 볼 때에는 가장 마지막에 쓰인 글이다. 즉 책이 공간되기 직전에 발표된, 가장 최근의 원고인 셈이다. 김윤식의 박지원론은 자신의 전공 분야인 신문학(근대문학)으로부터 벗어나 있다는 점에서 주목할 만한 것이 되기에 충분하다.

그는 이 글에서 조선조의 기록성(문자행위)이 갖는 세 가지 층위의 기호 체계를 밝히고 있다. 첫째 법고(法古)의 기호 체계로서의 한문, 둘째 언어와 사회 구조의 대응 관계를 성찰할 수 있는 기호 체계로서의 한문, 셋째 지배 이데올로기와 무관한 기호 체계로서의 한

---

6) 김윤식, 『한국근대작가론고』, 일지사, 1974, 434면.

글(正音)이 바로 그것이다. 왕조 이념의 바탕이 되는 순정(醇正)하고도 의고적인 문풍으로서의 고문이 첫 번째의 기호 체계라면, 박지원 유의 문체파동은 두 번째의 기호 체계이다. 여기에서 그는 '언어와 현실이 단절되어 있기 때문에 사상이 발생 한다'라는 독특한 명제를 도출해낸다. 그의 말처럼 조선 사회의 구조적인 모순을 자체의 힘으로 극복하지 못했기 때문에 박지원의 「열하일기」는 오랫동안 참신한 사상으로 전승되어 왔는지 모른다.

그가 궁극적으로 말하고자 하는 바는 이런 것이 아니었을까? "이 책은 내가 보기엔 일기일 수 없다. 그것은 글 쓴다는 것에서 필연적으로 연유하는 상상력일 따름이다. 따라서 「열하일기」 전체가 한 편의 가공 즉 픽션에 해당되는 것이다."[7] 그는 결국 박지원의 「열하일기」를, 기록문학이 아니라, 치용실리(致用實利)로 표현된 사상의 전체상을 제시한 통일적인 구조의, 허구와 상상력의 문학으로 본 것이다.

이러한 생각은 그 당시로선 유달리 참신한 생각이다. 작가론으로서도 당시의 유행을 훨씬 앞서 가는 것이다. 그러나 입증할 수 있는 근거가 부족한 것도 확연해 보인다. 따라서 김윤식의 박지원론은 작가론이지만 작가로서의 박지원의 성격에 대한 천착이 거의 전무하다. 그것은 박지원에 관련된 글쓰기의 의미를 철학적으로 자문자답하는, 다소 자기만족적인 작가론일 따름이다.

김동인에 관한 「반(反)역사주의의 의미」는 김윤식 자신의 비평관을 엿볼 수 있게 하는 작가론이다. 그는 김동인을 가리켜 소설이 예술이 될 수 있다는 점을 승인한 작가라고 말한다. 이 말은 다름이 아니라, 김동인 자신이 현실에 대한 패자임을 자인하지 않았거나 이 자인을 고의적으로 회피한 것. 김동인이 훗날 역사소설가로 변신해

7) 같은 책, 11면.

도 반역사주의 소설가인 것을 면치 못했다고 그는 보았던 것이다. 여기에서 그는 한국 소설사의 계보를 확인한다. 소설의 예술화와 비예술화가 바로 그것이다. 전자에 포함되는 작가군이 김동인·이태준·최인욱·김동리 등으로 대표된다면, 후자의 경우는 염상섭·이기영·채만식 등으로 대표된다. 그러면서도 자신의 작가(비평가)로서의 위상도 은근히 말하려고 한다. 자신은 현실을 초월하는 반역사주의자가 아니라, 현실을 인식하고 반영하는 역사주의자라는 사실을 말이다.

『질마재 신화』의 작가(시인)인 서정주와 관련된 글인 「전통과 예(藝)의 의미」도 반역사주의를 비판하는 문맥에 내포되는 성격의 글이다. 그렇지만 김윤식은 그다지 비판을 가하지 않는다. 오히려 독특한 시 세계에 대한 장려가 행간에 읽힌다. 절륜의 경지에 달한 메타포 때문일까?

> 예(藝)란 맹목(盲目)이지만 정확한 생명의 촉각을 가진다는 것은 바로 이 점을 두고 하는 말이다. 과거, 한국 예술에서, 예인으로서의 의식은 종교보다도 과학보다도 확실하게, 차라리 그러한 종교, 도덕, 과학의 폭력에 대항해서 생명을 주장하고 지켜온 측면과 동질적 파악이 가능하다. 예란 도덕적 질서로부터 야단맞고, 질책되고 심지어는 추방되고 억압된 양심을 띤다. 세월이 지나고 보면 그 억압되고 질책당한 부분 자체가 예술임을 알게 되는 것이다.[8)]

서정주의 『질마재 신화』에 수록된 한 편의 시 「상가수(上歌手)의 소리」를 두고, 그는 이렇게 말하고 있다. 글 전체가 「상가수의 소리」에 관한 얘기다. 하나의 작품을 대상으로 한 한 편의 비평문은 명백

8) 같은 책, 299면.

하게도 작품론이다. 서정주의 시 세계를 꿰뚫어보는 것, 하다못해 『질마재 신화』에 담겨 있는 시인의식을 파헤쳐 보는 것이야말로 작가론의 최소한 조건이 아닐까?

김윤식의 작가론 25편을 장르별로 나누어본다면 다음과 같이 분포되어 있다. 소설가론이 6편이요, 시인론이 11편이요, 비평가론이 6편이요, 수필가론이 2편이다. 여기에서 주목되는 것은 수필가론이다. 「어둠에의 인식 : 이상론」은 독특한 가치를 내포하고 있다. 보통 이상론이라고 하면 시인 이상이나 소설가 이상을 대상으로 한다. 그런데 김윤식은 수필가(산문가) 이상을 작가론의 대상으로 삼았다. 「침묵하기 위해 말해진 언어 : 전혜린론」은 비평가로서의 주관이 가장 빛을 발하고 있다는 점에서 25편의 작가론 중에서 가장 격조 높고 품격 있는 작가론이라고 할 수 있다.

> '나' 하나만의 토막된 세계 속에 소위 일류전이 찬란한 원광(圓光)의 너울을 썼다는 것은, 그리하여 계속 침묵하기 위해 언어를 발산했다면, 그것은 엄청난 순진성이거나 오해일 수밖에 없다. 침묵하지 않기 위해 말하고 있는 이쪽 세계에서 볼 때, 그 '침묵하기 위해 말해진 언어'는 피안(彼岸)의 불꽃일 따름이다. 그 어느 언덕에도 속물・비속물, 위선・위악의 의미는 없다.[9]

「침묵하기 위해 말해진 언어」 중에서 한 부분을 인용해 보았다. 인용문에서도 부분적인 인상이 드러나듯이 이 글은 비평가 김윤식의 사색의 깊이, 심미적 취향을 잘 드러낸 것이라고 여겨지고 있다. 비평의 작품성을 전혀 배려하지 아니한 것이 아니라는 점에서 작가론이란, 작가와 비평가의 격이 없는 만남, 심혼(心魂)의 교감이 전제되어야 한다는 사실을 시사해주고 있다고 할 것이다. 그러나 아쉽게

9) 같은 책, 405면.

도 김윤식의 작가론은 그것을 보편적인 자기 영역으로 확장시키지 못했다.

(2) 신동욱의 작품론

신동욱의 『한국현대문학론』은 1972년에 박영사에서 간행되었다. 이 시기만 해도 근현대문학 부분의 국문학 연구는 시작에 지나지 않았다. 물론 이 책은 국한문 혼용체의 빼곡하게 채워진 한자로 말미암아 오늘날의 젊은 연구자들에게 읽기에조차 불편한 지경이다. 이 책의 체재는 4부로 구성되어 있는데, 제2부인 '작품분석'에 눈길이 가지 않을 수 없다. 그도 그럴 것이, 국문한 연구 분야에, 특히 근현대문학 부문에 역사주의, 사회문화, 사조론(思潮論) 등의 내용 중심적인 방법론이 성행하고 있었기 때문이다. 시에 비하면 소설에서는 더욱 그랬다. 그 '작품분석'의 소제목을 나열하면 다음과 같다.

(1) 염상섭의 「삼대」
(2) 현진건의 「무영탑」
(3) 채만식의 「레디 메이드 인생」
(4) 김유정의 「만무방」
(5) 서정주의 「추천사」

보는 바와 같이, 신동욱은 시보다는 소설을 선호하고 있다. 분석의 대상을 소설 쪽을 택했다는 것에는 어려운 문제를 풀려는 도전의식이 전제해 있다. 소설 중에서도 분석이 쉽지 않은 사실주의 계열의 소설 작품을 택했다는 데 연구자로서의 비평적, 학구적인 사명감마저 깃들여져 있는 듯하다. 그럼에도 불구하고 오늘날의 관점에서 작품론의 수준을 객관적으로 되짚어보도록 하자.

(1)은 소제목과 달리 작가론의 성격을 지향하고 있다. 이 글의 3분의 2는 염상섭의 작가로서의 문제의식과 관련된 것이 많으며, 3분의 1은 「삼대」에 관한 비평 담론으로 구성되어 있다고 하겠다. 후자의 경우는 그렇다고 해도 분석의 예리한 인상, 읽기의 정교한 흔적은 엿보이지 않는다.

(2)의 경우도 마찬가지다. 내용 중심적인 정보를 장황히 늘어놓다가 마지막에 이르러 구조면과 주제면에서 드러난 사실을 열거하는 데 그치고 있다. 작품론의 정체성이 잘 드러나지 않기로는 (1)과 대동소이하다는 느낌이 있다.

(3)은 (1)과 (2)에 비해 작품론의 성격을 지향하고 있다. 미학의 범주와 형식적 장치의 요인들이 비평의 기둥말로 거듭 원용되고 있기 때문이다. 이를테면 풍자・해학・역설・반어・비소화(卑小化) 등이 그것이다. (3)에 비해 (4)에 이르면 한 차원 높은 작품론이 실현된다. 물론 부분적으로 볼 때 당대 소설가 이효석의 순응주의와 대비되는 김유정의 날카로운 현실 감각과 이에 따른 작가의식을 밝히고 있다는 점에서 (4) 역시 일종의 작가론이라고 할 수 있다. 또 작품 「만무방」만을 다룬 것도 아니다. 그렇지만 작품의 분석적인 실상으로 향해 신동욱의 비평적 촉수는 성실하게 접근해간다. 「금 따는 콩밭」은 세계 대공황에 의한, 1930년대라는 황금광 시대에 일확천금을 노리며 금맥을 캐기에 여념이 없는 영세 소작농민의 비극적인 삶의 실상을 묘파한 김유정의 작품이다. 작품 본문 속의 한 구절을 인용하고 그 후에, 이에 대한 분석적인 접근의 비평문을 나란히 인용해 보려고 한다. 작품론다운 분석의 방법이 반짝 돋보이고 있기 때문이다.

고달픈 간드렛불. 맥없이 푸릿기다. 밤과 달라서 낮엔 되우 흐릿하였다. 거츠로 황토장벽으로 앞뒤 좌우가 콕 막힌 좁직한 구뎅이. 흡사히 무덤 속같이 귀중중하다. 싸늘한 침묵. 쿠더부레한 흙내와 징그러운 냉기만이 그 속에 자욱하다.

첫 장면 묘사의 정확성은 엄숙하기까지 하다. 맥없이 푸릿기한 고달픈 간드렛불은 불확실한 희망을 분명하게 암시하고 있으며, 앞뒤가 콕 막힌 구덩이는 영세농민의 생활 형편과 일제의 제도가 빚은 질곡을 생생하게 그리고 있다. 이 구덩이는 작가의 비유에 의하면 '무덤'이다. 싸늘한 침묵과 징그러운 냉기는 이 구덩이를 에워싼 시대적인 냉혹성을 말한다고 볼 수 있다.[10)]

소설의 분문을 분석함으로써 시대의 배경과 분위기를 파악할 수 있다는 입장은 역사주의라기보다 형식주의의 몫이다. 김유정이 시대 의식의 탁월한 문제를 제기할 수 있는 데는 작품의 구체적인 분석이 전제되지 않을 수 없다. 특히 「만무방」에 대한 구조 및 문체의 분석은 현실을 보는 김유정의 작가의식, 미학적 기반을 파악할 수 있게 한다. 말하자면 김유정은 객관적인 현실 감각을 가졌고, 그의 작품은 창의적인 역설의 미학, 속어체 문장이 표시하는 비속미의 효과를 지녔다는 것이다.

신동욱의 작품론의 정점에는 (5)서정주의 「추천사」가 놓인다.

그는 여기에서 시의 해석에 관한 문제를 제기하고 있다. 서정주의 시편 「추천사」를 해석하고 있는 사례의 유형을 세 가지로 제시하고 있는데, 그것은 다음과 같다.

첫째, 「추천사」의 내용 중에서 "산호도 섬도 없는 저 하늘로 나를 밀어 올려다오."는 순수 지향의 심리적 상태라는 것. 8·15 직후의 정치 상황과 무관하지 않는 사회문화적 비평의 견지에서 서정주의 몰정치적인 순수 지향의 관념을 드러내고 있다는 것이 첫 번째 해

10) 신동욱, 『한국현대문학론』, 박영사, 1972, 147면.

석이다. 작품의 구조나 문맥을 고려하기 이전의 '시인의 사회적인 신념'이 시편 「추천사」에 전제되어 있다는 것을 의미한다.

둘째, 춘향의 순정, 춘향의 아름다운 정신의 상승적 지향이 천상의 미(美)에로 승화되고 있다는 관점이다. 이 관점은 제재(題材)에 대한 미적 우위론의 관점이기도 하다. 이것은 주제론적 비평의 유형에 가깝다. 미적 효과를 중시한다는 점에서는 독자 수용의 측면이 어느 정도 고려된 것이기도 하다.

셋째, 춘향이 인습을 타파하고 제도에 항거하는 인물로 해석하는 것이다. 이것은 전고적(典故的)인 지식의 자료를 바탕으로 한 학구적인 접근의 예라고 할 수 있겠다. 신동욱은 혹자가 "수양버들 나무와 벼갯모에 뇌인 듯한 풀꽃뎀이로부터 아조 내어밀 듯이"라는 표현을 두고 노류장화(路柳墻花)와 탐화봉접(探花蜂蝶)의 퇴폐적 도덕 감각을 거부하는 춘향의 의지를 극명하게 표현한 것이라고 말한 바 있다.

신동욱은 이 세 가지 해석의 사례를 가리켜 직관에 의존한 것이라고 낮게 평가했다. 객관적인 이해의 방식이 가장 바람직한 작품론임을 시사하고 있는 셈이 된다. 다음의 인용문이 말하고 있는 것이 바로 그것이다.

> 예리한 직관을 지닌 사람이 시를 바르게 이해한다는 말을 듣게 된다. 그러나 누구나 시를 바르게 이해할 만큼 예리한 직관을 가지고 있는 것도 아니며 또 직관이 지닌 변덕성 때문에 직관에만 의존할 수도 없다. 일반적으로는 경험이나 훈련에 의해서 추리나 고증을 벌어서 시를 이해할 수밖에 없다. 이렇게 하는 방법이 비교적 객관적인 시의 해석이나 이해에 도달하는 길이 될 것이다.[11]

11) 같은 책, 178면.

작품론은 어디까지나 객관적인 실체인 작품에 대한 이해와 해석라고 할 수 있다. 신동욱의 견해는 형식주의에 의거한 견해이다. 「추천사」를 해석한 탁월한 사례를, 그는 김종길의 경우를 꼽았다. 김종길이 「추천사」의 그네를 '지상적인 괴로움과 운명을 벗어나려는 상징의 그네'로 해설했다는 것이다. 그러면 신동욱이 서정주의 「추천사」를 분석한 그 장문의 비평문은 무엇인가. 「추천사」라는 시 자체를 분석하고 평가한 것이 아니라, 여러 갈래의 비평적 견해에 대한 메타비판적인 견해를 덧붙인 것에 지나지 않는다. 작품론으로선 제1차적인 성격의 것이 되지 못한다. 1970년대의 국문학계가 추구했던 작품론의 인식이 영미 신비평을 비롯한 범(汎)형식주의의 정교한 이론을 무장했던 외국문학 전공자들이 이룩한 소위 강단비평의 자장(磁場) 속에 머물고 말았다는 증좌가 된다. 이를테면 김우창·유종호·송욱·김종길·이상섭·정명환 등의 비평의식의 수준은 그 나름의 공과가 있었다. 1960년대 구미 중심의 강단비평이 일정한 한계를 노출하지 않을 수 없었던 시대적인 조건 안에서, 신동욱의 작품론이 지닌 한계도 함께 노정되었던 것이다.

5. 약론(約論) : 본 연구의 요지

필자가 본 연구를 통해 밝힌 의미의 골간을 장별(章別)의 순서에 따라 열거식으로 다음과 같이 밝히고자 한다.

첫째, 작가론이 원인을 중시한다면 작품론은 결과를 중시한다. 작가론이라고 해서 작품 분석이 없는 게 아니며, 작품론에 작가의 생애에 관한 기록물을 무시하거나 작가의 사상 및 세계관을 도외시할 수는 없는 것이다. 대학 국문과 교육과정 중에서 '작가작품론'이란 이름의 강좌가 있듯이, 양자의 개념이 동일선상에 나란히 놓이곤 한다. 작가와 작품이 떼려야 뗄 수 없는 관계라는 인식이 강화되면 될수록 작가와 작품이 무관하지 않다는 관점의 목소리가 커지게 된다.

둘째, 작가론의 이론을 수립한 레온 에델은 작가론을 쓰는 비평가가 자료를 수집하고 조사하고 분류하는 일, 즉 증거를 이루는 것들에 대한 심오한 이해 못지않게 작품을 치밀하게 읽고 깊이 있게 통찰하는 이른바 '비평적 능력'을 갖는 것이 그 무엇보다도 중요하다는 사실을 강조한 바 있었다. 그는 이 비평적 능력이야말로 작가론의 본질을 규명하는 것이라고 확신했다.

셋째, 작품론은 작품의 구조적 통일성을, 작품의 언어형식의 조건을 논하는 것이 첫 번째 과제일 것이다. 그러나 작품이 그 자체로 지나치게 폐쇄되어 있으면 문학의 전면적인 통찰력을 상실하게 된다. 작품의 형식적인 조건 못지않게 작품성의 가치 판단 여부도 폭넓게 파악하기 위해서라면, 작품이 누구에 의해 창작되었으며 누구에게로 수용될 것인가 하는 문제도 사실상 전혀 배제될 수는 없다. 작품론이 문학비평이나 문학연구의 중심적인 과제로 부상할 수 있게 된 것도 창작이나 수용과의 상호 관련성을 인정하는 전제 조건으로부터 비로소 가능해지는 것이다.

넷째, 김윤식의 작가론이 지향하는 궁극적인 이상은 인간적인 통찰에 있었다. 영미권 뉴크리시티즘이 비평의 방법으로 압도하고 있던 시대에 이것이 지향하는 '문학의 비인간화'에 대한 하나의 확실한 응전력으로선 그것만한 것이 없었다. 그는 그 사실을 누구보다도 잘 알고 있었다. 다시 말하면, 작가론이 정교한 읽기와 정치한 분석을, 인간적인 면모에 있어서 능가하고 있다고 그는 믿었던 것 같다.

다섯째, 작품론이 작가적인 삶의 자취를 떠나 객관적인 실체인 작품에 대한 이해와 해석이라고 할 때 신동욱의 견해는 형식주의에 의거한 견해이라고 할 수 있다. 그의 대표적인 작품론인 「추천사」(론)는 분석하고 평가한 것이 아니라, 여러 갈래의 비평적 견해에 대한 메타비판적인 견해를 덧붙인 것에 지나지 않았다. 작품론으로선 제1차적인 성격의 것이 되지 못했다. 1970년대 국문학계의 작품론의 수준이 영미 신비평에 영향을 받은 외국문학 전공자들의 소위 강단비평에 미치지 못했다고 평가된다.

『춘원연구』에 나타난 '기차(汽車) 상의 기연(奇緣)'에 대하여

1. 『춘원연구』의 비평사적 의미

김동인의 『춘원연구』는 우리 비평사에서 질량의 두 면을 충족한 초유의 본격 작가론이다. 누군가가 이 책을 두고 이렇게 말한 적이 있었다. "한 작가의 작품을 해설하고 연구한 것으로서 『춘원연구』는 1930년대 당시로서는 양으로나 질로나 획기적인 것이라 하지 않을 수 없다."[1] 이것의 원고는 단행본으로 공간되기 이전에 『삼천리』 1934년 7월부터 시작하여 같은 잡지 1939년 4~6월호에 이르기까지 연재되었다. 꼬박 5년이 걸린 셈이다. 물론 중간에 원고가 2년 5개월 만에 재개된 경우도 있었다.

비평의 범주 속에서 『춘원연구』는 작가비평에 속한다. 통상적인 의미의 전문가(비평가) 비평은 아닌 것이다. 문학의 이론보다는 같은 작가로서의 경험과 지식을 통해 자신의 작품 분석이나 가치평가를 수행한 것. 만약 작가비평의 주체가 대상 작가보다 연륜이 훨씬 높은 경우라면 대가비평이라고도 한다. 후배가 선배 작가의 세계를 논했기 때문에 대가비평은 어불성설이다. 뿐만 아니라, 흔히 대가비평은 비아냥거리는 말투로 쓰이기도 한다.

김동인의 『춘원연구』는 이광수 콤플렉스에서 쓰인 것은 틀림없는

---

1) 김상태, 「두 거장의 거리」, 김열규 외 편, 『김동인 연구』, 새문사, 1982, 1부 107면.

사실이라고 본다. 천재연(天才然)한 김동인이 지사연(志士然)한 선배 이광수가 아니꼬워서 쓴 것이 이 작가론이란 것. 게다가 기발한 단편 몇 편 발표한 김동인 자신이, 발표되는 장편마다 대중의 반향을 불러일으키면서 마치 조선인들의 국민 작가처럼 대접을 받는 이광수에 미치지 못함을 알고 비평적인 각축전을 벌이면서 문단의 소음을 일으키려는 속셈이 있었던 것도 실상에서 벗어난 것은 아니리라고 본다.

김동인에게 있어서의 이광수는 자기 앞에 놓여 있는 우람한 산맥이었다. 이 어김없는 사실은 사실이로되, 김윤식은 김동인의 『춘원연구』를 두고 '아비의 비밀을 철저히 파악하고 분석한 경쟁자인 아들의 기록'[2]이라는 비유를 사용한 바 있었다. 즉 그는 이광수와 김동인의 관계를 부자의 관계로 비유했던 것이다. 매우 부적절한 비유이다. 명치학원 동문인 두 사람의 나이 차는 불과 8년에 지나지 않는다. 아무리 전환기적인 시대라고 해도 의식이 한 세대의 틈새로 격한다, 라고 보기 힘들다. 김윤식의 이 비유를 가리켜 사계의 어느 전문가가 공감하겠는가?

2. '기차 상의 기연'에 관한 쟁점

『춘원연구』의 내용 중에 의미 있는 것이 적지 않다. 본고에서는 가장 많이 논의되고 있는 이를테면 소설 「무정」과 관련된 '기차(汽車) 상의 기연(奇緣)'에 대해 살펴보도록 한다.

여기 또 한 가지 재미있는 것은 박영채가 자살하러 가는 기차에서 병욱을

---

2) 김윤식, 『김동인 연구』, 증보판, 민음사, 2000, 404면.

> 만나게 된 이 '기차(汽車) 상의 기연(奇緣)'이라는 점이다. 춘원의 소설에는 흔히 기차 상의 기연(혹은 정거장)이 있다. 「흙」에도 누차 이런 장면이 있었고 「재생」에도 그런 곳이 있고 「어린 벗에게」에도 (그것은 기선이나) 그런 곳이 있고 그 밖에도 차상(車上)의 기연이 흔히 있다. 이것은 혹은 춘원이 과거에 있어서 기차에서 기이한 일이라도 경험한 일이 있어서 자연히 소설마다 이런 장면이 나오는지.[3)]

김윤식은 이 부분을 대수롭지 않게 지나가는 말투로 말해놓은, 빛을 뿜는 대목이라고 했다.[4)] 김동인의 예리한 시선이 두고두고 화제가 되었던 것이다. 신동욱도 「김동인의 형식주의 비평」이란 논문에서 이러한 관찰이 고전소설의 우연과 통한다는 실증적인 비판으로 이해되며, 김동인의 합리주의에 의해 당연히 제기될 문제점이라고 보아야 한다고 했다.[5)] 그런데 이광수의 입장을 옹호하는 연구가들도 없지 않다. 먼저 구인환의 논문을 보자.

> 이것을 플롯에서 배격해야 할 우연성이라고 하지만, 세상에는 그 이상의 우연의 상봉이 얼마든지 있다. 광화문 지하도에서 몇 십 년만의 상봉, 천리만리 타향에서의 상봉, 애타게 그리운 이, 또 존경하는 사람의 상봉은 얼마든지 볼 수 있다. 기차에서의 네 사람의 상봉은 그 가능성을 충분히 예시한 장면이다. 소설이 현실 이상으로 질서 있는 세계라면, 우연성도 그만치 개입될 수 있는 것이다.[6)]

구인환의 인용문은 매우 설득력이 있다. 소설이란 것도 현실의

---

3) 김치홍, 『김동인평론전집』, 삼영사, 1984, 100면.
4) 김윤식, 앞의 책, 407면, 참고.
5) 신동욱, 「김동인의 형식주의 비평」, 김열규 외 편, 앞의 책, 제2부 89면, 참고.
6) 구인환, 「이광수의 '무정'」, 이재선 외 편, 『한국 현대소설 작품론』, 도서출판 문장, 60면.

반영인 것이다. 현실에서의 우연성은 사람들이 적잖이 경험하는 것이다. 그런데 여기에서 김동인이 문제를 제기하는 것은 빈도수가 높다는 것이다. 구인환은 인용문에 이어 '현실은 유동적이고 산만하지만, 소설의 세계는 생동적이면서 구조적이다.'라는 소중한 말을 남긴다. 논문에서 볼 수 없는 무슨 경구 같다.[7] 그러나 역설적으로 말해, 소설이 현실보다 생동적이고 구조적이기 때문에 우연성의 배제가 더 필요하다는 얘기가 된다.

> '기차 상의 기연, 같은 신소설적 우연성이 큰 흠으로 지적되기도 한다. 그러나 이에 대해서는 당대 신문명을 지향하는 젊은이들의 만남의 장소로서 신문명의 위력을 상징하는 기차 외에 더 효과적인 곳이 없다고 본 작가 나름의 필연을 인정해야 할 것이다. 「무정」의 끝부분에 당시 우리 민족의 처지를 상징하는 삼랑진 수해 현장을 끌어들인 것은 서로 대립된 네 젊은이들을 민족애와 사회적 자아의 자각으로써 통합시켜 대단원에 이르게 하는데 적절한 결구라고 본다. 이 대목을 두고 네 인물의 화합을 위한 작위적인 돌발 사건으로 지적하는 경우도 있다. 그러나 처음부터 6, 7월 장마기를 배경으로 택했고 일관성 있게 더위와 뙤약볕, 모기장, 땀에 찬 모시베잠방이 및 빨갛게 단 기와장 등을 묘사하고 있으며 형식・선형・병욱・영채 일행이 한 기차에 타게 된 서두부터 비가 뿌려지는 심상찮은 날씨를 배경으로 깔고 있는 점 등은 이 대단원의 우연성을 배제하기 위한 작가 나름의 치밀한 속셈을 엿보게 한다.[8]

이 인용문은 윤병로의 저서에서 따왔다. 이광수의 소위 '기차 상의 기연'을 가장 적극적으로 옹호하고 있다. 옹호의 근거는 매우 설득력을 갖추고 있다. 우연성을 배제하기 위해 작가 이광수 나름으로

7) 같은 논문, 61면.
8) 윤병로, 『한국 근현대 작가작품론』, 성균관대 출판부, 1997, 228~9면.

는 치밀한 속셈을 전제하고 있다는 것이다. 다시 말하면, '기차 상의 기연'은 단순한 우연이 아니라 필연성의 기초 위에 따른 피치 못할 우연이라는 것이다. 그런데 김동인 소설에는 이광수 식의 기연이 설정되어 있지 않느냐 하는 사실도 곰곰이 생각해보아야 한다.

3. 편집자적 전지성의 오류

우리나라에서만 아니라 플롯에서 금기시되는 문제들, 예컨대 우연성 등과 같은 것을 통해 '편집자적 전지성(editorial omniscience)'의 문제가 쟁점이 되기도 한다. 형식주의의 입장에서 다음의 사례가 있었다.

웨인 C. 부스의 『소설의 수사학』에는 장 폴 사르트르의 모리악에 대한 비판이 소개되어 있다. 한마디로 말해 소설가는 신의 역할을 해선 안 된다는 것이다. 사르트르는 모리악이 소설에서 신과 같이 전지와 전능을 택했다고 한다. 외관을 뚫고 들어가서 외관을 초월하는 신의 눈으로 보면, 소설도 예술도 없다. 이 같은 기본 입장에서 사르트르는 소설가들의 편집자적 전지성을 비판했던 것이다.[9] 웨인 C. 부스는 이것의 오류로부터 벗어나지 못한 소설을 가리켜 '중재되지 않은 현실로서의 소설'이라고 했다.

플롯에서 우연성의 온전한 배제는 소설의 근대성을 확보하는 하나의 근거가 된다.

이런 관점에서 볼 때, 김동인은 신과 같은 자만심에서 벗어나야 한다고 생각한 것 같다. 그럼에도 불구하고 김동인 자신의 오만한 저 인형조종술은 또 무어냐는 것이다. 이 문제를 여백에 남기면서

9) 웨인 C. 부스, 이경우 · 최재석 역, 『소설의 수사학』, 한신문화사, 1990, 56～60면, 참고.

이 글을 맺지만, 앞으로 누군가가 이광수의 '기차 상의 기연'과 김동인의 인형조종술에 대한 상관관계에 대한 학구적인 해명이 있어야 할 것으로 본다.

작가론과 의미의 그물망, 혹은 문학성의 복잡한 기호들

– 김윤식의 『이광수와 그의 시대』에 대하여

1.

문학평론가이면서 국문학자인 김윤식은 1980년 9월 1일에 우신사판 『이광수전집』 10권을 무겁게 들고서 현해탄을 건너갔다. 10년 전에 도일할 때 계획했지만 이루지 못했던 이광수 작가론(혹은, 작가연구) 계획을 기필코 이룩하려고 했던 것이다. 작가론과 작가연구에는 개념상의 차이가 별로 없다고 보인다. 평론가의 입장이라면, 작가론이요, 국문학자의 입장이라면 작가연구가 맞다. 어느 입장에 서느냐에 따라서 용어가 달리 적용될 뿐이다. 어쨌든, 그러고 나서 1981년 4월부터 월간 『문학사상』지에 '이광수와 그의 시대'라는 제목으로 연재가 시작되었다. 연재는 5년에 걸쳐 이루어졌다. 그 후 단행본이 같은 제목으로 세 권으로 간행되었는데, 이것의 원고 분량은 200자 원고지로 환산해 4,600매에 이르는 대작이었다. 우리나라 본격적인 작가연구의 신기원을 세운 것이다.

2.

이광수의 작품 중에서 가장 성취적인 것은 두말할 필요조차 없이 「무정」(1917)이다. 이 작품 속에 이광수 자신의 개인사적인 체험이 적잖이 반영되어 있지만, 김윤식이 무엇보다 관심을 가지게 되었던 것은 시대적인 진취성이었다. 「무정」에 대한 김윤식의 숱한 코멘트 중에서 내가 딱 한 문장을 고를 수 있다면, 바로 이 문장이다. "상승하거나 조만간 상승할 계층의 세계관의 최대치를 드러낸 것이 「무정」이 아니라면 「무정」의 문학사적 가치는 반감되거나 점차 소멸될 것이다."(533면) 나는 이 한 문장으로 인해 『이광수와 그의 시대』에 대한 비평적, 학구적인 신뢰감을 온전히 가졌었다. 서양의 소설사가 부르주아 계층의 진보적인 세계관과 관련된 것이라면, 우리의 근대 소설사는 1910년대의 나라 잃은 시대 상황 속에서도 알게 모르게 형성된 신흥 계층 가운데서도 이형식 등과 같은 깨어난 신지식인(들)이 지향하는 미래의 삶, 내지 현실 타개의 삶의식과 관련된 것이 아닐까? 일제하의 국문학자 김태준이 이광수를 두고 '시민의 이데올로기를 문학적으로 형성한 작가'라고 규정한 것도 매우 적절한 것이었다. 세계관이 상승적 계층의 이데올로기로서의 일관성 있는 집단의식이라면, 이데올로기는 한 계층의 이익과 그것을 옹호하기 위한 사회 발전의 욕망을 띤 견해이다. 김윤식은 그 시대의 중심 내지 밑바닥을 흐르고 장차 상승 계층으로 편입되고자 하는 사회역사적 방향성에 관련되는 힘이야말로 이광수적인 문학정신의 형성력으로 본 것이다.

이광수의 작가적인 생애는 「무정」 이후의 상황은 어떻게 전개되었나?

작가의 노골적인 계몽사상을 위해 만들어졌다는 「개척자」(1917~8)와, 3·1운동 이후 남녀의 타락을 그린 「재생」(1925)이 있었다.

그는 어떤 의미에선 이것은 「무정」의 속편이라고 했다.

김윤식은 이 작가연구를 통해 가장 의미 있는 구조로 파악한 것이 수양동맹회(1926, 1)와 동우회(1929, 11)의 사상 및 운동이었다고 했다. 이광수는 소년 시절에 동경에서 애국 연설을 한 도산 안창호를 존경했다. 그에게 있어서의 도산 사상의 실천은 소설과 사회 운동을 통해 실현되어간다. 「무정」에도 도산의 준비론이 반영되어 있다. 특히 김윤식은 농촌 계몽소설의 백미인 「흙」(1933)을 가리켜 동우회 운동의 실천 행위로 보았다. 이광수에게 있어서의, 대중에 대한 사상의 전파는 본기(本技)요, 소설적인 글쓰기 행위는 여기(餘技)였다. 「무정」에서 「흙」에 이르는 모든 소설 창작은 작가 스스로 여기라고 했다. 이 중에서 가장 본기에 가까운 것이 있다면 「흙」이다. 이광수에게 있어서의 1933년은 작가의 전기가 된 시점이다. 이 해에 「흙」과 「유정」을 발표했다. 같은 해에 발표된 두 작품에는 매우 가파른 간격이 엄존해 있다. 그는 「흙」의 원고를 탈고한 뒤에 6월 중에 만주를 여행하였다. 사상에 대한 신념의 회의가 스며든 이 시점에 그의 방랑벽이 드러났고, 불협화음이 된 가정 문제가 제기되었다. 그의 전환기적인 작품인 「유정」이 탄생하게 된 배경이다.

> 「유정」에 이르러서는 동우회 이데올로기와 아무런 관련이 없다. 「유정」의 창작 동기는 표층적으로는 사람의 힘 가운데 가장 힘 있는 '정'을 다루었고 젊었을 때 체한한 시베리아 방랑의 감동을 되살리기 위한 것이지만, 심층적으로는 아내와의 갈등, 세상 사람들의 스캔들에 대한 절망, 동우회 운동에 대한 회의 등이었을 것이다.
>
> 요컨대 「유정」을 고비로 하여 춘원은 여기를 본기로 삼은 방향전환을 하기에 이른다. 「유정」 이후의 그의 창작 세계는 동우회 운동의 방편이 아니라 독자적인 춘원 자신의 개인 문제를 핵으로 한 것이다. 말하자면 춘원은 이로부터 문인이 된 것이며 그 절정에 『돌베개』(1948)가 놓여 있다. 자기 자신의

> 심적 상태를 거짓 없이 그린 세계야말로 춘원의 만년의 향기 높은 글들이다. 「유정」(1933)에서 「육장기」(1939)에 이르는 6년간의 거리는 춘원이 절망에 부딪히는 시기였다. 문학이 절망과 더불어 시작되고, 절망 다음에 온다는 원리를 우리는 춘원을 통해 재확인할 것이다.(900~1면)

김윤식의, 이광수에 대한 정확한 시각을 보여주는 대목이다. 다름 아니라, 이광수에게 있어서 「유정」은 절망의 새로운 모습이란 것. 이 절망의 조건에서 비로소 (순)문학이 자리를 잡는다. 「유정」은 초기 습작을 제한다면 이광수 소설의 예술적인 순수한 관념형태를 보여준 초유의 작품이다. 문학이 절망과 더불어 시작되고, 절망 다음에 온다는 원리에 관한, 이 경인구 비슷한 견해는 김윤식이 아니고선 잘 밝혀지기 힘든, 또한 잘 정립되기 힘든 명제이다.

김윤식은 『내가 읽고 만난 일본』(2012)에서 이광수의 후기 문학작품이 소설의 허구적인 장치를 제거한 에세이의 세계에 빠져 든 것에 대한 애정을 표한 바 있다. 그 구체적인 실례가 「무명」, 「만영감의 죽음」, 「난제오(亂啼烏)」, 「무명」과 그 연장선상에 놓인 『돌베개』이다. 이에 대한 천착은 이광수에 관한 나머지 몫으로, 그는 미루어 놓았다.

3.

김윤식의 저서 『이광수와 그의 시대』는 비판의 대상이 되기도 했다. 문학계 쪽이 아닌, 뜻밖에도 한 정신과 의사에 의해서다. 이중오의 『이광수를 위한 변명』(중앙M&C, 2000)의 한 부분 중에 '김윤식의 이광수' 장이 있다. 이중오는 1939년 생으로 서울대 의대를 졸업하고 1968년에 정신과 수련을 위해 도미해 이 책이 나온 2000년에 뉴욕 주립대학교 의대 정신과 의사로 재직하고 있었다. 그는 한마디로 말해 『이광수와 그의 시대』를 두고 '설익은 비약과 거친 추론으로 가득 찬 이광수 죽이기 작업'(242면)이라고 낮게 평가했다. 반면에, 자신의 논조는 이광수야말로 한국의 근대적 자아를 가장 현실감 있게 전형화한 존재라는 데 있다.(249면, 참고) 이 상충된 견해로 인해 다음과 같은 입론이 생겨나게 되는 것이다.

> 그(김윤식-인용자)는 자신이 밝히고 있듯이 10년이라는 긴 광음을 이광수 연구에 투자했다. 이러한 그가 이광수에게 내리는 평가는 간단하다. 그는 친일분자요, 돈키호테요, 자가도취자요, 무책임한 위선자요, 대중 취향의 질 낮은 통속 작가다. 이것은 이미 이광수에게 내려진 그런 평가를 다시 확인해주는 견고하고 정밀한 증거를 제시하고 있는 것뿐이다.(241면)

사실 김윤식이 내린 이광수에 대한 평가는 그리 간단치가 않다. 이중오의 말대로 이광수의 발언(어록)들이 무수히 복잡한 심리적 메커니즘의 그물로 짜여 있다면, 김윤식의 글은 무수히 복잡한 문학성의 기호들로 된 의미의 그물망으로 짜여 있다. 문학을 전공하지 아니한 사람은 이를 결코 이해할 수가 없다.

이중오는 김윤식의 저서에 숨어 있는 본류(本流)를 보지 못했다. 친일분자니, 돈키호테니 하는 것은 본류가 아니다. 그는 말하자면 수면에 표표히 떠 있는 물거품만 보았을 뿐이다. 김윤식에게 있어서 몇 가지 본류가 있다면, 예컨대 이광수의 고아의식과 같은 것이다. 이 얘깃거리는 그 이전에 누가 거론했던가?

김윤식은 이광수의 모든 작품에 고아의식이 기본항으로 놓인다고 했다. 「무정」과 「유정」이 전혀 이질적인 작품이라고 해도, 잘 살펴보면, 고아의식이란 점에서는 서로 동질성을 머금고 있다.

이 개인사적인 체험은 매우 중요한 문제의식이다. 여기에는 이광수가 살았던 식민지 시대의 심리적인 메커니즘으로 작용된 의미의 그물망을 형성한다. 우리에게 있어서 일제 강점기란 도대체 무엇일까? 김윤식은 이렇게 말한다. 그것은 정신사적인 차원에서 부(父)의식이 상실된 시대라고. 부의식의 상실은 다름 아니라 국권의 상실이 아닌가? 그에게 있어서의 국가 상실과 고아의식은 등가(等價)의 개념인 것은 말할 필요조차 없다. 이광수에게 있어서의 고아의식은 이처럼 복잡하고도 미묘한 의미망을 형성하고 있다. 이에 관한 설명의 전례가 과연 있었던가? 잘 알다시피, 김윤식의 경우 외에는 거의 전례가 없었다.

4.

월간 『문학사상』지에 「이광수와 그의 시대」가 한창 연재되던 1982년 여름이었다. 그때 김윤식은 지금의 교육방송인 KBS 제3방송국에서 이광수론(李光洙論)을 12회에 걸쳐 강의하고 있었다. 그 무렵에 일본의 교과서 왜곡 사건이 사회 문제로 크게 부각하고 있었다고 한다. 친일파 이광수에 관한 강의가 국영 방송에서 이루어지는 게 온당한가 하는 여론이 있었다. 그때 그는 이광수를 옹호하거나 비판하는 일에서 사실상 벗어났다. 그의 이광수 작가론은 김윤식 자신이 『내가 읽고 만난 일본』에서 밝힌 바대로 그가 드러내고자 한 것은 글(쓰기)과 인간의 관계, 소설과 작가의 관계, 인간(작가)과 시대의 관계 개념이었던 것이다. 다시 말하면, 그는 흑도 백도 아닌 회색의 가치중립적인 지대를 향해 손가락질을 하고 있었던 것이다.

송욱의 작품론과, 비평적 내지 지적인 교양의 속깊이

– 한용운의 「알 수 없어요」와 작품 해설

1.

송욱은 시인으로서, 또 영문학자로서 한 시대를 풍미한 재사였다. 그가 살았던 동시대에 누구 못지않게 지적 수준의 깊이를 드러낸 그는 대중적인 지명도가 낮았지만 1950년대 후반에서부터 1970년대 초반에 이르기까지 시인–비평가로서 우리 문학사에 기여한 측면이 적지 않았다. 시집을 포함한 그의 저술물은 앞으로 연구의 대상으로 확고히 남아 있으리라고 본다. 특히 그가 남긴 『한용운 시집 '님의 침묵' 전편해설』(과학사, 1974)은 그의 저서 『시학평전』과 『문학평전』처럼 강단비평의 현학적인 허실을 드러낸 측면이 없지 않았지만 한용운 시 연구의 이정표를 세운 작품론의 고전이라고 평가되어 마땅하다고 본다.

필자는 이 글을 통해 『한용운 시집 '님의 침묵' 전편해설』에 나오는 낱낱의 작품론 중에서도 「알 수 없어요」의 해설 부분에 관해 메타비평적인 해설을 덧붙이려고 한다. 이 부분은 그래도 대중적으로 읽힐 수 있는 부분이다. 시편 「알 수 없어요」와 그 해설은 독자와 쉽게 공감할 수 있는 작품–작품론인 동시에 이 가운데서도 이것저것 따져보면 대표성을 충분히 띠고 있기도 하다.

바람도업는공중에 垂直의波紋을내이며 고요히써러지는 오동닙은 누구의발자최임닛가

지리한장마끗헤 서풍에몰녀가는 무서은검은구름의 터진틈으로 언뜻언뜻보이는 푸른하늘은 누구의얼골임닛가

쯧도업는 깁흔나무에 푸른이씨를거처서 옛塔위의 고요한하늘을 슬치는 알ㅅ수업는향긔는 누구의입김임닛가

근원은 알지도못할곳에서나서 돍쌔리를울니고 가늘게흐르는 적은시내는 구븨구븨 누구의 노래임닛가

련쏫가튼발꿈치로 갓이업는바다를밟고 옥가튼손으로 쯧업는하늘을만지면서 써러지는날을 곱게단장하는 저녁놀은 누구의詩임닛가

타고남은재가 다시기름이됨니다 그칠줄을모르고타는 나의가슴은 누구의밤을 지키는 약한 등ㅅ불임닛가

-「알ㅅ수업서요」 전문

이 시의 원문에 나타난 두 가지 문제점을 텍스트의 비평의 관점에서 살펴보고자 한다.

먼저 '갓이업는'의 경우이다. 이본(異本)들의 상이점을 대조해 보면, 원본의 '갓이업는'을 그대로 쓴 경우는 없으며 1950년에 간행된 한성도서판 『님의 침묵』에서는 '가시업는'으로 연철한 것 외는 대부분이 '가이없는'으로 정본화하고 있다. 하지만 이 경우도 문제가 있다. '가이없다'는 비표준어이다. 굳이 표준어로 정본화할 것 같으면 '가없는'으로 수정되어야 한다. 특히 고등학교 교과서에선 더욱 그렇다. 그 시어는 '가장자리가 없는' 또는 '변두리가 없는'의 뜻으로 쓰인다.

그 다음은 '돍쌔리'이다. 『고어사전』(일조각, 1977)에 의하면 '돌'은 '돌'과 '돌히, 돌해, 돌흘, 돌콰……'로 첨용된다고 보고 있다.

그래서 종성을 'ㄺ'을 사용한 예는 보기 어렵다. 'ㅀ'과 'ㄽ'으로 쓰

이던 종성을 한용운은 'ㄺ'으로 사용했던 것이다. 현대어 정본은 말할 필요도 없이 '돌부리'로 정립된다.

다음의 글은 6행시 「알 수 없어요」를 분석한 것이다. 읽어보면 잘 알겠지만, 다음의 글은 「알 수 없어요」를 여섯 부분으로 나누어 분석하되, 잘게 나누어보면 대체로 이렇다. 1은 현대어 정본을 제시한 것이고, 2는 송욱의 작품론 해설을 그대로 옮긴 것이며, 3은 2에 대한 메타적인 관점의 의견을 제시한 필자의 해설인 것이다.

2.

1-1

바람도 없는 공중에 수직(垂直)의 파문(波紋)을 내이며 고요히 떨어지는 오동잎은 누구의 발자취입니까.

1-2

오동잎이 떨어지니까 수직의 파문이라고 하면, 우리는 그러한 파문이 있는 것처럼 느낀다. 더군다나 이러한 느낌은 수직이라는 말이 기하학적이어서 더욱 필연적으로 가지게 된다. 실상 수직의 파문이란 없는 것이지만, 그러한 파문 때문에 고요함은 한결 깊이를 지닌다. 이처럼 만해는 때로 놀라운 모더니스트임을 드러낸다. 오동잎에서 님의 발자취를 보니까, 자연과 님은 일치하고 일체가 된다.

1-3

바람도 없는 공중에 수직(垂直)의 파문(波紋)을 낸다는 것. 실상 '수직의 파문'은 송욱의 지적처럼 현실에서 있을 수 없는 것이다. 그러나 이런 시적인 표현을 통해서 '수직의 파문'과 상반되는 '고요'의 의미를 독자로 하여금 한창 절실하게 느끼게 한다. 그가 시인 한용운을 가리켜 놀라운 모더니스트라고 말한다. 시각적인 묘사가 출중하다는 뜻일 게다. 그러나 고대나 중세에 살았던 중국과 한국의 선객들이 남긴 선시를 보면 이 정도의 시각적인 표현은 얼마든지 확인되고 있다.

2-1

지리한 장마 끝에 서풍에 몰려가는 무서운 검은 구름의 터진 틈으로, 언뜻언뜻 보이는 푸른 하늘은 누구의 얼굴입니까.

2-2

지리한 장마 끝에 서풍에 몰려가는 무서운 검은 구름. '무서운' 검은 구름이란 표현에 주목해야 한다. 지리한 장마를, 깨닫지 못하는 중생이 보내는 시간이라고 치면, 바람은 무상(無常)의 바람이며, 검은 구름은 번뇌 혹은 의정(疑情)의 구름이리라. 그러기에 구름을 무섭다고 한 것이다. 우리는 처음부터 푸른 하늘 같은 님의 얼굴 즉 번뇌가 전혀 없는 깨달음에 들 수는 없다.

2-3

시적 화자의 '무서운 검은 구름'이 주목의 대상이 된다는 것을 송욱은 밝히고 있다. 그는 번뇌 혹은 의정의 구름이라고 말한다. 이때 번뇌와 의정은 등가의 상관물이다. 의정이란, 사전에도 없는 말이다. 의혹을 품을 만한 상황에 처한 시적 화자의 감정 상태를 가리키고 있다. 감정은 주관적인 정신의 상태이다. 정신의학적인 관점에서 본다면, 그 감정은 경미하나마, 화자가 공포를 수반한 불안 신경증을 드러내고 있다. 여기에서 화자의 불안은 두 가지의 형태로 나타난다. 하나는 '신호 불안(signal-anxiety)'이며, 다른 하나는 '분리 불안(separation-anxiety)'이다. 신호 불안은 직접적으로 갈등을 일으키는 본능적인 긴장이 아니라 예상되는 이것을 스스로에게 알리는 경고라고 할 수 있다. 이에 비해, 존재의 부재는 분리 불안이란 특정의 불안을 불러일으킨다. 시적 화자는 이 불안을 해소하기 위해 '언뜻언뜻 보이는 푸른 하늘'을 비로소 확인할 수 있었던 것이다. 즉 자아 방어의 동기가 되는 불안의 새로운 기능을 찾을 수 있었기 때문에, 화자는 불안한 감정의 상태에서 비로소 내적 각성의 상태로 전환할 수 있는 것이다.

3-1

꽃도 없는 깊은 나무에 푸른 이끼를 거쳐서, 옛 탑(塔) 위의 고요한 하늘을 스치는 알 수 없는 향기는 누구의 입김입니까.

3-2

님의 입김은 꽃의 향기보다 더욱 향기로우니까, 꽃이 있을 필요가 없다. '깊은 나무'는 공간적으로, '옛 탑'은 시간적으로 깊이를 갖추는 표현이다. '하늘을 스치는 알 수 없는 향기'에 우리는 내면적인 공간이 아주 넓어지는 것을 느끼는 동시에, 그것이 '입김'이기 때문에 매우 절실하게 가까운 것처럼 여기게 된다.

3-3

님의 입김은 고목의 푸른 이끼를 거치고 고탑의 고요한 하늘을 스친다. 1행의 수직적 강하와 3행의 수평적 확장은 대조적이라고 할 수 있겠다. 이 수평적 확장을 가리켜 내면 공간의 넓이를 감지하게 해 준다는 의견은 매우 적절한 것으로 판단된다. 님의 입김은 나에게 향기처럼 느껴진다. 입김이기 때문에 시적인 자아와 대자연은 더 가깝게 밀착되고 있다.

4-1

근원은 알지 못할 곳에서 나서 돌부리를 울리고 가늘게 흐르는 작은 시내는 굽이굽이 누구의 노래입니까.

4-2

'근원은 알지 못할 곳에서 나서……가늘게 흐르는 작은 시내'는 님의 노래라 하므로, 한없는 자연과 무상(無上)의 불도(佛道)는 일치한다. 그리고 '가늘게 흐르는 작은' 시냇물은 나중에 나오는 '약한 등불'과 어떤 관계를 맺고 있다. 한정된 인간 조건 속으로 들어온 불도의 시냇물은 가늘게 흐를 수밖에 없다.

4-3

시냇물의 가느다란 흐름은 하나의 우주음(musica mundana)이 된다. 천체 질서의 조화로운 소리를 뜻한다. 불교적인 입장에서는 한량없는 법을 지닌 능지(能持)의 주문 소리와 같은 것이라고 해도 좋겠다. 주자학(성리학)을 창시한 주희(朱熹)는 흥미로운 세계 인식의 한 방식을 제시하였다. 그는 월인천강(月印千江)의 비유에 의거해 달 그림자를 품고 있는 강물이 증발되어 사라진다고 해도 달은 그대로 존재한다고 말한다. 달이 근원적인 이(理)의 세계라면, 세상에 무수히 존재하는 시냇물, 강물은 기(氣)의 세계다. 정약용은 『맹자요의』라는 책에서, 모든 세계는 하나로 귀속한다는 화엄(華嚴)의 형이상학을 수용한 주희의 이론이 친(親)불교적이라고 비판하면서 반(反)주자주의에 선 자신의 입장을 분명히 밝힌 바 있었다. 인간 조건의 유한성 문제는 반드시 불교적인 해석만이 능사가 아니다. 고대 우파니샤드 철학에서부터 현대 실존주의 철학에까지 광범위하게 펼쳐져 있다.

5-1

연꽃 같은 발꿈치로 가없는 바다를 밟고, 옥 같은 손으로 끝없는 하늘을 만지면서, 떨어지는 날을 곱게 단장하는 저녁놀은 누구의 시(詩)입니까.

5-2

우리는 '가없는 바다를 밟는 연꽃 같은 발꿈치'와 '끝없는 하늘을 만지는 옥 같은 손'을 보고 아름다운 님의 모습이, 즉 부처님의 법신(法身)이 허공에 충만하면서 눈앞에 삼삼함을 느낀다. 그러나 그 모습은 '떨어지는 날을 곱게 단장하는 저녁놀'로 변하면서 님의 모습은 사라지고 님의 시(詩)만이 남는다! 그리고 '떨어지는 날'은 앞서 나온 '떨어지는 오동잎'과도 관계가 있다. 우리는 '떨어지는 날을 곱게 단장하는 저녁놀'에서 어떤 비극적인 아름다움을 느낀다. 인간이라는 존재 속에 들어온 법신은 저녁놀이 되고 마니까 그러하리라.

5-3

바람도 없는 공중에 발자취가 있고, 지루한 장마철의 흐린 일기에도 푸른 하늘이 있다. 꽃 없는 고목의 향기는 입김으로 변하고, 시냇물의 흐름은 노랫소리로 들리고, 끝내 저녁놀은 아름다운 서정시로 변형된다. 이 시에서 가장 아름답게 묘파된 부분은 제5행이다. 하나의 경(인)구처럼 울림하는 시음(詩吟)과도 같다. 송욱은 낙조와 낙엽의 비장미에 하염없이 깃들고 있다. 저녁놀은 인간에게로 들어온 법신(法身)이다. 아닌 게 아니라, 이 시에서의 시적 자아는 자연을 객관적 대상으로 보지 않는다. 감관을 통해 지각되는 외부 세계는 구체적 실상이 아니라 하나의 현상에 지나지 않는다. 때문에, 자아는 저녁놀에 대해 회의에 빠질 수밖에 없다. 자아는 한 사람으로 형상화된 대자연의 '의존적 기인'으로 나타나고 있는 낱낱의 자연

현상을 '누구에의 물음(who-question)'의 방식으로 되묻고 있다. 즉 이 시는 영원한 불가해(不可解)의 세계를 향해 'A는 누구의 B입니까'라는 독특한 병치의 구문을 반복함으로써 원인을 규명하고자 한 인명(因明)의 시편이다. 자아의 심적 활동을 떠나 실재가 외부에 따로 존재하지 않는다고 보는 것이 유식론자의 일관된 세계 인식의 태도이다. 궁극적인 것은 미지와 불가해의 진실이다. 서양의 형식논리학이 3단논법에 근거하고 있다면, 불교의 인명론(因明論)은 3지작법(三支作法)이란 존재론적 인식 논리에 따라 전개하는 것이다. 3지작법이란, 종(宗)과 인(因)과 유(喩)로 이루어져 있다. 종은 명제이며, 인은 명제의 원인이며, 유는 명제의 원인에 대한 비유이다. 시편 「알 수 없어요」의 명제는 '대자연은 누구의 것인지 알 수 없다'라는 것. 명제의 원인은 '모든 자연 현상은 미지의 것이기 때문이다'라는 것. 명제의 원인에 대한 비유로는 '그 누구의 발자취인 오동잎 같고, 그 누구의 얼굴인 하늘 같고, 그 누구의 입김인 향기 같고, 그 누구의 노래인 시냇물 같고, 그 누구의 시(詩)인 저녁놀 같다.'라는 것이다. 이 독특한 인명의 시학은 시편 「알 수 없어요」를 통해 한용운의 독창적인 시적 의장(意匠)을 만들어갔던 것이다.

6-1

타고 남은 재가 다시 기름이 됩니다. 그칠 줄을 모르고 타는 나의 가슴은 누구의 밤을 지키는 약한 등불입니까.

6-2

사람은 항시 번뇌에 불타는 존재이며, 차별을 넘어선 깨달음인 공(空)-님의 밤-에 이르기는 매우 어려운 노릇이다. 그리고 우리 마음은 인간 조건이 지닌 의정과 공의 경지 사이에서 불타서 재가 되고, 재는 다시 기름이 된다. 이는 공이 유(有)로 변하고 유가 다시

공으로 변하는 우리 마음의 본성을 가리키는 뜻을 지닌다. 따라서 '약한 등불'은 자기 마음의 본성을 깨달은 견성(見性)의 지혜이기도 하다.

6-3

시의 마지막 행에서 재와 기름의 수사적인 등식에 도달한 경우를 보라. 상식의 허를 각성하고 그 현실을 초월함으로써 이른바 '대립적 일치'의 묘미가 드러난 것의 아름다운 결정이 아닐 수 없다. 정효구는 시적 전환을 가져오는 부분인 시의 마지막 행이 세계를 묘사하고 바라보다가 시선을 자신에게로 돌려 현실 문제를 거론하면서 탁월한 미학적 장치를 보여주고 있다고 했다. 이 시에서 되풀이되는 의문문은 순환적으로 상속되는 정신 활동이다. 정신 활동은 일정한 상태로 정지해 있지 않고 계속 변화한다. 유식 불교에서는 이를 두고 식전변(識轉變)이라고 이른다. 모든 것은 식이다. 식에 의해 영상(이미지)을 만들어갈 따름이다. 이때 주객의 경계는 사라진다. 주체와 객체의 대립은 표상하는 자아와 표상되는 세계의 대립을 말한다. 주객의 경계가 사라진다는 것은 주객 대립의 지평 너머로의 초월을 의미한다. 철학에서 인식적인 관계맺음의 가능성은 주관이 객관을 인식한다는 데서 시작한다. 이 말은 자아가 주관 밖으로 나가 있다, 자아가 세계에로 나아가 있다, 라고 하는 뜻을 머금는다. 내가 세계를 인식할 때 그 세계는 곧 나에 의해 인식된 세계이며, 주관과 객관이 구분되어 있지 않는 그 초월의 자리가 바로 나의 본래 자리인 것이다. 마르틴 하이데거는 『존재와 시간』에서 자아 밖으로 내가 있고 세계에로 나아가 있는 자아를 두고 '세계 안의 존재(In-der-Welt-Sein)'라고 했고 메를로 퐁티 역시 『지각의 현상학』에서 '세계에로의 존재(être-à-la-monde)'라는 비슷한 용어를 사용한 바 있었다. 그칠 줄을 모르고 불타고 있는 나는 시적 화자로서의,

이 시에서 표상하는 자아이다. 표상되는 미지의 세계와의 경계를 해체하여 또 다른 하나의 합일된 세계를 추구하려고 한 점에 있어선, 세계 안의 존재인 동시에, 세계에로의 존재인 것이다.

3.

1975년에 고등학교 3학년 국어 교과서가 새로 바뀌었다. 심오한 불교 사상과 영미 신비평 이론으로 무장된 송욱의 작품론 「님의 침묵 해설」은 교사와 학생들을 공황 상태에 빠지게 했다. 일선 학교에서는 들어보지도 못한 미지의 것. 반야심경의 알 듯 말 듯한 색공(色空)의 모순 논리와, 뉴크리티시즘 비평 계열의 실제 분석이라니. 이에 비하면, 이상으로 보는 바와 같이 그의 「알 수 없어요」론은 비교적 쉽게 에세이적인 필치로 기술되었다. 그는 이 작품의 전체적인 해설 부분에 관해 다음과 같이 쓰고 있다.

> 자연의 고요함에서 님을 느끼며 비롯하는 이 작품은 '가늘게 흐르는 작은 시내'가 되다가는 가없는 허공에 가득찬 아름다운 법신이 곧 보일 듯하다. 그러나 법신은 가뭇없이 사라지고 저녁놀만이 남는다. 그리고 결국은 차별을 초월한 '님의 밤'에서 견성의 지혜는 약한 등불로서 끝내 남는다. 이 작품은 매우 극적으로 구성되었고, 깨달음과 인간 조건이 지닌 의정의 심각한 깊이를 훤칠하고 아름답게 그리고 부드럽게 표현하였다. 이 때문에 가장 훌륭한 예술품임을 누구나 느낄 수 있다.

화엄의 형이상학에 의하면, 모든 자연 현상은 우주의 주재자인 법신으로 귀일한다. 화엄종은 측천무후의 적극적인 지원을 받으면서 법장(法藏)에 의해 이론적으로 체계화되었다. 『화엄경』 80권이 번역, 완성되던 704년에, 법장은 궁궐에 들어가 측천무후에게 30차례에 걸쳐 화엄종의 핵심 사상을 강의한다. 그리하여 법장은 화엄의 세계로 정치적인 전체주의의 길을 열었다. 일체는 곧 하나이니, 전체는 개체로 이루어져 있으니, 천하는 낱낱의 하나가 모여 큰 하나로 통일된 것이다. 세계적인 불교학자인 스즈키 다이세츠(鈴本大拙)는 일본 천황에게 『화엄경』을 강의함으로써 제국주의적 일본론을 불러 일으켜 세우는 데 기여하였다.

화엄의 형이상학에 의하면, 「알 수 없어요」의 제6행인 주제행은 또 하나의 전체주의인 민족주의로 흐를 가능성도 있다. 만약 그렇다면, 이때 식민지의 밤을 지키는 '약한 등불'은 우국지사로서의 한용운이 지닌 자전적인 표상으로 떠오르기 십상이다. 반면에, 송욱은 잃어버린 조국을 성급하게 말하지 않고, 대신에 예술적인 훤칠함을 부각함으로써 말을 아꼈다. 화엄적인 전체주의에 빠져들지 않으려는 그의 비평적인 노력이 귀하게 여겨진다. 그의 지적 교양, 그 속의 깊이를 헤아려 볼 수 있는 대목이다.

2. 작가론의 실제

김동인의 생애와, 문예사조의 관점에서 본 그의 소설

1. 김동인의 서술적 연보

김동인은 1900년 평양에서 태어났다.

그의 아버지 김대윤은 대지주였고, 평양의 이름 높은 유지였다. 또 개화된 기독교인으로서 교회 장로를 지냈다. 김대윤은 안창호와 이승훈 등의 서북 지방의 당대 지사를 집으로 초치하여 시국 토론을 일삼기를 좋아했다. 아버지의 사상적인 교양 때문에 김동인은 어릴 때부터 책을 접하는 일이 잦았다. 그가 어릴 때 이인직의 「귀의 성」을 읽고 감명을 받아서 평생토록 잊지 못한 것도 이 때문이었다.

그의 배다른 형 김동원은 자신보다 17세나 연상이었다. 일본 메이지 대학을 잠시 유학한 적이 있었던 그는 도산 안창호가 세운 평양 대성학교의 일본어 교사를 지냈고, 30살의 나이부터 교장으로 이 학교, 저 학교를 재직하였다. 지역의 명망 있는, 소위 교육계의 큰 인물이었던 것이다. 또 그는 광복 후 제헌국회 부의장을 역임했다.

김동인이 미션계의 숭실중학에서 재학하다가 성경 과목에 불복한 탓에 일본으로 유학하게 된다. 1914년 열네 살 때의 일이었다. 그가 다닌 학교의 이름은 명치학원. 동경 유학생으로서 소년 시절을 보낸 그는 유아독존, 오만방자, 기고만장의 성격을 가지고 있었다. 빅토르 위고마저 통속 작가라고 우습게 여기던 시절이었다. 1918년에는 가와바타 미술학교에 입학했으나 중퇴했다.

그는 1919년 동경에서 우리나라 최초의 문학동인지인 『창조』를 자비로 출판하였다. 여기에 그의 처녀작 「약한 자의 슬픔」이 발표된다. 1921년에 『창조』가 경영난으로 제9호를 끝으로 폐간되자, 술과 여자에 빠지는 방탕한 생활이 시작된다. 당시에 명기로 알려진 조선과 일본의 기생들, 즉 김옥엽·황경옥·노산홍·세미마루 등이 그의 파트너였다.

부잣집 귀공자로 태어난 그는 본디부터 향락주의적인 인생관을 가지고 있었다. 동경에서 유학하던 소년 시절부터 주변에 여자가 많았다. 그는 일종의 '호모 루덴스(유희인)'로서 인생을 향유하고, 농탕치고, 또 소모했다. 그는 만주 안동에 가서 백주(배갈)를 마시고, 동경을 산보 삼아 드나들었고, 기차도 2등석 아니면 1등석을 탔다.

그는 1926년에 수리 사업에 손을 댔다가 크게 낭패를 봤다. 평양 집이 남의 손에 넘어가자 충격을 받고 신경병적 우울증으로 수면제를 복용하기 시작한다. 이 무렵에 아내는 자신의 남은 돈 수천 원과 네 살 난 딸을 데리고 가출했다. 이때 그는 돈도 잃고 아내도 잃었다고 했다. 1928년에 아우를 도와 영화 산업에 손을 댔으나, 그 역시 실패해 극히 궁핍해졌다. 1931년에 재혼한 후 새로운 인생을 시작했으나, 생활난을 극복하기 위해 닥치는 대로 글을 썼다. 1930년대에 김동인은 직업 작가로서 적잖은 글을 쓰면서 점차 건강도 상해가고 있었다. 그가 이 무렵에 손댄 장르는 야담류와 역사소설이었다.

그는 1938년에 정신 착란이 생겨 일본 천황을 욕했다가 불경죄로 6개월간 옥고를 치렀다. 그 이후부터 친일했다. 해방 후에는 우익 문사로서 좌파 문단과 대립하는 일에 앞장섰으나, 1949년에 이르러서는 가족도 알아보지 못할 지경이 되었다. 1·4 후퇴를 즈음해 서울이 중공군에게 잠시 점령되었을 때 거동이 불편해 성동구 자택에 홀로 남겨졌다. 아내는 그의 요 아래에 돈을 넣어두고 피난을 갔다. 그 사이에 그는 51세의 나이로 굶어 죽었다. 평양 갑부의 아들로 태어나 전쟁 통에 굶어죽은 그였다. 그의 소설처럼 비극적 아이러니의 결말 구조를, 그의 인생에 마지막으로 남기고 간 것이다.

2. 운명론과 환경결정론

계몽주의의 문학관에 선 이광수의 소설을 넘어서고자 한 이는 명치학원 후배인 김동인이었다. 그가 순(純)문학의 입장에서 소설을 쓰던 1920년대는 장편에서 단편으로 기울어져 가고 있었다. 시대적인 대세는 단편소설이었다. 이 단편의 시대에 김동인이 우뚝 서 있었다. 그의 단편소설 중에서 대표성을 띤 것이 있다면, 그것은 「배따라기」(1921), 「감자」(1925), 「광염소나타」(1929), 「광화사」(1935)이었다. 이 네 편의 작품은 우리나라 신문학 초기를 대표하는 주옥같은 단편소설이라고 해도 과언이 아니다.

「배따라기」는 김동인 자신이 만년에 회고하기를 '조선 글, 조선말로 된 최초의 단편소설'이라고 자평하였다.[1] 이것은 이광수의 장편과 차별성을 두려고 한 의도에서 말해진 것이다. 주지하듯이 「배따라기」는 그가 서양의 낭만주의 문학을 수용하는 과정에서 창작된 것으로 보인다. 낭만주의의 본질은 반(反)계몽주의 사조의 완성으로 규정되기도 한다. 특히 독일 문학의 경우에, 이런 생각이 분명하다.[2] 김동인의 낭만주의적인 창작 기획은 이광수를 겨냥한 측면이 뚜렷하다.

1) 해방 이후에 간행된 김동인 단편소설집인 『발가락이 닮았다』(1948)의 후기에 이렇게 기술되어 있다고 한다.
2) 오세영 편, 『문예사조』, 고려원, 1983, 91～2면, 참고.

낭만주의 문학은 미스터리적인 인물과, 몰(沒)역사의 세팅과, 환상적이거나 초자연적인 이야기를 중시하는 경향이 있다. 중세 로망스와 낭만주의 문학의 틈새에 놓인 소위 고딕소설에서도 이러한 특성이 잘 드러나 있다. 에밀리 브론테의 「폭풍의 언덕」은 대표적인 고딕소설이다. 신비적인 인물 히스클리프와, 세월이 가도 변하지 않는 언덕의 장소성은 낭만적인 특성을 전형적으로 보여준다. 「배따라기」에서 서도 민요 배따라기를 기막히게도 부르는 미지의 사내와, 그가 떠돌아다니는 바다는 미스터리하고도 몰역사적이다.

> 내부 소설인 뱃사공의 이야기는 공간적 배경이 바다, 혹은 바다와 밀착된 장소로 되어 있다. 바다는 시간의 규제를 받지 않은 장소이며, 역사의 진공지대이다. 시간과 공간의 제한을 받지 않는 배경이라는 점에서 그것은 소설의 배경으로서는 부적당하다. 차라리 로맨스에 어울리는 세팅이 되는 것이다. 김동인이 반(反)역사주의라는 비난을 받는 이유가 이런 데서도 드러난다.[3)]

인용문은 액자소설인 이 「배따라기」의 낭만주의적인 특성을 잘 설명해주고 있다. 다만 이 글을 쓴 이는 이 작품이 소설의 배경으로서는 부적당하기 때문에, 반(反)역사주의라고 비난을 받는 것을 두고 당연하다고 수용하고 있다. 어쨌든, 이 작품이 로망스적인, 혹은 낭만주의적인 특성으로 추가될 수 있는 또 하나의 요인은 운명론이 아닌가 한다. 이는 자연주의의 환경결정론과 선명히 대비된다고 하겠다.

> 꿈결같이 십 년을 지나서, 구 년 전 가을, 탁탁히 낀 안개를 꿰며 연안(延

3) 강인숙, 「김동인의 '배따라기'」, 이재선 외 편, 『한국 현대소설 작품론』, 도서출판 문장, 1990, 78면.

安) 바다를 지나가던 그의 배는, 몹시 부는 바람으로 말미암아 파선을 하여, 몇 몇 사람은 죽고, 그는 정신을 잃고 물위에 떠돌고 있었다.

그가 겨우 정신을 차린 때는 밤이었었다. 그리고 어느덧 그는 뭍 위에 올라와 있었고 그를 말리우노라고 새빨갛게 피워 놓은 불빛으로 자기를 간호하는 아우를 보았다.

그는 이상하게, 놀라지 않고 천연히 물었다.

"너, 어디캐(어떻게-인용자) 여게 완?"

아우는 잠자코 한참 있다가 겨우 대답하였다.

"형님, 거저 다 운명이윈다."

따뜻한 불기운에 잠들려 하던 그는, 화닥닥 깨이면서 또 말하였다.

"십 년 동안에, 되게 파리했구나!"

"형님, 나두 변했거니와, 형님두 되게 변하셨쉐다!"

이 말을 꿈결같이 들으면서, 그는 또 혼혼히 잠이 들었다. 그리하여 두어 시간, 꿀보담도 단 잠을 잔 뒤에 깨어보니, 아까같이 새빨간 불은 피어 있지마는 아우는 어디로 갔는지 없어졌다. 곁의 사람에게 물어 보니까, 아까 아우는 형의 얼굴을 물끄러미 한참 들여다보고 있다가, 새빨간 불빛을 등으로 받으면서, 더벅더벅 아무 말 없이 어두움 가운데로 스러졌다 한다.

- 「배따라기」에서

배따라기를 부르던 사내는 아내와 아우의 관계를 의심한 탓에, 마침내 아내를 잃고, 아우와 헤어졌다. 그가 배따라기를 부르는 데는 결코 삭이지 못할 회한과 애처로움 때문이다. 그가 뱃사람이 되어 아우의 자취를 추적했으나 딱 한 번 만났을 뿐이다. 그때 아우는 모든 것을 운명으로 돌렸다. 낭만주의와 운명론. 관계가 있는 것 같기도 하고, 무관한 것 같기도 하다. 낭만주의 발레의 대표작인 「지젤」에서 처녀가 결혼하기 전에 죽으면 그녀가 처녀귀신이 되어 쉴 새 없이 춤을 춰야 하는 운명에 처해진다는 얘기도 있지 않은가?

그런데 김동인의 단편소설 「배따라기」는 그 동안 과소평가를 받아 왔다. 논자들은 이 작품에 대해 문학사적인 가치에 대해 간단히 언급해 왔을 뿐이지 작품 자체의 질적 평가에 관해선 관대하지 않았다. 나는 이 작품을 고등학교 다닐 때 읽었다. 40년이 지난 지금도 처연한 감동의 여운을 남기고 있다. 고백컨대, 우리나라 비평가들이 지나치게 리얼리즘 문학론의 척도와 기준에 치우쳐 있지 않았는가 하는 불만이 나에게는 없지 않다. 최근에 중국의 소설가인 모옌이 이 소설을 읽고 감상을 밝힌 바 있다.

> 이 소설은 매우 아름다운 소설이다. 앞부분은 서정과 풍경에 대한 묘사이다. 그 다음 애절한 노랫소리로부터 슬픔과 우울에 잠긴 뱃사람이 등장하고, 이 뱃사람이 자신의 가슴 아픈 사연을 이야기한다. 그는 스스로 자신의 삶을 나락으로 빠뜨린 사내다. 그에게는 아름다운 아내가 있었다. 집안 형편이 넉넉했고, 부부 사이도 좋았다. 그러나 사랑이 질투를 낳는다. 그는 결국 아내와 동생 사이를 의심하여 무엇에 홀린 듯 둘 사이를 시기했고, 아내를 괴롭히고 구타한다. 나중에 결국 후회하고 참회하지만, 그의 아내는 더 이상 참지 못하고 바다로 뛰어들어 자살한다. 이후 그는 고통과 회한에 빠져 술로 아픔을 달래며 배따라기를 부르면서 정처 없이 유랑한다. (……) 이 책-김동인의 배따라기 : 인용자-을 읽으면서 몇 가지 유사한 중국의 민간 고사가 연상되었다. 이 고사들 속에서 아름답고 마음 착한 여인은 언제나 질투에 빠진 남성의 희생물이 된다. 여인을 파멸시킨 남성 또한 언제나 회한 속에서 여생을 보낸다. 이는 모든 민족이 가지고 있는 원형적인 이야기일 것이다. 1920년에 발표된 이 소설은 지금까지 순정적이고 단아한 고전미로 나 같은 독자를 감동시키고 있다.[4]

4) 황석영 외, 『문학의 미래』, 중앙북스, 2009, 63면.

모옌의 「남조선소설집을 읽고」라는 발표문에서 나온 내용을 따왔다. 그는 작년에 노벨문학상을 수상했다. 나는 이 인용문을 그가 발표하던 2009년 당시에 읽었는데 왠지 모를 후련함을 느꼈다. 내 생각과 같다는 데서 오는 쾌미감이라고 말할 수 있겠다. 그가 말한 민간고사(民間故事)는 우리 식으로 말해 설화(說話)를 가리키고 있다는 사실을 부기해둔다.

> 복녀는 원래 가난은 하지만 정직한 농가에서 규칙 있게 자라난 처녀였다. 이전 선비의 엄한 규율은 농민으로 떨어지자부터 없어졌다 하나, 그러나 어딘지는 모르지만 딴 농민보다는 좀 똑똑하고 엄한 가율(家律)이 그의 집에 그냥 남아 있었다. 그 가운데서 자라난 복녀는 물론 다른 집 처녀들 같이 여름에는 벌거벗고 개울에는 멱감고, 바짓바람으로 동네를 돌아다는 것을 예사로 알기는 알았지만, 그러나 얼마간 그의 마음속에는 막연하나마 도덕이라는 것에 대한 저품–두려움의 옛말 : 인용자–을 가지그 있었다.
>
> –「감자」에서

김동인의 「감자」 발단 부분에서 인용하였다. 복녀의 출신 성분은 결코 나쁘지 않았음을 화자가 말하고 있다. 그러나 그녀가 타락해 파멸해 가는 과정을 보여주면서 환경이 나쁜 탓이라는 창작의 의도와 동기를 깔고 있다. 자연주의 문학의 소위 환경결정론이란 바로 이런 것이다. 앞서 본 「배따라기」의 낭만주의적인 운명론과 대조적인 측면이라고 말할 수 있다. 복녀는 짐승의 짓거리로 본 불륜이 돈을 매개로 성적 욕망을 점층적으로 충족해 가면서 '긴장된 유쾌'가 있는 혼외의 욕정에 눈을 떠간다. 그의 지아비도 오히려 자리를 피해줄 정도다. 결국에는 소설이 그녀가 질투에 눈이 뒤집혀 살해되고 비정하게 사후 처리되어 간 모습을 보여준다.

김동인이 「감자」에 이르러 한국 단편소설의 최고 경지에 도달하지만, 더 이상의 발전된 양상을 보여주지 못한 것은 그의 향락적인 생활 태도와 궁핍화 과정 때문이었던 것으로 추정된다. 「감자」로써 구축한 문학 세계만 하더라도 그로서는 소중하다는 평도 있다.[5)]

자연주의 문학에는 환경결정론 못지않게 유전결정론도 중시한다. 에밀 졸라의 「나나」에 등장하는 여주인공 나나 역시 매음녀이다. 복녀에 비하면, 고급 매춘을 일삼는다. 그녀는 복녀와 달리 유전적으로 결함이 있는 여자다. 환경결정론의 사고가 두드러진 「감자」에 유전적인 요인이 결여되어 있어 치명적인 결함이라는 주장도 있다.[6)] 자연주의 소설이라고 해서 반드시 환경과 유전의 결함이 있는 주인공이라야 하는가. 이 대목에서 사조를 위해 작품이 존재하는가, 작품을 위해 사조가 존재하는가 하는 문제를 되짚어보았으면 한다.

3. 호모 데멘스의 자화상

김동인의 유미주의를 대표하는 작품은 알려진 바대로 「광염소나타」와 「광화사」이다. 「광염소나타」는 1929년에 발표된 것이, 1919년부터 1928년까지 10년 동안 문학을 본격적으로 활동한 그의 문청 시절을 일단락 지은 이후에 나온 것이다. 이때 그는 세속적인 사업의 실패로 인해 경제적으로 궁핍했다. 평양 갑부의 아들로 태어나 주색에 빠져 인생을 농탕치고 소모한 그였지만, 문학에 대한 열정은 식지 않았다. 10년간 문청 시절을 유지해온 유희적 문학관, 향락적 인생관은 이 작품에 고스란히 계승되었다. 이 두 작품은 자신을 반영한 거울인 셈이다. 이때까지의 그가 소위 '호모 루덴스'였다면, 여기에는 '호모 데멘스'인 자화상이 투사되어 있다. 호모 데멘스……광

5) 채훈, 「김동인의 '감자'」, 이재선 외 편, 앞의 책, 89면, 참고.
6) 강인숙, 『자연주의 문학론 · 1』, 고려원, 1991, 435면, 참고.

기(狂氣)의 인간이다. 「광염소나타」의 주인공 백성수도, 「광화사」의 주인공 솔거도 예술을 빙자한 일종의 광인, 즉 호모 데멘스이다. 김동인 자신도 파산 지경에 이르고 아내마저 출분하여 신경병적인 증세에 시달리면서 수면제를 복용하고 있었다. 훗날에 약물 중독으로 치명적인 상태가 된 단초가 되었던 것이다.

> 그는 나를 밀쳐버린 다음에 그 음보를 들고서 읽기 시작했습니다. 아아 그의 얼굴! 그의 숨소리가 차츰 높아지면서 눈은 미친 사람과 같이 빛을 내기 시작하였습니다. 그러더니 그 음보를 홱 내어 던지며 문득 벼락 같이 그의 두 손은 피아노 위에 덧업혔습니다.
>
> C샤프 단음계의 광포스런 소나타는 다시 시작되었습니다. 폭풍우 같이 또는 무서운 물결 같이 사람으로 하여금 숨막히게 하는 그 힘-그것은 베토벤 이래로 근대 음악가에서 보지 못하던 광포스런 야성이었습니다.
>
> 무섭고도 참담스런 주림, 빈곤, 압축된 감정, 거기서 튀어져 나온 맹염(猛炎), 공포, 홍소 '-아아, 나는 너무 숨이 답답하여, 뜻하지 않고 두 손을 홰홰 내저었습니다.
>
> – 「광염소나타」에서

이 작품은 절대미의 추구를 제시하고 있다. 광염이란, 미친 듯이 타오르는 불꽃이 아닌가. 인용문은 이 광염의 이미지와 매우 유사하게 연결되어 있다. 주인공은 또 음악을 위해 도착적인 성욕을 보이고 있다. 야성적인 광포의 쾌미를 향유하기 위해서다. 주인공 백성수는 여인의 사체를 통해 성적인 흥분을 느끼는 소위 네크로필리아(necrophilia)의 체험으로 인해 작곡된 것이 「사령(死靈)」이라고 한다. 이 대목에 악(惡)의 표상도 미의 개념으로 수용된다. 미적 근대성으로부터 분화된 이 개념은 「광염소나타」의 탐미적 세계관을 구축하는 데 기여하고 있다.

> 이 소설에는 죄와 미, 범죄와 예술의 대립만이 존재할 뿐 부분과 전체의 관계에 대한 고려가 전혀 없다. 이런 관점에서 보면, 주인공의 음악은 사회와 대립하는 것이 아니라 사회를 무화(無化)한다.[7)]

김동인의 탐미적인 세계관은 대(對)사회적인 단절감을 말하고 있다. 이것은 오스카 와일드의 세기말적인 탐미주의와 관련이 있어 보인다. 그는 1931년 매일신보에 연재한 「문단회고」에서 '창조' 동인에게 평론가가 없어 어려움이 있음을 토로한 적이 있었다. 그래서 오스카 와일드를 공부한 임노월을 끌어들였다고 회고한 적이 있다.[8)] 소위 오스커리즘(Oscarism)이 지향하는 세계는 향락주의(hedonism)와 악마주의(diabolism)이다. 김동인의 경우와는 어느 쪽도 연결되고 있는 게 사실이다. 하지만 김동인과 오스카 와일드의 유미주의(탐미주의)는 이질적이란 견해도 있다. 전자가 제멋대로 놀아나는, 그래서 끝내 퇴락하고 마는 '니나노 식'의 향락주의라면, 후자는 신생을 추구하는 금욕적인 신쾌락주의라는 것이다.[9)]

19세기의 말에 서로 다른 예술관 및 문학관이 존재했었다.

톨스토이는 『예술이란 무엇인가』(1897)라는 책에서 퇴폐적인 경향의 예술관을 비판하면서 '인생을 위한 예술'을 강조했다. 그의 이 예술관은 기독교와 인도주의 정신으로 귀결된다. 쾌락을 목적으로 한 '예술을 위한 예술'이 반기독교적이요 비인도주의적이라서 비판한 것은 바로 이 때문이다.[10)] 이 톨스토이즘을 받아들인 이는 이광수였다.

---

7) 이창민, 『시와 미와 삶』, 서정시학, 2009, 22면.
8) 전혜자, 『김동인과 오스커리즘』, 국학자료원, 2003, 24면, 참고.
9) 같은 책, 82면, 참고.
10) 톨스토이, 이철 역, 『예술이란 무엇인가』, 범우사, 1991, 184면, 참고.

> 생(生)에 대하여 공헌이 없는 것, 더구나 해를 주는 것은 그것이 무엇이든지 다 악이니, 문예도 만일 개인의, 특히 우리 민족의 생에 해를 주는 자면 마땅히 두드려 부술 것이외다. Arts for life's sake야말로 우리의 취할 바라 합니다.[11]

이 인용문을 보면, 이광수는 문학의 사회적 효용성을 중시하는 관점에 경사되고 있다. 감정보다는 지식과 도덕의 우위성을 강조하며 '인생을 위한 예술'을 실천하고자 했다. 이것은 「예술과 인생」에서도 되풀이되고 있는데, '인생을 예술화하라'는 슬로건을 통해 데카당스 문학의 망국정조를 비판하면서 예술과 도덕의 일체화를 강조한다. 이에 반해, 김동인의 반춘원론(反春園論)에 대한 반동적 거점을 이루는 논조는 '예술을 위한 예술'이 될 것이다.

예술을 사회의 효용성으로부터 절연한 이 같은 관점은 세기말에 오스커리즘에 이르러 정점에 이른다. 예술은 본질적으로 부도덕한 것이다.[12] 김동인의 「광염소나타」에서 본 악의 표상도 여기에서 비롯되었는지도 모른다.

요컨대, 이광수의 톨스토이즘과 김동인의 오스커리즘은 신문학 초창기의 첨예한 맞수였다. 김동인도 소년 시절에 톨스토이에 상당히 감화되었었다. 하지만 그는 인도주의라는 숲은 보지 못하고, 자연주의라는 나무만을 보았던 것은 아닐까, 하고 짐작해볼 수 있겠다.

> ……한양성 내에는 괴상한 여인의 화상(畵像)을 들고 음울한 얼굴로 돌아다니는 늙은 광인(狂人) 하나 생겼다.
>
> 그의 내력을 아는 사람이 없었고, 그의 근본을 아는 사람이 없었다. 그 괴

11) 『이광수 전집』, 제16권, 삼중당, 1962, 19면.
12) 로버트 로스 편, 강주헌 편역, 『오스카 와일드 산문집』, 살림, 2000, 122면.

상한 화상을 너무도 소중히 여기므로 사람들이 보자고 하면 그는 기를 써서 보이지 않고 도망하여 버리곤 한다.

이렇게 수년간을 방황하다가 어떤 눈보라치는 날 돌베개를 베고 그의 인생을 막음(마감) 하였다. 죽을 때도 그는 그 족자를 깊이 품에 안고 죽었다.

– 「광화사」에서

김동인의 또 다른 탐미주의 소설 「광화사」 결말 부분에서 따왔다. 이 인용문이 서두에 제시되어 독자의 호기심을 강하게 불러일으켰으면 어땠을까 하는 아쉬움이 있다. 수수께끼적인 추리의 구조가 더 적절했을 것 같은 여운이 남는 작품이다. 30대 중반의 원숙한 경지에서 이 작품을 남긴 김동인은, 이 작품을 끝으로 더 이상 만족할 만한 예술적인 단편소설은 생산해내지 못했다.

광화사란, 점잖은 표현이다. 속되게 말하면, 미친 그림쟁이다.

동서양에 대표적인 광화사가 있었다. 명나라 황실의 후예로서 괴승이 되어 망국과 부상(父喪)에 시달리면서 정신 착란을 일으켜 기행을 일삼았지만 농묵(濃墨) 양식의 수묵화에 최고 경지에 도달했던 팔대산인(八大山人)은 전설적인 화사였다. 또 한 사람은 주지하듯이 자신의 귀를 잘라낸 것으로 유명한 반 고흐다. 이들에 비하면, 소설 속의 광화사인 솔거는 김동인이 스스로 만든 자화상이다. 외모로 볼 때 김동인이 귀공자이지만 솔거는 추물 중의 추물이다. 그 역시 이 소설을 발표한지 얼마 지나지 않아 착란의 기가 있어 일본 천황을 욕했다고 하여 감옥에 잡혀 들어갔다. 지고의 생을 향유했던 그가 쪼들린 삶을 영위하게 되자 다소 통속적인 글로써 원고료를 받아 연명하고 있었지만, 그 스스로는 영락한 천재 작가였다고 자위했다. 그 심리적인 보상이 그에겐 '예술을 위한 예술'이었던 것이다.

그녀의 눈동자를 그려 넣음으로써 그림을 완성하려는 순간이다. 그런데

> 이게 웬일인가. 그녀의 눈동자가 달라져버린 것이다. 그것은 더 이상 순수함으로 빛나던 어제의 그 눈동자가 아니었다. 그것은 한 남자와 사랑에 빠져버린 눈동자였다. 화가는 그 속진을 지우기 위해 마치 주문(呪文) 같은 용궁 이야기를 들려준다. 그러나 소용없었다.
>
> 절망에 빠진 그는 저주를 퍼부으며 그녀를 강폭하게 밀쳐 넘어트린다. 그녀는 넘어지면서 날카로운 화구에 크게 부딪힌다. 그 서슬에 튀어오른 먹물이 그림의 눈동자를 완성시킨다. 그녀는 죽고 그림은 완성된 것이다. 그러나 그렇게 그려진 그림의 눈은 한없이 원망에 잠긴 그녀의 마지막 눈동자였다.[13]

그림의 완성은 그림의 모델이 되었던 소경 여인의 죽음과 바꾸어졌다. 예술의 완성은 필연이 아니라 우연이었다. 장고 끝의 일획이 아닌 우연히 튀어 오른 먹물! 이처럼 김동인 소설은 비극적인 아이러니로 치닫는다. 작가의 죽음도 그랬지만, 여기에서 말하는 소경 여인뿐만 아니라, 복녀의 허망한 죽음도 마찬가지였다. 이름으로 본다면, 복녀는 복이 있어야 할 여자다. 복이 있어야 할 여자의 복 없는 최후. 이게 아이러니가 아니고 무엇인가.

소설 「광화사」는 정신분석학을 요하는 소설이다.

잘 알다시피 추물인 솔거가 희세의 미녀인 망모(亡母)를 그리워하는 것은 오이디푸스적이다. 이 소설에, 아내상에서 비롯되어 어머니에 투사되는 근친상간적인 애정의 치환(displacement)과 무의식적인 자궁에로의 도피[14] 등의 문제는 앞으로 연구 과제로 남아 있다고 해도 좋을 것이다.

---

13) 김영민 · 이왕주, 『소설 속의 철학』, 문학과지성사, 1997, 18면.

14) 김경희, 「'광화사'의 심리적 연구」, 김열규 외 편, 『김동인 연구』, 새문사, 1982, 1부 46~8면, 참고.

5. 김동인의 역사소설

이상으로 김동인의 대표적인 단편소설로 평가되고 있는 작품 네 편을 살펴보았다.

그의 소설 중에서 또 한편으로 주목해볼 계열의 작품군이 있다면, 역사소설이라고 생각된다. 그가 남긴 역사소설 중에서 「젊은 그들」(1930~1), 「운현궁의 봄」(1933~4), 「대수양」(1941)은 이미 대중적으로 잘 알려져 있는 텍스트이다. 이 작품군에 대한 비평적인 분석과 가치판단은 대체로 보아서 지금까지 유보되어 있다.

그는 역사소설을 창작해 나아가는 과정에서 역사 속의 객관적인 사실을 그대로 모사(模寫)하는 것을 달갑게 여기지 않았다. 그에게 역사소설에 있어서의 관심은 말하자면 재해석인 것이다. 서상한 세 편의 역사소설 작품도 재해석의 관점에서 극적인 상상력을 발휘한 것이다.

그의 역사소설은 비평의 미개척 분야이다. 앞으로 이들 작품에 대한 적극적인 비평적인 투사가 요망된다고 하겠다.

소설가들이 본 김유정의 삶과 소설

1. 삶의 보상심리와 소설 쓰기

김유정은 5대째 춘천 실레 마을에서 살았다. 김유정의 전기 중에서 쟁점이 되는 것은 그의 출생지가 어디인가 하는 점이다. 처음에는 춘천으로 생각했지만, 지금은 서울이었던 것이 비중이 좀 높다. 확고부동한 증거가 출현하기까지는 미해결의 문제이다.

막내로 태어난 김유정은 어릴 때 어머니를 여의었다. 강원도 춘천 지역의 소위 경영형 부농(富農)이었던 아버지는 서울로 이사를 했다. 이사한 그의 집 주변에는 그 유명한 우미관이 있었다. 그 우미관에서는 나팔소리로부터 비롯하여 기생들이 부르던 판소리, 여창가곡이 늘 은은하게 울려 퍼졌으리라. 그가 어릴 때부터 들었던 우미관의 풍악 소리가 어머니를 잃은 슬픔으로부터의 위안의 소리였고, 또 그의 문학의 모태였던 것이다. 그는 국악을 좋아했고 판소리 명창으로서 당대의 대표적인 국악인인 박록주를 짝사랑한 것도 이 때문이었다.

김유정은 박록주보다 세 살 아래였다. 연상의 여인, 그것도 남자가 있는 여인을 사랑한 그에게는 그녀를 사랑할 수밖에 없는 이유가 따로 있었다. 김유정의 우인이었던 소설가 안회남의 회상에서도 나타나 있는 것처럼 그는 박록주에게서 그의 어머니의 환영을 발견했을 터이다. 연상의 여인에게서 어머니의 분위기를 느낄 수 있다는 것은 굳이 정신분석학적인 담론이 아니래도 누구나 다 아는 얘기다.

이미 오래 전에 그의 조카 되는 이의 증언이 있었듯이, 김유정은 말을 하려면 입을 벌리고 한동안 힘을 들이다가 비로소 말을 했다. 그는 심각한 말더듬이였다. 그런 그가 소리의 달인인 한 여인을 사랑하게 된 것은 극히 자연스런 보상 심리의 결과인 것이다. 말을 심하게 더듬었던 그가 소리 명창의 한 여인을 사랑하게 되고, 또 언어의 경지를 새로이 개척한 소설가로 다시 일어설 수가 있었던 것은, 어쩌면 그에게 부과된 운명인지도 모른다.

그의 삶의 결여된 부분이 소설가로서 성공을 거두었다. 글쓰기란 일종의 보상심리의 결과이기도 한 것이다. 어머니의 죽음, 국악에의 관심, 박록주를 향한 척애의 감정 등은 그가 소설가의 운명으로부터 벗어날 수 없었던 원인적인 조건으로 작용했을 것이다.

2. 무명의 학생, 명창을 스토킹하다

이상으로 박록주의 생애를 서술하였는데, 이 중에서 오늘날의 우리에게 주목과 관심을 끌게 하는 것은 소설가 김유정과의 관계이다. 김유정의 박록주에 대한 짝사랑은 집요하고도 상상을 초월한 것이었다. 시쳇말로 스토커였던 셈이다. 1928년 극장 사무실에서 박록주를 우연히 대면한 이후 다짜고짜 매달린 김유정의 짓거리는 당시의 보편적인 시각에서 볼 때 보통 사람으로서는 이해할 수 없는 것이었다. 그의 애정 공세는 단정한 글씨의 편지에서 시작되었다. 겉봉에 '박록주 선생님 전(前)'이라고 하면서 말이다. 편지 내용은 대체로 이렇게 시작했다. 나는 조선극장에서 소리하는 선생님의 모습을 보았습니다. 나는 스무 두 살의 연전(延專) 학생으로 당신을 진정으로 연모합니다. 이때 박록주는 김유정의 사랑을 받아들일 수 없었던 처지에 있었다. 자신을 후원하는 기둥서방이 있었고, 또 몰래 만나 사랑의 감정을 키워가는 밀애(密愛)의 대상도 있었다. 박록주 자신이 훗날에 회상한 것을 바탕으로 두 사람 사이에 오간 대화를 재구성해 보았다.

박록주 : 당신이 김유정이요?

김유정 : 그렇습니다.

박록주 : 어쩌려고 나에게 그런 편지를 보냈소?

김유정 : 어쩌려고가 무슨 말이요?

박록주 : 그건 그렇고, 연모라는 말이 무슨 뜻이요?

김유정 : 당신을 사랑한다는 겁니다.

박록주 : 나는 소리하는 사람인데, 어찌 학생과 연애를 한다는 말이요.

김유정 : 학생과 소리하는 사람이 사랑해서 안 된다는 까닭이 어디 있소?

박록주 : 사랑한 뒤에는 어쩔 생각이요?

김유정 : 결혼하는 겁니다.

박록주 : 아시다시피 나는 서방이 있는 몸이잖소?

김유정 : 알고 있습니다. 하나 그는 진짜 서방이 아니잖습니까?

박록주 : ……

김유정 : 선생을 진짜 사랑하는 사람은 바로 납니다.

박록주가 막무가내로 떼를 쓰는 김유정을 집에서 내쫓아버렸다. 그 이후로 그의 편지는 협박조로 바뀌었다. 박록주의 집 앞에서 소리치는 일들이 벌어졌다. (혈서로 쓴 연애편지까지 보내었다나) 호칭도 선생에서 당신으로, 당신에서 너로 바뀌어갔다. 너를 죽이겠다는 위협이 한두 번이 아니었다. 실제로 김유정이 박록주를 죽이려고 벼르고 있었다고 한다. 소리하는 기생과 연전 학생 사이의 연문(戀聞)은 장안의 화젯거리였다. 이와 관련해, 채수정의 석사학위 논문

「박록주 홍보가의 음악적 특징」(이화여대 대학원, 1997) 부록에 박록주의 해적이(연보) 가운데 이런 내용이 있어 다음과 같이 인용하고자 한다.

> (박록주는) 1929년 3월에는 복잡한 가정 관계와 고난에 찬 인생을 비난하며 과다 복용한 수면제로 자살을 기도하기도 했다. 박록주가 자살을 시도했으나 죽지 않고 눈을 떠 보니 머리 위에는 이 사실을 들은 김유정이 앉아 있었다. 박록주가 이곳에 왜 왔느냐고 호통을 치자, 김유정은 살아있는 박록주를 만져볼 수 없으니 죽은 박록주라도 만져보기 위해서 왔다고 했다는 이야기가 있다.

여기에서 말한 고난에 찬 인생이란, 박록주와 밀애 관계를 유지하고 있던 신 아무개와의 파경을 의미한다. 요컨대 박록주와 김유정은 두 사람 모두 연애에 실패한 사람들이었던 셈이다. 그런데 여기에서 김유정이 주변에 남자들이 여럿 있었던 박록주에게 왜 그리 매달렸는지 궁금해 하는 사람들이 있을 것이다. 사실 그녀는 그렇게 대단한 미인이 아니었다. 절색은커녕 미색도 못 되었다. 그저 그런 평범한 외모라고나 할까? 성격도 괄괄하고 남성적이어서 여장부 같은 구석이 있었다. 목소리도 섬세한 기교의 발성과는 거리가 멀었다. 저음에 가까운 거친 소리를, 그녀는 주조음(主調音)으로 사용하고 있었다.

박록주는 그로부터 처음에 연애편지가 왔을 때 잘못 온 편지인 줄 알았다. 그때 장안에 박록주라고 하는 또 다른 이름의 미인 기생이 있었기 때문이다. 김유정의 스토킹이 끝난 다음에, 그는 소설가로 등단했다. 그의 소설 「두꺼비」(1936)에서 그는 그 사건을 이렇게 회상한 바 있었다. "저쪽에선 나의 존재를 그리 대단히 여겨주지 않으려는데 나만 몸이 달아서 답장 못 받는 엽서를 매일같이 석 달이

나 썼다." 요즘 같으면 스토킹이 성범죄 중에서도 결코 가벼운 것이라고 말할 수 없지만, 그래도 그 시절엔 낭만적인 데가 있었다. 기생은 일종의 엔터테이너였다. 악가무의 일정이 꽉 짜여 있는 명기의 경우는 시간과 돈을 관리할 매니저가 필요했다. 보통은 오빠나 남동생이 매니저 역할을 한다. 흔히 말하는 '기생오라비'라는 말은 여기에서 생겨났으리라고 본다. 박록주의 매니저는 그의 남동생 박만호였다. 김유정은 박록주를 흠모하면서부터 그와 비슷한 나이의 박만호를 벗으로 삼을 만큼 친해지기도 했다.

어쨌든, 그 이후 김유정은 소설가의 삶을 살아갔다.

그의 소설가의 생애는 너무 짧았다. 그 짧은 기간에 그가 우리에게 남긴 문학적인 유산은 상당히 의미가 있다. 그가 남긴 소설 작품 중에서 「두꺼비」와 「생의 반려」는 박록주와의 인간관계 경험에서 비롯된 것임은 비교적 잘 알려져 있다. 박록주는 김유정을 울렸다. 이때 울렸다는 말은 연애를 실패하게 했다는 뜻도 되겠지만, 그의 소설이 그녀의 판소리에 공명(共鳴)했다는 뜻도 포함이 된다. 말하자면, 그 말은 두 겹의 뜻이 담겨 있는 말이다.

3. 당대와 후대의 소설가들이 본 김유정

주지하듯이, 김유정은 이상(李箱)과 절친한 관계였다. 두 사람이 얼마나 사이가 좋았으면 동성애 관계가 아니냐 하는 말도 있었다. 둘 다 폐질환을 앓다가 같은 해에 요절한 것도 운명적으로 서로 비슷했다. 또 둘 다 기생을 사랑했다. 금홍을 사랑한 이상이 너무 밀접한 육착(肉着)의 관계를 맺었기 때문에 도회지 감각의 황폐함과 불모(不毛) 속에 매몰되었다면, 박록주를 사랑한 김유정은 너무도 아득하고 너무도 가슴 먹먹하여 그가 성장해온 식민지 도시 공간의 현대적인 감각으로부터 벗어난 토속의 유머 세계로 스스로를 후퇴하지 않을 수밖에 없었던 같다.

이상이 쓴 「김유정」이 있다. 글의 부제는 '소설체로 쓴 김유정론'이다. 일종의 삽화적인 콩트에 지나지 않는 이상이 벗한 김유정의 체취를 실감나게 전달하고 형상화했다는 점에서 의의가 있다고 말해진다. 이 글은 김유정을 비롯해 이상, S군, B군이 술에 취해 벌이는 좌충우돌의 활극을 통해 김유정의 일면을 선명하게 부각시켰다.[1)]

소설가 안회남의 「겸허」는 『문장』(1939, 10)에 게재된 김유정 전기이다. 김유정의 연애 심리에 대한 부분은 앞서 밝혔듯이 매우 정확한 면을 기술하고 있어 눈길을 끈다. 박록주, 박봉자로 기명화(記名化)된 여인들에 대한 사랑의 무모한 감행에 대한 해답이 잘 반영해 있다고 보아야 한다.

> 남이 손가락질하며 비웃을만치 그가 그렇게 많이 비참한 외쪽사랑의 슬픔을 겪으면서도 겉으로 태연자약했던 것은 어머님을 존경하는 마음, 어머님을 예쁘다고 생각하는 생각, 어머님을 그리워하는 정성, 이것이 그대로 자기가 연모하는 상대편 여자에게까지 연장하여 그저 미화하고, 그저 모든 것을 바치려는 태도를 취하게 된 것이라고 믿는다.[2)]
>
> \- 안회남

전상국의 장편소설 「유정의 사랑」은 전기와 소설이라는 두 개의 구조를 통합하면서 성공을 거둔 글쓰기로 평가되고 있다. 작가의 입장에서 밝힌 한 작가의 전기인 셈이다. 그는 모교인 경희대 대학원에서 김유정 연구로 석사학위를 받은 이래 김유정에 관한 관심을

1) 김유정문학촌 편, 『김유정 문학의 재조명』, 소명출판, 2008, 19면.
2) 같은 책, 21면.

가지고 있던 차에, 향토적인 연대감을 가지고 김유정을 추적함으로써 「유정의 사랑」을 완성시킨 작가이다. 그가 언어와 문체 담론 및 언술 측면을 연구한 경우는 1994년 3월 25일, 한림대 아시아문화연구소에서 3월의 문화인물로 선정된 김유정에 관한 연구발표회가 있었을 때였다. 발표자의 한 사람으로 그는 「김유정 소설의 언어와 문체」란 제목의 연구 내용을 발표했다. 그는 김유정 소설 문체의 특징을, 지문의 철저한 구어화, 방언과 비속어의 소리 나는 대로 적기, 의성어와 의태어의 생동감 있는 삽입 등으로 보았다.

> "더러운 걸 널더러 입때 끼고 있으랬니? 망할 계집애년 같으니" 하고 나도 더럽단듯이 울타리께를 힝하게 돌아나리며 약이 오를 대로 다 올랐다, 라고 하는 것은 암탉이 풍기는 서슬에 나의 이마빼기에다 물찌똥을 찍 갈겼는데 그걸 본다면 알집만 터졌을 뿐 아니라 골병이 단단히 든 듯싶다.
>
> (「동백꽃」에서)

김유정의 소설 「동백꽃」에서 인용한 것이다. 김유정 소설에 있어서의 웃음의 의미는 매우 중요하다. 이에 관해 그동안 많은 사람들이 논의해 왔다. 대체로 보아서 김유정의 웃음은 두 가지로 나누어지는 것이 아닌가 한다. 하나는 슬픈 웃음이요, 다른 하나는 '강잉(强仍)한 웃음'이다. 미국의 소설가 존 업다이크(John Updike)는, 웃음이란 국어(國語)의 장르이기 때문에 외국어로 번역하면 리듬, 속어 및 풍유적인 음영(陰影)까지도 상실하게 마련이며, 또한 반응을 자아내는 힘이 얼마나 섬세하고 복잡한지를 깨달을 수 있고 이러한 힘이 비애나 범속(凡俗)에 얼마나 접근해 있는가를 느끼게 한다고 밝힌 바 있다.[3] 비교적 화해의 여지가 있는 「동백꽃」과 「산골 나그네」

---

3) 第37차 세계작가대회 회의록, 『동서문학의 이해』(국제 P. E. N 클럽 한국본부, 1970), 112면, 참고.

등이 여기에 해당될 것이다. 이에 비해 강잉한 웃음은 현실의 아픔을 삼키기 위한 억지웃음, 쓴웃음인 것으로 「솥」·「만무방」·「봄·봄」·「안해」 등이 여기에 해당한다.

소설가 성석제는 김유정의 웃음의 의미를 이렇게 보고 있다. 비교적 화해의 여지가 있는 「동백꽃」과 같은 작품에 해당하는 얘기다. 소설가답게 비유적인 표현이 빼어나다.

> 자연스러운 해학은 진주와 같아서 순결, 무구한 것이 아니라 상처에서 생겨나고 불순하고 냄새 나서 인간다운 희비극이 되고 또한 비희극을 이룬다. 더러운 곳에서 피어나는 연꽃처럼, 그 연꽃을 앉을자리로 형상화한 연화대 위에 앉은 부처의 염화미소처럼 김유정의 소설은 은연중에 피어서 빛나고 있다.[4)]
>
> – 성석제

일찍이 문학비평가 김주연은 「유우머와 초월」이란 글에서 김유정의 「만무방」에서 엿보이는 웃음을 우리말이 지니고 있는 오랜 정서의 한구석을 내보이는 익살로서 빈민의 마지막 탈출구라고 했다. 그는 김유정이 몸은 농촌에 두되, 정신은 무변(無邊)의 자유 속을 부유하고 있다고 보았다. 즉, 그 웃음은 절망의 현실을 초월하게 한다는 것.[5)] 강잉한 웃음은 그 시대의 사회문화적인 문맥과 서로 소통한다.

> "이런 망할거 남말하는데 자빠져 잔담-"
>
> 남편은 혼자 중얼거리며 바른팔을 들어 이마 우로 흩으러진 안해의 머리칼을 뒤로 쓰다듬어 넘긴다. 세상에 귀한 것은 자기의 안해! 이 안해가 만약 없었던들 자기는 홀로 어떻게 살 수 있었으려는가!
>
> 명색이 남편이며 이날까지 옷 한 벌 변변히 못해 입히고 고생만 시킨 그

4) 같은 책, 239면.
5) 김주연, 『문학비평론』(열화당, 1980), 112~4면, 참고.

> 죄가 너무나 큰 듯 가슴이 뻐근하였다. 그는 왁살스런 팔로다 안해의 허리를 꼭 껴안아 자기의 앞으로 바특이 끌어당겼다. (「소낙비」에서)

김유정의 수작 「소낙비」는 강잉한 웃음을 유발한다. 앞서 밝혔듯이, 이 웃음은 현실의 아픔을 삼키기 위한 억지웃음, 쓴웃음이다. 이 작품은 소위 김유정의 들병이형 소설로 잘 알려져 있다. 이는 1935년 조선일보 신춘문예 당선작으로 그의 작가로서의 입지를 확인시켜준 것이다. 이 작품의 주인공은 춘호와 춘호 처이다. 이들은 1930년대의 유민이다. 유민들은 흉작으로 인한 빚쟁이들의 위협과 악다구니를 피하기 위해 하릴없이 집과 세간을 그대로 내버리고 알몸으로 밤도주하였다. 타관으로 몸을 피해도 궁핍하긴 매 한가지. 이들이 결국 매춘을 선택한 경우가 적지 않았다. 김유정의 다른 작품에서는 잘 보이지 않는 성묘사가 보이는 것이 이채를 띤다. 이 소설은 '땡볕'이란 제목으로 영화화되기도 했다. 영화 제목처럼 후텁지근한 땀의 냄새가 배어 있는 듯한 문체로 쓰인 사회고발형 작품이다.

이 소설에 대해 우리 시대의 여성소설가로 활동하고 있는 권지예의 지적이 적실하게 다가온다. 평론가의 안목이 아닌 작가에 의한 직관적인 작가비평의 전형을 보여주고 있다.

> 남편의 심리가 재미있다. 그러면서도 한편 씁쓸한 비애가 느껴졌다. 이 소설이 1930년대에 나온 소설이며, 그의 소설은 상당히 사회고발적인 요소가 많다는 점을 감안할 때, 그 시대의 이런 부부상이 무엇을 겨냥하는지 영리한 독자라면 눈치 채게 된다. 검열이 심하였던 그 시대에 그는 위장의 천재였던 것이다. 작가는 아무 것도 모르는 척 의뭉스런 문체로 이야기를 하기 때문이다.[6)]
>
> – 권지예

김유정은 자기와 함께 사는 농민들이 왜 가난한가 하는 문제를 정확히 꿰뚫어보고 있다. 작가적인 통찰력이 상당하다. 자포자기적인 현실의 진상, 농촌 참상의 현장을 그처럼 예리하고도 의뭉스럽게 직시한 소설가가 일제강점기에 있었던가. 사회적인 이유로 반(反)사회적인 행위에 이른 김유정의 인물들의 모습은 주지하듯이 이와 같다. 예컨대 「소낙비」에서 해를 이은 흉작으로 인해 춘호 아내의 매음이 이루어지고, 「만무방」에서 농사를 열심히 해도 남는 건 빚이라서 작중 인물이 야반도주하고, 「산골 나그네」에는 술병을 들고 다니면서 주부 매춘을 일삼는 들병이로 전락하고, 「금 따는 콩밭」에서는 사람들이 금을 찾아 천금을 얻는 헛된 꿈을 키운다. 이 모든 것은 시대의 음울한 슬픈 그림자이다.

4. 토착어의 문학적 승리

김유정이 우리말을 얼마나 사랑했는지 잘 알 수가 있다. 특히 그는 생활 현장 속에 숨어 있는 기층 언어, 즉 토박이말을 적절히 잘 선택하여 능숙하게 구사하는 능력을 가졌다. 「금 따는 콩밭」(1935) 일부를, 본문과 현대 표준어 표기를 함께 인용해 보면 다음과 같다.

> 땅은 암만을 파도 지수가 없다. 이만해도 다섯 길은 훨씩 넘었으리라. 좀 더 지펴야 옳을지 혹은 북으로 밀어야 옳을지 우두머니 망설거린다. 금점 일에는 푸뚱이다.[7]

6) 김유정문학촌 편, 앞은 책, 244면.
7) 본고에서 김유정 소설의 본문은 유인순 편, 김유정 단편선 『동백꽃』(문학과지성사, 2005)에서 인용되었다. 이하 같음.

(땅은 아무리 파도 낌새가 없다. 이만해도 다섯 길은 훨씬 넘었으리라. 좀 더 깊게 해야 옳을지 혹은 구덩이의 폭을 넓혀야 옳을지 우두커니 망설인다. 금 따는 일에는 풋내기다)

이 「금 따는 콩밭」은 일확천금의 허황된 꿈을 꾸는 사람들이 많았던 1930년대의 사회경제적인 사정과 맞물리고 있는 이야기이다. 이 이야기는 김유정의 자전적인 체험과 관련이 있다. 그의 고향 인근에 사금이 나와 개울 바닥이 온통 파헤쳐져 성한 곳이 없을 정도였다고 한다. 또 그는 충청도 광업소에서 몇 달 동안 현장 감독을 한 적이 있었다. 이러한 체험들을 바탕으로, 그는 「금 따는 콩밭」·「노다지」·「금」을 썼다. 1929년 뉴욕에서 대공황이 발생하자 세계 경제는 급격히 위축된다. 식민지 조선에서도 그 여파가 심각했다. 금값은 해마다 폭등했다, 1930년대에, 그래서 일확천금을 노리는 인간 군상이 생겨나게 되었다. 이 시대를 두고 황금광(黃金狂) 시대라고 이르기도 한다. 소설 「금의 정열」, 수필 「금과 문학」을 쓴 채만식의 경우도 황금광을 풍자한 바 있었다. 어쨌든 김유정 소설은 언어의 형식적인 조건과 질감에 있어서 정점에 달한 작가다. 그의 소설에 드러난 반짝이는 언어의 향연은 토착어의 문학적 승리에 값한다고 하겠다.

김유정의 소설에서 언어가 생생하게 살아 움직이고 있는 것은 그 언어라는 것이 실제 생활 속에서의 목소리를, 마치 녹음을 하듯, 그대로 옮겨 놓은 것이기 때문이다. 우리가 김유정의 소설을 읽을 때에 마치 목소리가 귀에 들리는 듯한 착각을 느끼는 것도 이 때문이다. 그는 언어의 생명을 말소리에서 찾은 것이다. 즉 언어의 청각적 영상에 주목한 것이다 언어는 눈에 보이는 것이 아니라 귀에 들리는 것. 귀를 울려 주고 순간적으로 사라지지만 귀를 울려 주는 순간의 그 생명감은 독특한 미학을 가지고 있다. 더구나 그것이

> 우리네 서민들의 발랄한 혹은 구수한 입담임에랴.[8)]

이 인용문은 전신재의 「김유정의 우리말 사랑」이란 글에서 따왔다. 나는 이 글이야말로 김유정 소설의 언어형식적인 측면에 관한 그 어떤 문학비평이나 연구 논문보다 적확하게 정곡을 찌른 것이라고 생각한다. 김유정의 우리말 사랑은 두고두고 상기되어야 마땅하다.

---

8) 전신재, 「김유정의 우리말 사랑」(한글사랑, 2000, 여름), 58면.

시조의 가락에 마음의 금선(琴線)을 들이다

– 월하 이태극의 시조 세계

1. 시조의 율조(律調) : 말이 춤추고 싶은 것

현대시조는 가창의 기능이 소거된 상태에서 독자들이 읽기 위해 만들어진 시조를 가리키는 개념이다. 옛시조가 가객(歌客)이라고 이름이 되는 창자(唱者)에 의해 만들어진 음악의 개념이라면, 현대시조는 전문적인 시인들이 쓰고 있는 문학 작품의 한 가지인 것이다. 이 글의 주된 대상이 될 월하 이태극은 해방 이후에 현대시조의 발전적 계보에 놓여 있는 시조시인 한 사람이다.

20세기 초에 대구부인이나 육당 최남선 등의 인물이 사람들에게 읽히기 위한 시조를 만들기 시작했다. 그 후 가람 이병기와 노산 이은상이 현대시조의 발전적인 형성 과정에 결정적인 역할을 했고, 이태극은 이들을 사장(師匠) 내지는 시조계의 선배로 모시면서 이들이 이룩해 놓은 문학적인 성취를 계승하면서 사계(斯界)의 발전을 위해 적잖이 기여하였다.

월하 이태극은 1913년 강원도 화천에서 태어났다. 올해 2013년은 그의 탄생 백주년이 되는 해이다. 1945년에 해방될 때 33세였던 그는 해방이 되기까지 공무원과 교원으로 생활을 했다. 엄격하게 말하면, 그는 식민지의 엘리트로서 체제 순응주의자였던 것이 사실인 듯하다. 그러나 이 점이 그에게는 오히려 각성의 기회와 발분의 계기가 되었던 것 같다. 해방 후 그가 서울대 국문과를 수학하게 된 것은 되찾은 우리말에 대한 자기반성의 절실한 의미가 전제되어 있다고 할 수 있다.

그는 본디 시조 연구에만 뜻을 두었다. 6・25가 끝나고 또 개인적으로 대학의 교원으로 자리를 얻으면서 비교적 안정적인 생활에 접어들면서부터 그는 시조 창작에도 뜻을 두게 되었다. 이태극은 시조시인으로서 모두 다섯 권의 시조집을 상재하였다. 처녀 시조집은 『꽃과 여인』(동민부화서 : 1970)이었다. 이 시집에 실려 있던 「서해상의 낙조」(1957)는 추보식 구성의 서경적인 묘사에다 생에 대한 약동의 감각과 안온한 관조를 조화시킨 한 시대를 대표하는 주옥의 명편으로 손꼽히고 있다. 그 이후, 그는 시조집 『노고지리』(일지사 : 1976), 『소리・소리・소리』(문학신조사 : 1982), 『날빛은 저기에』(시민문화사 : 1990), 『자하산사 이후』(토방출판사 : 1995)를 잇달아 간행하였다.

그는 40대 중반의 늦은 나이에 시조시인으로 등단하였고, 처녀시집도 회갑을 수 년 앞둔 시점에 공간했다. 그 점에도 불구하고 그가 천수를 누리면서 앞에서 말한 다섯 권의 시조시집을 묶어낼 수 있었던 것은 본인의 삶에 있어서나 우리나라 시조의 입지를 다져야 하는 측면에서 볼 때 여간 다행한 일이 아닐 수 없었다.

> 철로가 아파트 숲 그 마당에 눈이 내리면
> 구부정 손자들과 손에 손 마주 잡고
> 추한 것 말끔히 씻어달라고 춤을 우쭐 추어보리라
>
> -「눈이 내리면」 부분

이 작품은 76세의 노경에 이른 이태극이 1989년에 쓴 것으로 확인되는 「눈이 내리면」 제3수에 해당하는 것이다. 아직 두세 살밖에 되지 않는 연년생 손자들과 눈 내리는 아파트 마당에서 춤을 추고 싶다는 것. 그의 시조에 투영된 한 생애의 행복감이 집약되어 있는 것 같다.

나는 이 대목에서 시조란 장르가 말이 춤추는 가장 적합한 양식이 아닐까 하고 생각해 본다. 시조의 율조는 본디 노래하기 위해 만들어졌던 것만큼 애최 율동적일 수밖에 없는 것이다. 말의 춤을 추어 보임으로써 벽사진경의 주술성을 얻을 수 있는 것이 바로 시조의 율조가 아니고 또 무엇이겠는가? 「눈이 내리면」에서 춤을 우쭐추어보리라고 한 것은, 다름 아니라 황진이의 시조 '동짓달 기나긴 밤을……'에서 이불을 굽이굽이 펴리라고 말하는 것과 등가의 상징성을 함축하고 있는 게 아닐까? 가치지향성의 관점에서 볼 때 적어도 두 자품 사이에 이른바 텍스트 상호관련성을 갖고 있다는 얘기가 된다. 말하자면, 이 두 편의 시조는 행복한 미래로 나아가기 위한 벽사진경의 주술적인 언어이다. 유승우의 시론집 『한글시론』(1983)이 있다. 여기에, 앞에서 말한 황진이의 작품을 가리켜 어떻게 비평적인 자기 견해를 부언하고 있는지를 살펴보자.

> ……말은 상상의 날개가 된다. 말은 참 요술쟁이이다. 그릇으로 쓰면 때가 묻어서 허물을 쓰고 죽게 되지만, 허물을 벗겨 주면 날개가 되어 춤추며 날아오르게 되는 것이다. 그래서 사람은 말로 해서 죽을 수도 있고 살 수도 있다고 한 것이다. 말이 상상의 날개가 되어 날아오르면 시의 누리로 들어서게 되는 것이다. 시인의 가슴에서 허물을 벗고 다시 태어나면 때의 물결에서 날아올라 시의 나라에서 춤추는 말이 되는 것이다. 말은 그릇으로 쓰이기보다는 살아있는 몸으로 춤추고 싶은 것이다. (……) 여기서 우리는 47글자의 껍질을 입고 춤추는 말을 만나게 된다. 시간의 흐름 속에서 (동짓달 기나긴 밤) 건져낸 말들이다. 47글자는 상상의 날개를 달고 시의 누리로 날아올랐기 때

문에 죽음에서 벗어나 영원히 춤추는 말이 된 것이다. (민족문화사, 34~5면)

아직은 때가 아니었다. 아파트 숲의 마당에 눈이 내리지 않고 있었다. 시인의 말이 일상어의 허물을 벗어 날개를 달 때 비로소 새로운 삶의 자리로 약여(躍如)하게 날아오른다. 그 상상의 세계야말로 시가 있어야 할 자리인 것이며 시조가 말로써 춤을 추는 자리인 것이다. 이렇게 볼 때, 시조는 춤을 추고 싶은 말의 모둠이 아닌가 싶다.

난무(亂舞)의 화신인저
창궁이 너의 무대

흰 깁의 손길
여린 여린 몸매

(……)

애초 자유에 겨워
어데든 어루는 너

－「강설부(降雪賦)」 부분

말이 춤추고 싶은 시조는 잣수율의 형식에 갇힌 장르가 결코 아니다. 시인의 상상하는 날개 따라 훨훨 날아오를 때 말에서 자유의 정신을 얻는다. 이미 1970년에 쓴 작품 「강설부」에서 시인은 눈의 어지러운 춤을 관조하면서 시조가 빚은 말의 상상력이 승화하고 있음을 감지하고 있었다. 말의 춤을 통해 시조는 새로운 언어 현실의 장력(場力)을 확산시킬 수 있다.

2. 옛시조의 관습 계승과 애국주의

이태극은 시조시인 그 누구보다도 시조에 대한 애정을 지녔다. 그에게는 시조야말로 민족의 생명이 깃든 소리요, 이를 담는 하나의 그릇과 같은 것이다. 시조는 역사를 꿰뚫기도 하고 이를 초월하는 것이기도 하다. 그의 시조에 대한 무한한 자긍심은 1955년에 이미 발표한 「시조송(時調頌)」에도 잘 나타나고 있다.

묶는 듯 율(律)의 자윤
내일 바라 벋어나고

부풀어 말의 자랑
갈수록 되살아나

이 노래 청사(青史)를 감넘어
보람찍게 크리라.

－「시조송」 부분

이 시조는 시조로 쓴 시조예찬(론)이다. 그에게 있어서 시조는 역사를 뛰어넘는 보람찬 것이기 때문에 옛시조와 현대시조의 구분이 필요하지 않다. 현대시조는 옛시조의 전통을 중시하면서 그 문학적인 관습은 계승한 것일 뿐이다. 이태극이 시조의 정격(正格)과 파격(破格) 중에서 전자를 가치로 여기게 된 연유를 자신의 두 번째 시조집 『노고지리』(1976) 책머리에서 밝히고 있다.

……여기 수록한 작품들도 시조 본래의 가락과 멋을 잃지 않으면서도 시로서의 지향을 바라 힘써 지어낸 것임을 다시 천명하여 두려는 터이다. 즉

> 그것은 내 사념과 생활의 고백들이요 현실에 살고 있는 한 사람의 마음의 금선(琴線)들인 것이다. 그러나 아직도 그 율조나 시어(詩語)들에서 예스러움이 있다는 말을 듣기도 한다. 이것은 아마 나이 탓인지도 모를 일이요 또한 옛시조를 자꾸 만지다보니까 자연 그렇게 되어졌는지도 모르겠다. 그러나 시조는 어디까지나 시조로 살아가도록 하여야 할 줄로 믿는 바이다. 이것을 자유시에 편승시켜 시조의 본질까지도 이탈시켜 버릴 수는 없는 일이라고 본다.

인용문은 이태극의 시조관이 구체적으로 잘 드러나 있는 글이다. 이 글에서 '마음의 금선(琴線)'이라는 표현이 자못 흥미롭다. 심금을 울리는 가락이 바로 시조가 지닌 미묘한 언어 리듬이라는 것일 터이다. 그가 말하고 있는 시조의 본질이라는 것도 정격을 가리킨다. 파격의 징후가 분명해질수록 시조의 형태는 자유시에 가까워진다는 것이다. 또 그럼으로써 시조의 정체성도 상실되어 간다는 게 그의 생각이 지닌 요체인 듯하다.

> 이리 될 것이더면 아예 구름일 것을
> 저러 할 것이어든 지레 유수(流水)일 것을
> 스며든 스며든 정일레, 되돌아보는 발길이여!
>
> -「물망초」 부분

물망초를 바라보는 시적 화자의 발길이 아쉬움을 남긴다. 헤어짐의 발길은 유유자적한 구름 흘러가는 것도, 빠르게 흐르는 유수 같은 것도 아니다. 이도 저도 아닌 어중간한 발길이다. 옛시조에서 흔히 보는 '비결정의 시학'이다. 옛시조를 보면, 필동말동한 꽃, 오락가락하는 갈매기, 엉거주춤한 출처(出處)의 태도관 등이 슬몃 엿보이지 아니한가. 예스냐, 노냐 하는 강박적인 물음이 예상되는 상황에서, 예스도 노도 아니라고 대답하는 것이 시조의 본래면목이다. 요컨대,

인용한 시조 「물망초」는 시의 의장(意匠)에 있어서나 시적 화자의 화법에 있어서 옛시조의 관습을 뚜렷하게 계승한 것이라고 보인다. 거기에는 전형을 이룬 문장의 법칙이 있고, 시적 화자의 화법이 사뭇 규범적이다.

> 종이쪽이 날개 돋친
> 바드러운 공간이여!
>
> 뱀으로 원숭이로
> 부나비로 살고 볼까?
>
> 아니면 모래도 안 씹는
> 불사조(不死鳥)로 살아갈까?
>
> －「돈」 부분

> 날치고 설쳐 뛰는 저들과 어울리어
> 무고히 죽여대고 끌어대는 젊은이들
> 그래도 자유를 바라 손을 모아 빌었다
>
> －「소리 · 15」 부분

> 밤에는 환영 모임 조촐한 식탁 둘러
> 이석현 동시인도 두 제자를 만났다
> 뜻밖에 최봉호 시인도 만나 시간이 아쉬웠다
>
> －「토론토를 찾아」 부분

이 인용된 작품에 관해 말하기에 앞서 우선 우리의 시조와 일본의 하이쿠(排句)를 비교해 보자. (평)시조가 43자 안팎으로 쓰인다면, 하이쿠는 거의 정확히 17자로 이루어진다. 자수에 있어선 거의 두 배 반이 된다. 글자의 수가 많다는 것은 그만큼 논리적인 형식을 갖추었다는 얘기가 된다.

시조가 논리적이라면, 하이쿠는 직관적이다. 하이쿠는 강렬한 서정성의 바탕 위에 순간적으로 타오르는 불꽃이 된다. 여기에는 서정적 자아의 세계에 대한 관념성이 틈입할 여지가 거의 없다.

이에 비해 시조는 논리적이요, 관념적이요, 경우에 따라선 이념적이기까지 하다. 시조는 조선조 사림파의 정치적 성장이나, 성리학의 뿌리내림과 무관치 않다. 따라서 시조의 형식이 논리적이라고 하는 것은 조선조 중·후기 유자(儒者)들의 형식 논리와 상당히 결부되는 측면이 있다.

시조의 초중종장 3단계 구성법은 중국 한시에서 고착된 기승전결식의 4단계 구성과 차이가 있다. 초중종장은 서본결론의 3단계 구성에 해당한다. 시조의 종장은 논리적인 형식에서 결론이요, 기승전결 가운데서는 전결(轉結)에 해당한다. 다시 말하면, 한결 함축적으로 끝맺음하는 반전적인 결말 구조인 것이다.

앞에서 본 이태극의 시조 세 편을 살펴보면, 종장 첫 음보가 '아니면', '그래도', '뜻밖에'로 표현되어 있다. 옛시조가 지닌 반전적인 결말 구조를 수용하고 있다는 증좌가 된다. 『월하 이태극 시조 전집』에 실려 있는 작품 중에서 종장 첫 음보가 '그래도'인 것은 11회나 되고, '그러나'인 것은 5회가 된다. 그 밖에 '아차차'와 '차라리' 등의, 반전적인 결말을 이끄는 표현도 없지 않다.

가득 함초로히
마주 연 입술과 입술

－「꽃과 여인」 부분

지긋이 줄을 당기어
우줄 춤을 추었다

– 「점화(點火)」 부분

어느 결 다 못한 정
봄비로이 젖으올까?

– 「우음(偶吟)」 부분

인용문들은 시조의 전통에서 흔히 엿볼 수 있는 풍경들이다. 꽃잎은 여인의 입술로 비유되고, 기방의 줄풍류 속에 무희가 춤을 추고, 기생과 더불어 못 다한 정을 아쉬움 속에서 나누고 있다. 이러한 풍경이 주는 분위기를 일컬어 우리는 풍류라고 말할 수 있을 것이다. 이태준은 「기생과 시문」(1940)이란 글에서 조선 정조(情調)의 간판 격이던 기생들이 예전의 풍격(風格)을 상실한 것을 두고 탄식한 적이 있었다. 이태극이 시조를 쓰기 시작한 1955년 이후에는 기녀의 문화가 잔존의 형태로 거의 사라져가고 있었다. 이태극의 시조에 나타난 풍류 역시 사양화된 박명(薄明)처럼 어렴풋했다.

이태극의 시조 세계에 엿보이는 풍류는 조선 시대의 선비들과, 자신의 스승인 가람 이병기의 시조에서 보여준 유교적인 교양, 내지는 향유와 아취의 감각을 이어받은 것이라고 여겨진다. 특히 고전을 읽고 양란(養蘭)을 일삼고 시서화 등의 예도를 체현하는 일을 20세기 선비로서의 고결한 생활이라고 본 이병기의 영향이 컸던 것으로 보인다. 풍류는 경우에 따라선 허랑방탕함과 동의어가 되기도 하겠지만, 속류와 엄격히 구분된다는 점에서 일종의 문화 엘리트주의이기도 하다.

한산섬 깊던 시름

검은 구름 걷어주고
그 밝던 달빛
이 누릴 밝히었지
온 겨레 전악(典樂)을 드높여
님을 님을 기리오

-「한산가 답가」 전문

이 작품은 이순신 장군의 시조에 대한 작품이다. 하나의 작품에 대한, 또 하나의 작품을 두고 메타적 성격의 작품이라고 할 때, 이것은 시조의 경우에 있어서 정몽주의 「단심가」 이래 계승되어온 전통의 한 가지이기도 한 것이다. 이태극의 시조 가운데 애국주의를 표방하고 있는 것들이 적지 않다. 옛시조의 사상적인 배경에 유교적 이념의 긍정적인 구현이 자리를 잡고 있다. 옛시조에서 보여준 소위 충(忠)의 관념은 이태극에 이르러서는 애국주의의 지향성으로 연결되고 있다.

하늘에선 불세례
적병은 앞뒤인데

등대도 아득하고
사공조차 간데없다

그래도 남으로 남으로
밀려가는 이 무리

-「뇌우탄막(1)」 부분

이 작품은 「뇌우탄막(雷雨彈幕)」 제1편에서 따온 것이다 이 작품은 이태극이 1951년 6·25 사변 중에 쓴 시조이다. 그 당시의 전황이 초미의 위기 상황임을 말해주고 있는 이 작품은 피난민 무리가 남하하는 것을 두고 민족의 선택이 핏빛 이데올로기보다는 개인의 자유에 놓여 있었음을 증언하고 있다. 그에게 동란(動亂) 체험을 소재로 한 작품이 적지 아니한 것은 그에게 있어서의 반전과 반공 이념과 무관치 않으리라고 생각된다.

새 울고 물은 흘러
남북을 오가는데

철의 장막 이리 굳어
총칼로 맞선대도

한배검 손을 맞잡는
한 하늘은 열리리.

– 「철의 삼각지대」 부분

이태극은 「뇌우탄막」이란 제목으로 된 전시(戰時)의 작품을 쓴 지 40여년이 지나 노경에 이르렀을 무렵에 「철의 삼각지대」를 썼다. 주지하는 바와 같이, 철의 삼각지대는 한국전쟁 막바지에 이르러 한 치의 땅도 더 차지하여 휴전할 요량으로 피아간에 필사의 공방전을 펼쳤던 최대의 격전지였다. 인용된 작품은 이태극이 그 격전지를 찾아 살펴보면서 옛날의 감회에 젖어 쓴 듯한 작품이다.

이태극의 작품 세계를 관통하고 있는 애국주의 지향성은 시조의 보수적인 세계관과 무관하지 않은 것 같다. 이런 점에서 볼 때 그의 시조에는 우국연민의 정서를 기조로 한 두보의 시풍을 연상케 하는 측면이 없지 않다. 그의 시조는 옛시조의 정서, 시적 의장, 풍류 등을 이어받은 것뿐만 아니라 유교 이념의 긍정적인 계승인 애국주의라는 관념 체계까지 구현하고 있음을 알 수가 있다.

3. 국어 사랑과 토박이말의 쓰임새

올해는 이태극 시조시인의 탄생 백주년이 되는 해이다. 3년 전에 『월하 이태극 시조 전집』이 상자되었고, 올해에는 시조선집 『내 산하에 서다』가 나왔다. 발문을 쓴 그의 외아들 이숭원에 의하면, 이 시조선집의 간행은 작고 10주기, 탄생 백주년을 기념하는 것임을 시사하고 있다. 그가 쓴 발문 일부를 인용해보자.

> 선친께서는 일제강점기에 지방공무원 생활을 잠깐 하신 다음 해방될 때까지 만11년 동안 보통학교, 지금의 초등학교 교사를 하셨다. 해방 전 암흑의 6년은 일본어로만 수업을 하여 참으로 괴로웠다고 말씀하신 적이 있다. 그것이 한이 되어서인지 해방 이후 서울로 오셔서 국어국문학과에 편입을 하셨고 가람 이병기 선생의 영향을 받아 시조 연구와 창작에 뜻을 두셨다.

이 인용문에서 보듯이 월하 이태극의 시조 창작은 일제강점기에 우리말을 쓰지 못했던 민족적 위기 상황에 대한 반성에서 촉발된 것이라고 하겠다. 나는 문학평론가 이숭원과 오랜 교분을 맺어 왔다. 내가 그로부터 들었던 말에 의하면, 자신의 아버지가 보통학교 교사를 할 때 조선어를 쓰는 생도들에게 뺨을 때린 일이 있었다는데 이에 대한 죄책감이 컸다고 했다. 물론 그 당시에 일본어가 국어였으니 망국의 언어가 공용어로 대접을 받지 못했을 것이다. 해방이 되고 또 대한민국의 정부가 수립되는 과정에서 이태극은 자신이 겪은 잘못된 역사에 대한 반성으로서 우리말로 된 시조를 연구하고 또 창작하는 데 힘쓸 것을 다짐한 것 같다. 따라서 그의 시조 창작에 우리 말글에 대한 애정이 각별하게 배어 있는 것도 이러한 까닭에서 말미암은 것인지도 모른다.

골짝 바위 서리에
빨가장이 여문 딸기

가마귀 먹게 두고
산이 좋아 사는 것을

아이들 종종쳐 뛰며
숲을 헤쳐 덤비네.

–「산딸기」 부분

이 시조는 이태극이 발표한 사실상의 등단작이다. 1955년『한국일보』에 발표한 것이라고 한다. 당시의 시조 작품이라면 한자어로 쓰인 것이 적지 않을 터인데, 보다시피 이 작품은 토박이말로 쓰였다. 제1행의 '골짝 바위 서리'에서 '서리'는 '무엇이 많이 모여 있는 무더기의 가운데'라는 뜻이다. 요즘 우리가 많이 사용하는 말로는 '사이'에 해당한다.「용비어천가」제4장에

적인(狄人)ㅅ서리예 가샤 적인이 갈외어늘

이라는 표현이 적절한 예문이 된다. '서리'는 사실상 사어화된 옛말인데, 이 시조에서는 그것의 쓰임이 복원의 의미를 담고 있다. 이 작품에서 '빨가장이'라는 낱말이 선명하게 부조된 돋을새김과 같은 구실을 하고 있다. 빨가장이는 용례를 찾아보기 힘든 말이다. 문맥

을 보아서는 부사로 쓰이고 있다. 흔히 쓰는 표현인 '빨갛게'와는 사뭇 다른 어감을 품고 있는 게 사실이다. 또 '아이들 종종쳐 뛰며'에서 '종종치다'도 국어사전에는 등재되어 있지 않은 말이다. 움직임이 부산하다, 라는 뜻의 '종종거리다'에 해당하는 말이다. 어쨌든 연시조 「산딸기」의 첫 번째 작품은 옛말, 시인의 방언, 토착적인 지역어 등으로써 어울리게 한 우리말의 향연과 같은 작품이다.

> 아예 망각을 안고 하늘 바라 앉은 세월
> 하 많은 사연들이 능선으로 오고 가도
> 철 따라 새는 울고 꽃 피어 바람도 곁게 스쳐 주네.
>
> 억겁 멀리바다만을 돋움으로 듣는 나날
> 끝 모를 정한으로 침침 구름 속 산다 해도
> 해와 달 이랑을 지으며 가린 자릴 비춰 주네.
>
> –「산」 전문

이태극의 「산」은 1969년에 쓴 것이다. 나의 개인적인 견해가 허용된다면, 이 작품이야말로 시인에게 있어서 필생의 대표적인 역작이 아닌가 한다. 이태극은 시조의 언어형식인 자수율에 관해서는 비교적 엄격했다. 그의 자수율이 대부분 정격(正格)에 가까운 특징을 보여주었지만 여기에서는 자유로운 변격을 구사하고 있다.

산의 웅숭깊음에 대한 자각과 통찰이 이 시의 작품성을 완성시켜 주고 있는 요인이 된다. 말부림의 형식적인 측면에 있어서도, 쉽게 전달되는 평이한 한자어를 사용하고 있다. 이 시에서 보여준 한자어로 된 시어들, 예컨대 망각 · 사연 · 능선 · 억겁 · 정한(情恨)은 기본적으로 교육을 받은 사람 같으면 누구나 이해할 수 있는 낱말들이다.

첫 번째로 상재한 시조시집의 표제작인 「꽃과 여인」은 미완의 대표작이라고 하겠다. 이 작품의 막바지에 이르러 표현된 것, 즉 사랑은 '배리(背理)의 사탑(斜塔) / 웃음 짓는 꽃과 꽃'에서 보듯이 어색한 한자에의 표현으로 인해 전체의 작품성을 훼손한 경우와 인용작 「산」은 서로 잘 대비된다고 하겠다.

버리듯 떠나버린 섬 / 호젓이 감겨들어 // 외마디 기적도 / 되안기는 헝거로움(「여수(旅愁)」에서)

자늑 무는 입술 / 우주가 고기인데 // 태양은 맴돌아 / 밤낮이 갈마든다.(「저 산을」에서)

긴 여로 트인 공간 / 허허로이 아름 안아 // 차분한 정을 쌓는가 / 도란이는 너울 속!(「강설부(强雪賦)」에서)

눈송이 이 버는 동백의 망울들은 // 연지 볼 갸우듬이 창을 여는 새아씬가?(「해남길」에서)

절벽은 외오 높아 귀도 막은 부처인가? // 다람쥐 서대는 아래 산꽃 방싯 웃네요!(「지리산 산음(散吟)」에서)

해와 달 별빛 받아 사념은 깊어가고 / 구름과 바람 넘놂을 쓸어안은 채 / 너는 저 속념을 등진 생불로서 숨 쉬나(「묏부리」에서)

이태극의 시조 가운데 토착어 용례를 찾아 이상과 같이 인용문을 만들어 보았다. 인용문을 뽑은 인용작들은 우리말의 새로운 지평을 열고 있다는 점에서 범작은 아니라고 판단된다. 여기에서 보는 것처럼 그는 우리말의 토착적인 기반에 의거해 시조를 창작해 보려고 의도한 바 있었음을 확인할 수가 있다.

앞에서 인용한 작품 가운데 잘 사용하지 않고 있는 낱말들을 가장 방대한 국어사전인 『표준국어대사전』(국립국어원)의 표제어로 올려 있는지를 살펴보았다. '텅 비거나 허전한 느낌이 있다'의 '허허롭다', '조금 갸운 듯하다'의 '갸우듬하다', '외따로 떨어져'의 '외오' 정도는 등재되어 있으나, '헝거롭다' '자늑' '갈마들다' '도란이다' '서대다' '넒놈' 등은 등재되어 있지 않았다. 나에게는 사전에 등재되어 있지 않은 낱말이 시인의 진정한 모국어이다, 라는 묘한 평소의 지론이 있다. 예컨대 시인 장옥관이 사용한 '뽕브라' 같은 시어는 무척 성공적인 언어 선택이라고 본다.

사전에 등재되어 있는 시어는 긴장의 밀도가 높다.

특히 마지막으로 인용한 시조 「묏부리」를 보자. 초종장에 쓰인 한자어의 틈새에서 중장 속의 '넘놂'이라는 시어가 빛을 반짝 발하고 있다. 사전의 표제어로 당연히 등재될 리 없는 이 '넘놂'은 시인이 사용한 개성적인 축약어이다. 중장의 표현은 '구름과 바람이 넘나들며 노는 것을 (묏부리가) 끌어안은 채'이거나, 아니면 '구름과 바람이 오르락내리락하는 것을 (묏부리가) 끌어안은 채'로 해석되어야 할 것 같다.

이처럼 시어의 탁월한 선택은 이태극 자신의 몫이다.

그러나 위와 같이 인용한 표현들이 자유자재로 다양하게 확산되어야 했음에도 불구하고 소위 표현의 간헐성에 멈추어버린 것에 대해서는 아쉬움이 작지 않다. 언어형식의 측면에서 본 이태극 시조의 한계가 이 대목에서 슬몃 엿보이기도 하는 것이다.

4. 월령(月令)과 꽃의 탐미에서 본 순환 질서

이태극의 시조에는 계절 감각을 수반하고 있는 것들이 적지 않다. 이 사실은 그의 시조 세계를 이루는 특징이라고 말할 수도 있다. 그렇게 때문에 그의 작품 가운데 우리의 전통 시가에서 볼 수 있는 소위 월령(체)의 형식이 원용되고 있다.

그의 두 번째 시조집인 『노고지리』는 모두 4부로 구성되어 있는데 이 중에서 제1부 '철 따른 노래'는 월령체 형식을 취하고 있다. 이 '철 따른 노래'는 모두 16편의 시조 작품으로 이루어져 있다. 세목화된 소재를 끌어안고 있는 큰 범주의 제재를 이름으로만 나열하자면, 해동기(解凍期) · 춘일산음(春日散吟) · 심춘사(尋春詞) · 하일이제(夏日二題) · 오수(午睡) · 동일삼제(冬日三題) · 강설부(降雪賦)로 이어져 간다. 이름만 보아도 계절 감각이 물씬 풍기고 있다.

뿐만 아니라 그의 세 번째 시집에서도 그와 비슷한 형식의 작품군이 있다. 『소리 · 소리 · 소리』 제4부에 「월령가」라는 제목의 12수 연시조가 있다. 전형적인 달거리 형식의 작품이다. 현대의 작품에서는 거의 볼 수 없는 매우 독특한 형식의 문학이다. 전통 시가의 스타일을 계승하면서도 구태의연함에 빠지지 않고 우리말의 새로운 감각을 유감없이 발휘하고 있다는 점에서 결코 간과될 수 없는 작품이다.

> 희젓는 시새움에 / 영을 넘는 아지랑이 // 꽃다지 오랑캐꽃 / 보슬비에 젖는 얼굴 // 사월은 / 벅찬 가슴으로 환히 웃는 아가씨(「사월은」 부분)

> 찔레꽃 향을 옮겨 / 꾀꼬리도 우는 아침 // 모내기 외는 소리 / 동곡(洞谷)을 누벼 가고 // 유월은 성장(盛裝)의 여인 / 아람도 찬 바램이여(「유월은」 부분)

이태극의 월령(체) 시조에는 꽃의 소재가 많다. 꽃은 인간에게 생의 절정 혹은 완결성을 상징한다. 위에 인용된 작품에서 보다시피 그는 꽃을 여인으로 표상하는 경우가 많았다. 어떻게 생각하면 관습적인 상징 형식에 지나지 않는 것이 되겠지만 말의 품격을 새롭게 만들어가는 개성 있는 언어 형식의 한 차원으로 볼 직하다.

생김새 제 빛깔로
어우러 핀 공간이여

벌 나비 오건 가건
비바람에 맡겨 놓고

그 넓은 하늘을 안아
섰는 곳에 서 있다

눈서리 어둠 속에
견디어 밝힌 목숨

억겁을 수놓으며
가만가만 여는 희열

이 길목 어기찬 숨결은
감싸 웃는 꽃, 꽃, 꽃

– 「꽃, 꽃, 꽃」 전문

이태극의 네 번째 시조집 『날빛은 저기에』에 게재된 시조다. 이 작품은 1984년에 창작된 것이다. 그가 소재로 한 대부분의 꽃이 구체화된 사물로서의 꽃인데 비해, 이것은 추상적인 관념의 꽃으로 표상되어 있다. 여기에서의 꽃은 시인 자신이 생명의 고양을 찬미의 대상으로 바라보고 있는 그런 꽃. 꽃은 세상의 문을 여는 어기찬 숨결이다. 이 대목에서 바슐라르의 말이 생각난다. "내가 세계에 몸을 열면, 세계는 내게 몸을 연다."꽃이 피는 순간은 소우주가 탄생하는 기적의 순간이다. 자아와 세계는 이때 서정시의 합일 속에서 동화된다. 이를 두고 자아와 대상이 함께 자리해 몰입하는 바, 이를테면 서정적 동와에 의한 지복됨의 추구라고 말할 수 있겠다.

시조집 『날빛은 저기에』 제4부 '자화산사의 화목보(花木譜)'는 꽃과 나무에 관한 시적 향연의 박물지이다. 여기에 실린 48편의 작품 중에서 나무에 관한 것이 상대적으로 적은 반면에, 대부분은 꽃에 관한 작품들로 구성되어 있다. 시조시인 이태극의 꽃에 대한 탐미의 욕망을 잘 말해주고 있는 것이다.

이 시적 화목보는 그의 생활감정과 삶의 경험이 오롯이 녹아있는 것이기도 하다. 그가 살던 집을 스스로 '자하산사(紫霞山舍)'라고 이름을 붙였다. 그는 이곳에서 20년을 살면서 집 주변의 텃밭에 시조시집의 화목보에 실려 있는 갖가지 화목을 심로 일 년 내내 가꾸면서 즐겼다고 한다. 그러나 1987년 여름에 빌라를 짓느라고 그 텃밭은 없어졌다. 그의 시적 화목보만이 남게 된 것이다.

예로부터 지금에 이르기까지 시조의 소재 중에서 꽃이 차지하는 비중이 무척 높다. 그런데 시조 창작에 대한 나의 불만이 허용된다면, 시조에서의 꽃이 묘사적인 수준에 머물고 있다는 점이다. 시조 속의 다양하고도 다채로운 꽃에는 왜 순수 관념의 세계가 부족한가? 왜 시조에는 눈꺼풀 아래의 열겹, 백겹, 천겹의 잠이 숨어 있다는 저 릴케의 장미를 둘러싸고 있는 관념적이고 광휘로운 사유의 깊이가 없는가? 이와 같이 순수한 모순으로 관념화된 사유의 꽃이 도덕적이거나 아름다운 꽃의 관습을 뛰어넘는다. 하지만 아쉬운 대로 이태극의 시조에는 개나리를 소재로 한 두 편의 시조가 건재해 있다.

담장에 걸치어서 노란 웃음을 터뜨리면
얼었던 가슴 녹고 시름도 삭는 하늘
내 한 점 구름으로 떠 나와 함께 흐르니

-「개나리」 전문

그의 화목보 중에서 선택해 본 한 작품이다. 대부분의 그의 화목보 시편이 자연의 순환 질서를 얘기하고 있다. 화목보의 시적 화자는 자연의 은혜로움에 감사하면서 넉넉하고도 낙관적인 세계관을 지향하고 있다. 이처럼 꽃을 통한 자연에의 감정이입의 순간은 서정시가 꿈꾸는 지고의 가치이기도 하다. 한마디로 말해, 꽃은 존재와 무(無)의 하모니다. 이는 불모로부터 이룩한 다산성의 광휘로운 눈뜸이리라.

잎이 버네 꽃잎이 버네 노란 노란 웃음이 버네

긴 긴 어둠을 깨고 덤불덤불 주저리고

하구한 세월을 딛고 이 한봄을 손짓하네

-「개나리」 전문

이태극은 1971년에 이미 또 다른 「개나리」를 발표했었다. 화목보의 개나리 이전에도 노랗게 몰입되는 개나리의 멋과 신비감에 벌써 깃들고 있었다. 이 작품의 초장에 '버네'라는 시어가 세 차례 되풀이 되고 있다. '벌다'의 뜻은 옆으로 번다, 펴지다, 늘어서다, 벌여 있다

등으로 풀이된다.

어쨌든, 말이 율동적이니, 꽃도 음악적인 것 같다. 누군가가 비슷한 말을 했다. 꽃은 존재하지 않는 감미로운 이데아의 음악적인 솟아오름이라고.

요컨대 이태극 시조에서 보이는 계절 감각 내지 꽃의 탐미는 자연의 아름다움을 말하려고 하는 것만이 아니라, 인간과 자연의 친화적인 경이의 관계, 조화로운 순환 질서를 노래하는 것임을 알 수 있게 한다.

5. 마무리 : 항아리의 지순한 빛

이태극에게 있어서의 꽃의 즐김은 충절의 사은유(死隱喩)를 때로 이용하기도 했던 사대부의 시조 미학, 암향부동(暗香不動)을 노래했던 가객의 가창 풍류, 난의 완상(玩賞)에 정성을 쏟은 이병기의 상고주의 미의식을 되새김한 것이라고 보아도 좋다. 꽃을 키우고 그윽하게 즐기는 것은 일종의 반속(反俗) 행위이다. 선비 정신을 가진 이라면, 또한 시조 시인이라면 너나 할 것 없이 세상에 물들지 않으려는 하나의 상징 행위이리라.

나는 앞에서 이태극의 '금선(琴線) 들이기'에 관해 언급한 바 있었다. 시조 본래의 가락과 멋을 잃지 아니하는 범위 안에서 현실에 살고 있는 한 개인의 마음속에 이른바 심금을 울리게 하는 가락을 받아들인다는 것이다. 심금을 울리는 가락이 바로 시조가 지닌 미묘한 언어 리듬이라는 것일 터이다. 그가 생각하고 있는 시조의 본질이라는 것도 소위 정격을 가리킨다. 파격의 징후가 분명해질수록 시조의 형태는 자유시에 가까워지기 때문에 시조의 정체성도 상실되어 간다는 것이다. 물론 이 얘깃거리는 많은 쟁점을 내포하고 있는 것도 사실이리라.

어쨌든 이태극의 이른바 '금선 들이기'는 이병기의 풍류, 조지훈의 멋, 서정주의 신라정신, 김상옥의 시서화 등과 함께 우리의 근(현)대 문학이 이루어낸 반(反)근대성의 미학으로 범주화될 수도 있을 터이다. 어지러운 해방기와 격동의 6·25를 혼신으로 경험한 세대인 이들이 속류 마르크스주의 문학의 허구성에 대응하기 위한 문학적인 반성, 반속 행위이기도 하다. 그건 그렇고, 마지막으로 이태극의 작품 하나를 인용하려고 한다.

비운 채 입을 열고
하늘 바라 숨을 쉰다

하고 한 세월자락
그리움이 솟구쳐도

지긋이 다둑이는 둘레
살아 향은 흐르고

떨리던 그 숨결과
응얼진 그 눈초리

이어 타던 불길에
고뇌 함께 사룬 아침

환희와 좌절을 디딘
지순이여 빛이여

-「항아리」 전문

내가 인용한 이 작품에는 무르익음의 경지에 이른 말의 품격도 품격이려니와, 정신적인 면에서 더 이상의 것, 생을 관조하는 순연한 빛이 찬연하다.

이태극은 이병기나 김상옥에게 있었던 고완(古翫) 취미는 거의 없었다. 이런 점에서 인용 작품인 「항아리」는 이례적이다. 항아리는 전통 소재이지만, 시조의 전통 소재는 아니었다. 옛시조 중에 기물(器物)을 글감으로 삼은 경우는 거의 없었다. 물론 이 작품 속의 항아리는 '하고 한 세월자락'이란 표현으로 보아 신작(新作)이 아니라 고완이다. 그렇기 때문에 여기에서의 항아리는 시속이나 통속을 이미 넘어선 것의 표상으로 그려지고 있다.

뭐랄까? 백자의 무심(無心)이라고 해야 할까?

욕망을 절제하면서 이를 담지 아니하는 백자는 유교적인 절제 미학의 모든 것을 보여주고 있다. 큰 욕심을 가지지 않고 살아가는 것. 이것이야말로 시조 정신의 본질이 아니겠는가? 늦은 나이에 시조 창작에 입문하여 천수를 누리면서 오랜 세월에 걸쳐 시조를 써왔던 이태극의 헌신과 열정에 경의를 표한다.

박문하의 생애와 수필

1.

소년 박문하는 1930년대 초반 무렵에 가난과 고독의 극한 속에서 자라고 있었다. 그의 어머니는 삯바느질로 밤을 하얗게 지새우기가 일쑤였고, 그는 신문배달과 빵장사 등 무슨 일이든 하지 않으면 안 되었다. 나라 잃은 슬픔과 아픔을 이기지 못해 스스로 목숨을 끊은 아버지-무명의 순국열사의 유복자로 1918년에 태어난 그는 애초에 나라 잃고 아버지 없는 외로운 소년이었다. 게다가 독립운동을 한다고 타관을 떠도는 형들과 누나로 인해 불령선인의 가족이라는 낙인이 찍혀 일경으로부터 항시 감시를 받으면서, 그 두 겹의 고통과 함께 살아야 했던 이 헐벗고 남루한 소년에겐 문학 서적을 탐독하는 일과 극장을 몰래 숨어들어 활동사진을 보는 일이 최상의 위안거리였다.

훗날 박문하는 한 수필에서 자신이 소년 시절에 많은 영화를 보았다는 사실을 술회한 바 있다. 말하자면, 그는 가난하고 고독한 소년 시절에 나운규의 일련의 영화, 전창근이 상해에서 연출한 '양자강', 특히 프랑스 시적 리얼리즘 영화에 심취하면서 세계를 바라보는 안목을 넓히고, 또한 사람 사는 일에 감동하는 향수 능력을 키워갔으리라.

수필가 박문하의 생애는 민족사의 견지에서 영광되지만 극히 불행하고 파란곡절로 점철된 그의 가족사와 떼어놓고 생각할 수 없다.

1934년, 그가 16세 되는 해였다. 그는 어머니를 모시고 일경의 감시를 피해 고향 부산을 떠나 중국으로 향하는 조그만 화륜선에 올랐다. 그는 상해를 거쳐 남경에 당도해 오랜만에 온 가족이 상봉할 수 있었다. 그러나 그 기쁨도 잠시였다. 믿었던 한 여인의 배후에 조선인 일본 밀정이 있어 그의 둘째 형님 박문호는 일경에 의해 체포되고, 그 자신은 미성년자라는 이유로 본국으로 송환되고 만다.

박문하의 가족사는 자신의 자전적 산문인 「나의 첫 직장」(1965)과 「누님 박차정(朴次貞)」(1966)이란 글에 비교적 소상히 서술되어 있다.

그의 큰형님 박문희는 동래고보를 졸업한 후 메이지 대학에 유학했다. 귀국 후 동아일보 동래지부를 경영하면서 부산 지역의 청년운동에 헌신하였고, 그 후 상경하여 신간회 중앙집행위원으로 활동하다가 중국으로 향해 홀연히 떠난 망명객이었다.

그의 둘째 형님 박문호는 가장 극렬한 항일혁명단체였던 의열단에 소속되어 독립운동을 하였던 인물이다. 결국 1934년 동생 박문하와 함께 상해에서 체포된 박문호는 나가사키 형무소에서 복역하다가 옥사하는 비운을 맞이한다.

그의 누나 박차정은 그의 형제 가운데 가장 드라마틱한 삶을 살았다. 박차정은 그보다 여덟 살 위였다. 그녀는 동래 일신여학교에 재학 중에 동맹휴학을 주모한다. 이 무렵 교우지 〈일신〉 제2호에 「철야(撤夜)」라는 단편소설을 발표하게 된다. 이 소설은 자신의 가족사에 관한 내용으로써, 한 독립지사의 자녀가 고아가 되어서 사회의 냉대와 추위와 싸우면서 겨울밤을 밝힌다는 이야기이다. 이 작품을 읽은 당시 여류작가(또한 여류화가이기도 했던) 나혜석이 감격하여 박차정에게 앞으로 문학을 할 것을 종용한다. 그러나 그녀는 상경한 후 당시 여성 항일단체로서는 유일했던 근우회에 참여해 선전부장으로 활동한다. 일경의 추적을 받게 되어 고향 동래로 피신한 그녀는 서울로 압송되어 형언할 수 없는 고초를 겪은 끝에 상해 인육시장으로 팔려가는 여인들 속에 섞여서 중국으로 망명하기에 성공을 거둔다. 그 후 그녀는 북경의 화북대학교를 졸업하고 의열단장인 약산 김원봉과 만나 결혼을 한다. 그녀는 항일 조선여자 의용군을 조직해 일본군과 싸우다가 광복을 1년 앞두고 곤륜산 전투에서 34세의 아까운 나이로 산화한다. 이때 박열사의 순국 비보에 접한 중국의 장군 이종인과 임정 요인 조소앙은 슬픔을 감추지 못한 추도문을 한 현지 신문에 기고했다고 한다. 박문하는 해방직후 서울에서 일세를 풍미했던 혁명가 매형 김원봉을 만나게 되는데 이때 누나 박차정의 피묻은 군모・군복과 그 추도문을 전해 받는다. 군모와 군복은 매형의 선영이 있는 경남 밀양에 안장되고, 그 추도문은 박문하에 의해 소중히 보관되어 오다가 6・25 때 분실되었다. 박차정의 중국에서의 활약상을 담은 뉴스릴이 해방 후 한동안 경향 각지의 영화관에서 상영된 바 있었던 것으로 전해지고 있다.

짐작컨대, 박문하는 독립운동가의 유족임에도 불구하고 형과 누나가 사회주의 계열의 항일투쟁의 노선을 걸었다는 이유 때문에 평생토록 정치적인 냉대를 받아온 듯하다.

그가 중국에서 둘째 형님 박문호와 함께 붙잡혀 자신만이 본국으로 송환된 후 백방으로 일자리를 구해보았으나 허사였다고 한다. 해방되기 10년 전에 사상범의 가족인 그를 받아줄 일자리가 없었던 것은 당대의 시대 정황으로 보아 족히 짐작되고도 남을 일이다. 그가 연명을 하기 위해 찾아든 곳은 경북 청도 운문사였다. 그는 여기에서 머리를 깎고 하루 네 시간씩 불경을 외는 일을 시작한다. 승적에 입적되면서 처음으로 받아본 월급 3원……. 그는 이 돈으로 내의 한 벌과 잡지 두 권, 중국 국수 두 그릇과 마른 오징어 세 마리를 살 수 있었다고 했다. 훗날 그는 젊은 날의 승방생활에 대한 그리움의 심경을 토로한 바 있었다. 2년 남짓한 승방생활을 한 그는 뜻한 바 있어 환속하여 한 병원에서 의사의 조수로 일하게 된다. 그 후 그는 의학을 혼자서 공부하여 의사 자격 검정시험을 거쳐 의사가 되기에 이른다. 이때부터 그의 의사 직은 필생의 업이 된다.

2.

수필가로서의 박문하는 당시 문명을 드날렸던 것처럼 비교적 많은 양의 산문을 남겼다. 수필집만 해도 『배꼽 없는 여인』(1960), 『인생 쌍화탕』(1963), 『약손』(1965), 『낙서인생』(1972) 등을 상자하기도 했다.

우선 그의 수필관을 살펴보기로 하자.

그의 수필관이 명시적으로 나타나 있는 글은 「수필은 문학의 부록이 아니다」(1964), 「수필잡감(隨筆雜感)」(1967), 「수필이란 무엇인가」(1967) 등이 아닌가 한다. 그는 이러한 글을 통해 수필이 사사로운 주변적 담론이 아님을 강조하고 있다. 하기야 수필이 노변정담의 소산이거나 신변잡기의 결과일 수는 없지 않은가? 그는 수필이 현대인의 생활감정에 가장 직접적인 공감을 줄 수 있다는 점에서 그 장르적 가능성의 지평을 예견해 보이기도 하고, 생활감정이 조작되고 표현의 날조에 빠져 교언영색의 말재주로 전락하는 것에 대해선 탄식을 하고 있거니와, 무엇보다도 자신의 수필이 현실 생활 내지 그 욕구불만으로 인한 일종의 카타르시스가 아니라는 사실을 분명히 밝히고 있다. 결국, 수필이란 그것이 어떻게 쓰였든 간에 생을 관조하는, 의미롭고 진지하고 무게 있는 담론이 아니어선 안 될 것이다. 박문하가 오랫동안 수필을 써오면서 이 점을 일관되게 염두에 둔 것이 아닌가 한다.

첫째, 그의 수필은 운치가 있다. 즉, 생활의 멋과 여유가 반영되어 있다. 소년 시절에 보았다는 프랑스 '뒤비비에' 감독의 영화 「무도회(舞蹈會)의 수첩(手帖)」을 떠올리는 그, 깊어가는 겨울밤에 텅 빈 진료실에서 진로소주에 잘 구운 참새 불고기를 음미하면서 고요히 취흥에 잠겨보는 그, 고향의 명물 동래파적 맛이 육채의 진미를 갖추어 초춘의 입맛을 돋우어 천하일품이나 이별을 앞둔 정인처럼 못내 아쉬워진다는 그의 모습을 연상하자면 더욱 그러한 느낌을 불러일으키게 한다.

둘째, 그의 수필은 재치가 있다. 예컨대 「의육영구(醫肉靈救) '2609'」라는 짧은 글이 적례라고 생각된다. 자신이 운영하는 병원의 새 전화번호인 '2609'를 두고 '의사의 몸은 (남의) 영혼을 구원하다'라는 뜻은 '의육영구'로 외게 했더니 한 친구가 '의사의 몸은 돈(0)을 요구(救)한다'라고 하는 것이 더 좋지 않으냐고 했다는데, 그 글은 독자로 하여금 적이 웃음을 머금게 한다. 그러나 이 웃음을 유발시킨 일화 속엔 쓰디쓴 자기풍자와 통렬한 세태비판이 배어 있다.

셋째, 그의 수필은 고독의 사상을 구체적으로 형상화한 것이라고 해도 좋다. 그는 생의 실존적 조건에 고독만이 있다고 믿었던 것 같다. 그에겐 어쩌면 고독이 인간 고통의 가장 깊고 본질적인 원천으로 자리하고 있었는지도 모른다. 그에겐 어릴 적에 동무도 거의 없었다. 유복자로 태어났고 또한 형들과 누나가 타국으로 망명했던 까닭에 육친의 정을 느끼지 못한 너무도 고독한 환경에서 성장한 그……. 후술하겠지만 그는 귀한 외아들마저 잃었다. 만년의 그는 애정에 대한 공복감 내지 기갈증에 시달렸던 듯하다. 어쨌든, 그의 수필에는 생의 운명적 현실로서의 고독 내지 고적감이 이미 고즈넉이 수락되어 있음을 엿볼 수 있다. 한 남자로부터 버림을 받고 여승이 된 어느 여인의 사연이 담긴 「단풍과 여심」(1961), 불교음악 영산회상곡을 탄주하며 죽어간 한 비운의 명기로부터 가야금을 물려

받은 이야기 「영산회상곡」(1962), 짝 없는 카나리아로부터 고독의 영가를 듣는다는 「신부를 구한다」(1962) 등등은 아릿한 감명과 절절한 심금을 울리게 하는 주옥의 산문들이다. 그가 이영도의 수필집 『비둘기 내리는 뜨락』을 '사리(舍利) 같은 고독의 결정체'로 비유하면서 높이 평가한 것에도 그의 인생관과 문학관이 반영되어 있다.

넷째, 그의 수필에는 의사로서의 자신의 직분이랄까 직업윤리 같은 것이 잘 나타나 있다. 이러한 유의 작품 성향에는 사회비판적인 준엄성과 휴머니티의 정조가 짙게 드리워져 있다. 동향의 소설가 김정한은 그를 가리켜 병원에서 환자를 진료하는 의사만이 아니라 한 걸음 더 나아가 사회를 진단하고 인생을 치료하는 의사라고 표현한 바 있었다. 특히, "고급개의 병을 치료하기 위하여 의사가 자가용차를 타고 다니어야 하고, 사람의 유종(乳腫) 수술을 수의사가 해야 하는 이 모순덩어리 땅에서 그래도 우리 의사들은 내가 인술(仁術)을 합네, 하고 떳떳이 얼굴을 들고 다니니 참으로 얼굴 간지러운 일이 아닐 수가 없다"라고 탄식하고 있는 「어느 왕진」(1961)은 오늘날의 우리들조차 숙연케 하는, 자기풍자적인 사회비판의 산문으로 격조 높은 수준의 산문이다.

다섯째, 그의 수필이 자신의 다채로운 독서경험에서 기인한 박식함을 적절히 담아내고 있다. 자신의 개인적인 심적 고통에도 불구하고 그의 수필은 때로 낙천적인 유머감각으로 승화되어 있다. 시인 유치환도 생전에 그의 폭넓은 교양을 긍정적으로 평가했다. 수필이 마치 잡문의 경우처럼 음담패설을 늘어놓아도 점잖은 풍모를 엿볼 수 있게 하고, 폭넓은 식견을 느끼게 하는 그였다.

이상으로, 필자는 박문하의 수필 세계를 다섯 갈래의 관점에서 되살펴보았다.

3.

누군가 박문하의 수필 가운데 단 한 편의 대표작을 손꼽으라고 한다면 아무래도 「약손」(1964)이 이에 해당되지 않겠는가 한다. 이 작품은 그의 대표적인 수필집 『약손』(1964)의 표제 작품이기도 하다. 또한, 이 작품은 그가 세상을 떠난 후 한동안 중학교 국정 교과서에 게재되기도 했다. 필자의 사적인 감회 한 마디 기록해둔다면, 이 작품은 십여 년 전 필자가 한 여자중학교 국어선생으로 강단에 섰을 때 어린 소녀들과 함께 감동하고 공명했던 기억이 강하게 남아있는 작품이다. 이 작품을 읽지 못한 독자 분들을 위하여 전문을 다음과 같이 인용해 본다.

> 여섯 살 난 막내딸년이 밖에서 소꿉장난을 하고 놀다가 눈에 티가 들어갔다고 울면서 들어왔다.
>
> 어린 것들에게는 제 아버지라도 의사라면 무서운 모양인지 아프지 않게 치료를 해주마고 아무리 달래어도 혹시 주사라도 놓을까 보아서 그런지 한층 더 큰 소리를 내어 울면서 제 할머니에게로 달아나 버린다.
>
> 할머니는 손녀를 품 안에 안고서는 가만히 아픈 눈을 어루만져 주면서 자장가 마냥 혼잣말로 중얼거리는 것이었다.
>
> "까치야, 까치야, 네 새끼 물에 빠지면 내가 건져줄 터이니, 우리 민옥이 눈에 든 티 좀 꺼내어 주렴."
>
> 어린 것은 어느새 울음을 그치고 할머니의 품안에서 쌔근쌔근 잠이 들어버린다.
>
> 나는 어머니의 손을 물끄러미 바라보았다.
>
> 이제 나이 팔십을 넘어서 고목 껍질처럼 마르고 거칠어진 어머니의 손이지마는 그 속에는 우리 의사들이 갖지 못한 신비한 어떤 큰 힘이 하나 숨어있는 것만 같았다.

옛날에 우리 집은 무척 가난하였기 때문에 우리 형제들은 어려서 병이 나서도 약 한 첩을 써보지 못하고 자라났었다.

우리 형제들이 혹시 병석에 눕게 되면 어머님은 약 대신에 언제나 그 머리맡에 앉아서는 저렇게 "까치야 까치야……"를 외우시면서 우리들의 아픈 배나 머리를 따뜻한 손길로 쓰다듬어 주셨던 것이다.

그러면 이상하게도 그 아픈 배나 머리가 씻은 듯이 나았던 것이다.

그러기에 우리는 어머니의 손을 가리켜서 약손이라고 불렀던 것이다.

나는 문득 내 손을 펼쳐서 보았다.

진한 소독약 냄새가 쿡 코를 찔렀다. 현대의 약손이라고 일컫는 의사의 손이다. 그러나 미끈하고 차가운 내 손에는 아무래도 무엇인가 중요한 것이 한 가지 빠져 있는 것만 같았다.

어린 손녀의 아픈 눈을 어루만져 주고 있는 어머님의 손을 바라보면서 나는 그 손 속에서 '슈바이처'보다도 한층 더 뜨겁고 진한 체온과 정신을 새삼스레 가슴 속 가득히 느끼면서 오늘 따라 고목 껍질 같이 늙으신 어머니의 손이 자꾸만 '모나리자'의 손보다도 더 아름답게 보이는 것이었다.

현대 사회에서 상실되어가는 사랑과 정성의 마음이 대조의 기법에 의해 선명히 부각되어 있는 이 수필은, 강렬한 인상으로써 사람의 마음을 단박에 사로잡는 시사적인 논장문(論章文 : 중수필류)도, 현란한 필치와 능란한 수사가 동원되어 사람의 얼을 빼놓는 감성적이고 다채로운 미문도 아니다. 그저 생의 그윽한 심층부로부터 우러나는 깊은 맛을 독자에게 전해 줄 따름이다. 자극을 갈망하는 독자들의 호사스런 센세이셔널리즘에 영합하거나, 야박한 장삿속에다 과도한 자기포장에 혈안이 되어 독자들을 허영기로 오도하는 출세담 유의 산문이 통속적인 베스트셀러의 반열에 오르고 있는 것이 독서계의 저간의 실정인 것과 적절히 대비를 이루는 좋은 글이 아닐 수 없다.

1965년에 수필집 『약손』이 공간되자 문단에는 찬사가 비등하였다. 박종화 · 유치환 · 안수길 · 이원수 · 정비석 · 최신해 등등이 마치 앞을 다투듯이 높이 평가하기에 인색치 아니하였다. 우리 문단의 큰 생광이라든가, 생활의 철학이 국향같이 풍기는 최우수 수필이라든가, 이루 다 말할 수 없이 벅차오르는 감루라든가 하는 찬사는 극찬에 속하는 것이었다.

그러나 박문하는 이 무렵에 생의 크나큰 공백과 형언할 수 없는 비탄과 깊은 번민의 수렁에 빠져 있었다. 1964년 여름날 그가 그토록 사랑하고 인생의 마지막 꿈으로 삼고 있었던 외아들-당시 연세대학교에 재학 중이던 박의언이 바다에 익사했던 것이다. 그때 그의 심경은 수필집 『약손』의 '머리말'에도 나타나고 있다.

> 나는 큰 아이에게 의학공부를 시켜서 내 나이 환갑이 되는 날 병원을 물러 맡기고 나는 그때부터 문학으로 전신을 해볼 계획을 은근히 하고 있었던 것이었다.
>
> 남들은 10대에 문학을 시작한다는데 나는 60대에 문학을 해볼 작정을 하였던 것이다.
>
> 그러나 이러한 나의 마지막 꿈도 지난 여름에 돌연한 큰 아이의 죽음으로 말미암아 그만 산산조각이 난 셈이 되고 말았다.
>
> 어제가 그 애의 일주기가 되는 날이었다.
>
> (……)
>
> 여름철 오후 한 때는 혹심한 더위 때문에 두 서너 시간 동안 병원에 환자가 끊이는 때가 있다. 언제부터인지도 모르게 나는 이러한 시간에 혼자서 독주를 즐기는 버릇이 생기었다.
>
> 지금 내 앞에는 두 홉짜리 소주 한 병과 소금에 저린 낙화생 한 접시가 놓여있고, 그 옆에는 하기방학 동안에 학교를 쉬고 있는 국민학교의 2학년생인 막내딸년 민옥이가 앉아서 낙화생을 한 알씩 살금살금 주워 먹고 있다.

> 내 주위는 이렇게 요즘 고독 속에 싸여 있는 것이다.
>
> 이럴 때 앞에 앉아 있는 민옥이가 하도 귀여워져서 왈칵 껴안고 그 뺨에다가 수없이 맞추어 주는 것이다.
>
> 이 애마저 커서 내 옆을 떠나가 버린다면 그때는 정말로 외로워서 못살 것 같다.

박문하는 수필 「약손」을 비롯해 막내딸 민옥에 대한 사랑을 여러 차례 되풀이해 밝히고 있다. 그는 평소에 만득의 여식인 민옥에 각별한 애정을 느꼈던 것. 피천득이 그토록 사랑해마지 않던, 자신의 수필에 자주 등장해 대중으로부터 잘 알려진 '서영이'에 해당하는 소재가 바로 박문하에게 있어서의 '민옥이'이다.

그는 아들 의언의 죽음에 관련된 세 편의 글을 발표했다. 「나무로 살자」(1964)와 「내 속에 살아라」(1964)와 「꽃씨 문상(問喪)」(1965)이 그것이다. 「나무로 살자」는 아들 의언의 장례 직후 삼우 날에 쓰인 글이다. 아들을 잃은 어버이의 비통한 심경을 더도 덜도 없이 절절히 써 내려간, 참을 수 없는 오뇌를 추스리면서 생의 달관된 모습을 보여준, 독자들이 눈물 없이 도저히 읽을 수 없는 최고조의 비감이 서려 있는 명산문이다. 우리 수필사의 기념비적 수필 가운데 1930년대 독자들을 열광시킨 이은상의 산문집 『무상(無常)』이 있다. 육친의 죽음을 애틋이 서술된 또 하나의 기념비가 있다면 바로 박문하의 「나무로 살자」가 아닌가 한다. 아들 의언이 개학이 되면 친구의 소개로 만나게 될 한 여대생이 그의 죽음을 안타까워하면서 서울에서 부산으로 인편에 보내진 꽃씨와 관련된 사연이 담긴 「꽃씨 문상」도 사뭇 감동적인 얘기이다.

박문하는 아들이 죽은 후 며칠 동안에 급속히 시력이 감퇴하여 신문조차 읽을 수 없었다고 한다. 그 순간에 그는 '눈앞이 캄캄하다'는 말을 실감했다고 한다. 옛말에 자녀의 죽음에 대한 부모의 입장을 두고 이 '상명(喪明)'이라는 표현을 쓰곤 했다. 박문하의 경우에 그대로 적용되는 빛의 상실-그러나, 그는 의사의 직분을 다함으로써 어둠 속에 갇힌 환자들에게 빛을 주지 않았던가? 그는 「죽음의 의학」(1967)에서 이렇게 밝힌 바 있다.

> 의학은 인간의 생명을 질병과 죽음에서 지키려는 학문이며 기술인 것이다. 따라서 의학에 종사하는 의사는 카뮈의 작품 속에 나오는 '루'와 말로의 작중 인물인 '페리칸'처럼 삶과 죽음을 응시할 줄 아는 눈과 생명의 존엄성과 죽음의 엄숙성에 순교할 수 있는 마음의 자세가 필요한 것이다.

박문하는 만년에 죽음이 부귀와 빈천을 가리지 않고 공평하게 찾아온다는 것을 문득 깨닫는다. 그는 의사·문필가로서 생사를 응시했다. "나는 내 자신이 진실로 의사라고 자각하는 것은 환자를 진료할 때가 아니고, 혼자서 조용히 붓을 들고 인생을 관조하는 순간이다"라고 밝힌 의사 출신의 문호 한스 카롯사의 말을 음미하면서 한 말이다. 문학이건 의학이건 간에 모두 휴머니즘을 지향한다. 이런 점에서, 의사·문필가는 육체와 정신의 양면에서 인생의 의미를 그 누구보다도 깊게 헤아려 볼 수 있다.

4.

변방 부산에서 산문으로 일세에 문명을 풍미했던 우하 박문하……. 그는 외아들 의언을 종생토록 가슴에 묻은 채, 1976년 58세를 일기로 서거했다. 그가 세상을 떠난 지 21년이 흘렀다. 그가 평소에 수필이 문학의 부록이 아니라고 강변한 바 있거니와 지금도 수필을 문학의 부록 정도로 여기는 사람이 많다. 그래선지 그의 고향 부산에 있는 문학 후배들조차 그를 기억하는 사람이 많지 않다.

대체로, 그의 수필은 의사로서 독자에게 의학적인 지식과 경험을, 자신이 살아온 삶의 역정을 들려주는 가운데 자칫 간과되기 쉬운 생의 소중한 순간들을 일깨워 주고 있다. 무엇보다도, 그의 수필이 개인적인 심적 고통에도 불구하고, 때로 생의 모순과 비애와 어두운 면을 감명 깊게 들춰내거나, 때로 그것이 낙천적인 유머감각에 의해 승화되어 있다는 사실에, 우리는 각별히 주목해야 하리라.

그의 수필집에 인쇄된 적잖은 사진 자료에 의하면 그는 준수한 용모에다 큰 키의 선풍도골의 인상을 주고 있다. 어느 한 구석을 뜯어보아도 신산고초를 겪은 사람 같지가 않다.

이러한 불균형의 이미지 속에서 그의 수필엔 다정다감한 인간미와 속 깊은 휴머니티가 짙게 배어 있다. 그는 언젠가 시를 커피 맛에, 수필을 숭늉 맛에 비유한 바 있다. 진미구담이란 말이 있듯이, 그의 수필은 담백하고도 인정 도타운 정취 같은 것이 흐른다. 그의 수필을 음미하노라면, 비록 세필의 감칠맛은 아니어도, 생활의 중심부에서 은근히 우러나는 담담한 맛을 느끼지 않을 수 없게 된다.

끝으로 필자는 한 마디 제언코자 한다.

박문하가 평생 동안 살아온 부산 동래 어딘가에 그의 문학적 성과를 기리는 문학비나, 혹은 이를 포함하여 그의 가계의 독립운동 발자취를 알리는 기념비를 건립해 자라나는 청소년들로 하여금 귀감으로 삼으면 좋을 것이다.

정한의 깊이를 보여준
박재삼의 시와 시조

1. 박재삼의 자전적인 삶과 사향(思鄕) 의식

박재삼의 시를 얘기할 때 간과할 수 없는 것 중의 하나는 슬픔과 한(恨)의 정서라고 말할 수 있다. 이 정서는 그 자신의 개인적인 기질에서 연유된 것이라기보다는 전통적인 토양이나 집단 문화의 지층과 무관하지 않으리라고 보인다. 박재삼의 시세계를 논의, 논구하고자 하는 이들은 여기에서 다소 자유롭지 못할 것이다.

이와 관련하여 그 자신도 산문 한 편을 남긴 바 있다. 「팔포(八浦), 슬픔과 그 허무의 바다」라는 제목의 글이 바로 그것이다. 조선일보사가 기획한 『작가가 쓴 작가의 고향』에 실려 있는 산문으로서, 작가의 전기비평에서 일차적인 자료로 분류될 수 있는 객관적인 데이터가 아닌가 한다. 박재삼은 이 글에서 요컨대 '고향은 내게는 오늘을 있게 한 정신의 주된 무대였다.'라고 말하고 있다. 그의 고향은 생명력의 근원으로 환원하는 것이면서, 동시에 슬픔과 한의 원천이기도 하다. 그는 이렇게 말한다.

> 내 시와 고향과는 어떤 관계가 있을까. 가다가는 지명도 더러 등장하지만, 내가 시를 처음 시작했을 무렵에는 기쁜 시보다는 슬픈 시가 많았다.
>
> 아마도 집이 가난한 데서 자꾸 슬픔만 팠던 것 같다. 그래서 나는 어디에

선가 본 '가장 슬픈 것을 노래한 것이 가장 아름다운 것을 노래한 것이다.'라는 말을 금과옥조로 삼았었다.

바다에 따뜻한 햇빛이 내리던 것은 '쟁쟁쟁 반짝이고 있다.'고 했고, 나뭇잎 빛나는 것에 혼을 빼앗기고 있었고, 강물이 바다에 빠져드는 것을 보고 그럴 수 없는 허무를 느끼고 있었다. 그러나 그것도 초기 적이 그렇고, 뒤에 올수록 슬픔은 또 하나 덧없다는 이미지를 천착했다는 것을 말하고 싶다.[1)]

박재삼에게 있어서의 슬픔과 한의 정서는 사랑의 잃음이나 본원적인 것의 탓이기보다는 생활감정에서 기인했던 바 크다. 고향을 생각할 때 늘 궁핍하고 남루한 것의 기억을 떨쳐버릴 수 없었던 것이 시인으로서의 운명이었다고 말해질 수 있겠다. 또한 그의 시가 여성적인 것의 특징이 있는 것도 환경의 요인과도 무관하지 않다. 그의 고향은 바닷가요, 그를, 그의 삶을 둘러싼 바다는 호수와 같이 잔잔한 바다, 늘 졸음이 올 것만 같은 평화로운 바다인 것이다. 그 바다는 한려수도라고 일컬어진다. 한려수도의 여성적 특징이 그의 시에 영향을 주었다고 그가 시인하기도 했다. 가난에 대한 분노의 감정이 남성적인 성향의 능동성을 지닌다면, 그에 대한 슬픔의 정서는 여성적인 성향의 수동성을 띤다. 그의 시가 공격적이라기보다 수세적인 것은 그의 고향 바다 팔포가 한려수도의 일부라는 데 까닭이 있다.

밤이면 밀려오던
조수(潮水) 소리도 귀에 멀어
한려수도는
하나 목숨발 같이
잔잔한 결을 지어서

1) 박재삼, 「팔포(八浦), 슬픔과 그 허무의 바다」, 『작가가 쓴 작가의 고향』, 조선일보사, 1987, 275면.

흐르고만 있고나.

–「남해유수시」 부분

운문으로 된 박재삼의 작품은 시와 시조로 나누어진다. 그의 시와 시조에 고향에 관련된 자전적인 삶의 체험이 적잖이 반영되어 있다. 그의 작품 속의 여러 가지 경향 중에서 하나가 있다면, 이른바 사향(思鄕) 의식이다. 사향이란, 고향 생각으로 바꿔지는 말이다. 그의 말에 의하면, 경상도 지방에서는 '그립다'라는 말 대신에 '생각하다'라는 말을 즐겨 쓰고 있다고 말한 바 있었다.[2)] 그에게 있어서 고향은 자신의 충족되지 못한 결여된 삶이요, 이를테면 정한(情恨)이랄까, 버리고 싶어도 버릴 수 없는 두 겹의 뜻겹침이 함께 자리하고 있는 기억의 공간이다. 그의 복잡한 감정이 애증이나 분노로까지 나아갔다면, 그의 고향 바다도 남성적이거나 공격적이었을 것이다. 시조 「남해유수시」(1955)에서 한려수도가 잔잔한 결을 지어 흐르고 있다고, 그는 묘사하고 있다.

2. 박재삼의 시와 시조에 반영된 정한과 슬픔

박재삼의 대표적인 작품이라면, 거의 누구랄 것도 없이 「추억에서」와 「울음이 타는 가을강」을 제시할 수 있을 것이다. 그의 시적인 성취에 있어서 쌍두마차라고 할 수 있다. 그의 시 세계로 일컬어지는 정한의 세계와 슬픔의 정조가 가장 전형적으로 드러나 있기 때문일 것이다. 물론 이 두 편의 시 작품으로 인해 자신의 문학적인 성취를 완수했다고 한다면 본인으로서는 전혀 동의하지 않는 얘깃

2) 박재삼, 『노래는 참말입니다』, 도서출판 열쇠, 1980, 33면, 참고.

거리가 될 것이다.

진주 장터 생어물전에는
바닷밑이 깔리는 해다진 어스름을,

울엄매의 장사 끝에 남은 고기 몇 마리의
빛 發하는 눈깔들이 속절없이
銀錢만큼 손 안 닿는 恨이던가
울엄매야 울엄매.

별밭은 또 그리 멀리
우리 오누이의 머리 맞댄 골방 안 되어
손 시리게 떨던가 손 시리게 떨던가.

진주 남강 맑다 해도
오명 가명
신새벽이나 밤빛에 보던 것을,
울엄매의 마음은 어떠했을꼬.
달빛 받은 옹기전의 옹기들같이
말없이 글썽이고 반짝이던 것인가.

－「추억에서」 전문

인용한 시는 두루 알다시피 박재삼의 시편 「추억에서」이다. 서정시의 명편으로 사랑을 받고 있는 것은 그와 지역적으로나 정서적으로 가장 가까운 글벗인 이형기의 「낙화」와 잘 비견되는 것이라고 하겠다. 가난에 대한 한 맺힌 기억은 달빛 받은 옹기전의 옹기들 같이 말없이 글썽이고 반짝이는 것으로 승화된다. 일종의 환혹적(幻惑

的)인 빛남의 미학이라고 할 수 있을 것이다.

이 시는 내가 한 발표회장의 토론자로 참여할 때 발표자로 나선 장만호 교수(경상대 국문과)가 시적 주체가 과거의 기억을 추억으로 소환하지만 시적 대상들을 정물화하지 않으며, 오히려 시적 대상에 의해 시적 주체가 움직인다고 주장한 적이 있었다. 이 움직임이야말로 두말할 필요도 없이 '타자에의 공감'이 아닐까.

다음에 인용된 시는 「울음이 타는 가을강」이다. 「추억에서」 못지 않게 박재삼 시의 명편으로 잘 알려져 있다.

마음도 한자리 못 앉아 있는 마음일 때,
친구의 서러운 사랑 이야기를
가을 햇볕으로나 동무삼아 따라가면,
어느새 등성이에 이르러 눈물나고나.

제삿날 큰집에 모이는 불빛도 불빛이지만,
해질녘 울음이 타는 가을강을 보겄네.

저것 봐, 저것 봐,
네보담도 내보담도
그 기쁜 첫사랑 산골 물소리가 사라지고
그 다음 사랑 끝에 생긴 울음까지 녹아나고
이제는 미칠 일 하나로 바다에 다 와 가는
소리 죽은 가을강을 처음 보겄네.

－「울음이 타는 가을강」 전문

이 울음이 타는 강의 이미지로 인해 박재삼은 한국인에 의한 다정다한의 시심을 일깨우고 자극하는 전통 서정시의 계보에 편입되었다고 평가할 수 있겠다. 슬픔을 시각화한 가을강 어스름에 대한 관조와 침잠은 노을조차 울음의 아름다운 승화로 변용시킨 상상력이 매우 돋보인다.

이 시는 무엇보다도 시의 화자가 친구의 사랑(실연) 이야기를 공감, 공명한다는 데 뚜렷한 시적인 가치가 매겨질 수 있다고 판단할 수 있는 것 같다. 박재삼의 시가 사랑의 수동적임을, 시적 주체의 사랑의 대상인 타자를 억압하거나 사물화하지 않았음을 밝힐 수 있는 근거가 되는 시편이 바로 「울음이 타는 가을강」이라고 보인다. 이처럼 분노의 감정을 극도로 자제하는 것이야말로 박재삼 서정시의 비폭력성이라고 말해지지 않을까.

박재삼의 서정시가 가지는 여성적인 특징 혹은 비폭력성은 한계가 될 수도 있다. 이를 매양 심미적인 가치의 기준으로 삼을 수는 없을 것이다. 그의 시는 슬픔이 현실을 변혁시킬 만한 힘과 에너르기가 부족하다. 슬픔을 정화하는 이른바 카타르시스만이 있을 뿐이다. 슬픔을 실재의 높이에서 부상시킨 것은 신경림의 시집 『농무』가 아닐까 한다. 신경림의 가난, 상대적인 박탈감, 슬픔의 사회적인 차원은 생생한 삶의 악센트를 획득하고 있다.

> 무거운 짐을 부리듯
> 강물에 마음을 풀다.
> 오늘, 안타까이
> 바란 것도 아닌데
> 가만히 아지랑이가 솟아
> 아뜩하여지는가.
>
> 물오른 풀잎처럼
> 새삼 느끼는 보람,

꿈같은 그 세월을
아른아른 어찌 잊으랴,
하도 한 햇살이 흘러
눈이 절로 감기는데……

그 날을 돌아보는
마음은 너그럽다.
반짝이는 강물이사
주름살도 아닌 것은,
눈물이 아로새기는
내 눈부신 자욱이여!

– 「강물에서」 전문

인용한 시조 「강물에서」는 『문예』 1953년 11월호에 발표된 것이다. 공식적인 의미에서 이 작품은 박재삼의 처녀작이다. 그는 이 시조를 통해 초회 추천을 받았다. 추천자는 모윤숙이었다. 그의 대표적인 시가 회상 모티프를 주류로 삼고 있듯이, 시조 「강물에서」의 경우도 마찬가지다. 시조 시인인 이지엽은 이 작품을 가리켜 무한적인 자연 현상인 강물과 유한적인 개체인 서정 자아의 회상이 교차하는 공간의 내밀성을 잘 제시하고 있다고 말한 바 있었다.[3] 이 작품 역시 박재삼 시정신의 요체가 되는 정한과 슬픔의 미학을 잘 보여주고 있는 적례의 시조 작품이라고 할 수 있다. 시인은 반짝이는 강물을 두고 시적 화자의 '눈물 아로새기는 자욱'으로 비유하고 있다. 한 종류의 슬픔을 심미적인 차원으로 승화하는 순간이다.

3) 이지엽, 「아름다운 슬픔과 탄력의 미학」, 박재삼 시조집, 『내 사랑은』, 태학사, 2006, 96면, 참고.

3. 서정시의 황홀경 : 율려의 조율, 그늘의 형성

뭐니 뭐니 해도 서정시의 본령은 황홀경이라고 해야 할 것 같다. 일언이폐지하여, 그것은 황홀경의 소산인 것이다. 근대소설이 본질적으로 황홀경을 지양하는 반면에, 서정시는 본질적으로 황홀경을 지향한다. 그러면 황홀경은 무엇일까. 이것이야말로 '동조를 통해서 자신을 실재에 합일시킨 상태'[4]를 의미하는 것은 아닐까. 여기에서 동조라면 대체로 동정과 공감을 가리키는 개념일 터이다.

박재삼의 서정시의 구경이 황홀경을 지향하는 것은 아닐까.

앞서 보았듯이, 「추억에서」에 나오는 소위 '울엄매의 마음'이라는 것이 동정에 속하는 것이며, 「울음이 타는 가을강」에서 '친구의 서러운 사랑 이야기'는 공감의 영역에 해당하는 것이다. 물론 그 마음과 그 이야기가 시에서 황홀경을 각각 획득하고 있거니와, 황홀경이란 것도 사실 실체를 부인하게 되면 미혹에 빠지게 된다. 그것이 시각화될 때만이 환각의 차원을 들어서게 되는 것. 달빛 받은 옹기전의 옹기들같이 말없이 글썽이고 반짝이던 것, 또한 해질녘 울음이 타는 가을강처럼 시각화가 이룩될 때 박재삼의 시에서 진정한 의미의 황홀경을 획득하는 것이 아닌가 여겨진다.

박재삼의 서정시는 주지하듯이 전통 서정시의 계보에 놓이게 된다. 이 사실은 아무도 부인할 수 없는 엄연한 객관적인 사실로 인지되고 있다. 그렇지 않다는 입론(立論)이 있으려면 상당한 데이터가 필요하고 비평적인 노력과 정성도 얼마큼 기울여야 한다.

그의 서정시는 우리의 전통적인 정한의 깊이를 반영하고 있다. 나는 장만호 교수가 이를 서양의 잣대로 그것도 영미권의 문학비평이나 독일의 문예학이 아니라 하이데거와 헤겔을 들먹이면서 '주체-

4) 조용헌, 「자연, 생명, 인간(1)」, 『신생』, 2011, 여름, 233면.

타자의 이론'으로 재단하려고 드는 것이 과연 온당한 것이며, 과연 유효함과 적절성을 가지는 것인지 하는 의문이 들었다.

나는 박재삼의 서정시는 서양 철학의 논리 체계로 분석되는 것이 아니라, 동양 사상의 직관력에 의해 재조명되어야 하는 것이 아닐까 하고 생각해 보았다. (물론 담론을 구성하는 것과, 담론이 구성되는 방향의 결과가 같다는 사실은 별개의 사안으로 돌려져야 할 것이다.)

이 대목에서, 나는 시인이자 사상가인 김지하의 화두를 애써 생각해 낸다. 왜 태극이면 태극이고 궁궁(弓弓)이면 궁궁이지, 태극이면서 궁궁이라는 것인가?[5] 태극과 궁궁은 동양 사상에서 대립되는 개념이다. 태극은 주역(周易)의 구경적인 가치개념이며, 궁궁은 우리나라 동학(東學)에서 운위됐던 세계상의 패러다임인 듯하다. 태극이 음양(陰陽)·사상(四象)·팔괘(八卦)로 나아가는 짝수, 안정수, 코스모스의 상징이라면, 궁궁은 이와는 다른 차원에서 본 홀수, 역동수, 카오스의 상징인 것이다. 중국의 고대적인 문화 원형과, 한국(동이족)의 고유 사상은 이래서 차이가 확연히 드러나는 것은 아닐지. 어쨌든 김지하는 태극과 궁궁을 통합하는 제3의 상징 개념으로 율려(律呂)라는 용어를 제안한 바 있었다. 율려란, 다름 아니라 인간과 우주의 음악적인 관계(망)를 상징하는 개념이다.

한의 긍정적인 측면은 포용이요, 그 부정적인 측면은 증오와 복수 같은 폭력의 세계일 것이다. 김지하는 한을 가리켜 그늘로 비유한 적이 있었다. 그는 판소리에서 한을 풀지 않고 삭히는 시김새가 그늘을 형성한다고 보았다. 이때 그늘은 서양의 아우라(영성)와 비슷한 개념이 된다. 이때 그늘은 예술의 높은 경지가 되기도 한다. 율려의 개념은 우리 문화에 비추어 그늘을 이룩한다.[6] 김지하 사상의 웅숭깊음이 돋보이는 대목이다.

---

5) 김지하, 『율려란 무엇인가』, 한문화, 1999, 53면.
6) 같은 책, 61면, 참고.

박재삼의 시편 「추억에서」의 '달빛 받은 옹기전의 옹기들같이 말없이 글썽이고 반짝이던 것'은 한의 초월, 포한의 예술적인 승화, 그늘진 영성의 이룩됨, 한국적인 변용의 아우라를 감지하게 한다. 그의 스승이기도 한 조지훈이 「승무」에서 번뇌를 별빛으로 비유한 것과 같은 차원이 될 것이다.

김지하에게 있어서 율려니 그늘이니 하는 것은 새로운 시대의 발상 전환으로서 융합과 회통의 개념이 되기도 한다. 기쁨과 슬픔, 환(幻)과 실재가 넘나들고, 의식과 무의식, 자연과 초자연이 혼합하고, 주체와 타자가 이중적으로 교호하는 개념이 되기도 한다.

장만호 교수는 박재삼을 가리켜 '능동적 수동성의 시인'이라고 했다. 또 타자의 존재 기반과 사유를 숙고하는 태도, 타자의 삶에 자신을 개방시키고 자신을 내맡긴 끝에 길어 올린 그의 시를 두고 수동적이되 능동적인 수동성의 산물이라고 했다. 박재삼 시 세계의 정곡을 찌르고 있다. 그러나 담론을 구성하는 과정에서 독일어가 난무하고, 서양 철학의 기반을 건드리고, 헤겔이 애최 얘기조차 되지 않는 무지와 편견의 동양시를 보는 관점을 두고 안 해도 될 말을 한 것이 아닌가 하는 생각이 들었다.

박재삼의 말마따나 슬픔도 또 하나의 덧없음이기도 하다. 이 덧없음의 그늘, 내지 적멸에 이르러 시각화된 것이 다름 아닌, 울음(노을)이 타는 가을강이다. 이 가을강은 사랑의 기쁨과 슬픔이 아우른 것의 결과인 것. 시조 「강물에서」가 보여준 아뜩해진 아지랑이 역시 기쁨과 슬픔, 즉 정한의 융합된 상태를 제시하고 있다. 시의 내용 가운데 '물오른 풀잎처럼, 새삼 느끼는 보람'에서 시적 화자가 슬픔을 제어하려는 노력의 흔적을 드러내고 있지 아니한가. 그래서 반짝이는 강물을 눈물 아로새기는 자욱으로 비유한 것도 일종의 환각이요, 황홀경이다.

박재삼의 시적인 정서를, 동양적인 의미의 성정론(性情論)을 뛰어

넘어 정의적인 측면에서 독일적인 정조(情調)인 그리움 역동성과 연결하려고 한다면, 유효성의 있고 없음과 상관없이 동양적인 것의 슬픔의 근원적인 조건을 외면했다는 인상을 끝내 떨칠 수가 없다.

박재삼 시의 한과 슬픔의 정서는 율려의 세계로 조율되고, 빛과 어둠의 통합 상징으로서의 그늘을 형성한다. 코스모스이면서 동시에 카오스인 것. 서양 철학의 비주류임에 스스로 절망하면서 자살에 이른 저 질 들뢰즈(Gills Deleuze)만이 코스모스이면서 동시에 카오스인 것을 가리켜 카오스모스(chaosmos)라고 이름했다. 그는 제임스 조이스를 거론하는 과정에서 현대의 문화 원형을 두고 이렇게 불렀던 것이다. 카오스모스는 율려와 그늘의 딴 이름에 지나지 않다고 하겠다.

4. 모국어의 진경에 이르는 길

박재삼은 비평적으로 높은 평가를 받지 못했다. 모더니즘의 시를 옹호하는 이들은 그의 시대착오를 지적했고, 참여시를 편애하는 이들은 그의 순수 서정에 고개를 돌리고는 했다. 그의 시가 참여는 아니지만 현실주의에 뿌리를 내리고 있는 것은 맞다. 한 젊은 연구자는 그가 어릴 때부터 궁핍한 생활을 했으므로 보통의 지식인들과 달리 소시민 의식이나 소시민이 느끼는 자괴감이 없다고 했다.[7)]

시인 박재삼은 언어의 경제성에 관해 관심과 주의를 기울였다. 말을 아끼고 사랑하는 것을 시인의 덕목으로 알았다.[8)] 이별의 슬픔을 노래한 시가 무수히 많지만 천언만사(千言萬辭)를 아무리 늘어놓

7) 권정우, 「박재삼 시에 나타난 슬픔 연구」, 한국시학회 제31차 전국학술발표대회 자료집, 『한국시의 현실 응전』, 한국시학회, 2013, 80면, 참고.

8) 박재삼, 『노래는 참말입니다』, 앞의 책, 55면, 참고.

는다고 해도 다 시가 되는 건 아니다. 그는 중국 당나라 시대의 왕유(王維)의 절제된 언어로 표현된 이별시를 한 예증의 힘으로 삼고 있다.[9)]

그대를 보내고
홀로 돌아와

사립문 닫노니
해가 기운다.

박재삼의 언어에 대한 주의와 정성은 시보다 시조에 있어서 더 빛이 나지 않을까 한다. 시조는 아무래도 언어의 형식으로 인해 제한된 어휘 선택과 함축성에 마음을 쓰지 않으면 안 되기 때문이리라. 그의 모국어의 진경은 다음과 같은 데서 아낌없이 보여주고 있지 않을까? 그의 싯말들을 하나의 저작물(咀嚼物)처럼 꼭꼭 씹어보자. 우리는 다음의 인용시에서 어떠한 맛이 우러나는지를 음미하고 감지할 수 있을 것이다.

언제는 그 세월을
붙잡아 두었던가
가까이 바다 밑이
저승처럼 환한데
환장(換腸)한 봄볕은 시방
머리 풀고 울고나.

–「삼천포 앞바다 즉흥」 부분

9) 같은 책, 39면.

풀과 나무가 짙은
그 속에 얼마를 지내,
손 끝 가난하니
등 올리는 마음씨야
쪽빛진 하늘이 새삼
쪽빛으로 트이어.

– 「숲에서 보는 하늘」 부분

박재삼의 정한은 초월의 저편으로 승화한다. 그의 결곡한 모국어도 생활어의 차원을 넘어서 시적 감성의 투명성을 확보하기에 이른다. "인생은 정이 많아 눈물이 가슴을 적시는데, 이 강물, 이 강 꽃이 어찌 다할 날이 있을까 보냐."[10] 원문을 확인하지 않았지만, 이 글은 두보의 시를 옮긴 것이라고 한다. 박재삼 시인이 소설가 오영수가 타계했을 때 영전에 바쳐진 것. 그가 천생의 서정시인, 생의 그늘에서 우러나오는 한(恨)마저도 '쟁쟁한 반짝임의 이미지'로 승화시킬 수 있었던 한 시대의 정승(情勝)의 시인이었다.

10) 같은 책, 85면.

장닭 잡던 아버지의 야만성에, 나는 놀랐다

– 이상의 시와 함께 읽는 이승하론

1. 첫 번째 시퀀스 : 까마귀의 눈으로 조감하는 세상

지금으로부터 19년 전의 일이었다. 문예계간지 『문학정신』 1995년 가을호에 '작가들' 특집에 이상(李箱)이 정해졌었다. 필진은 정신과 의사 김종주, 한양대 교수 이승훈, 시인 이승하였다. 이승하는 「언어에 대한 저항정신과 풍자」라는 제목의 글에서 자신에게 끼친 이상의 영향에 관한 문학적 담론으로 얘깃거리를 이끌어냈다. 그는 이상이 전통과 언어에 대해 반항했다는 점을 높이 샀다. 또 그는 이상의 시를 가리켜 풍자시의 선구적인 문학 전범으로 여겼다. 이상이 풍자한 것은 주로 현대인과 문명 사회였고, 부조리한 인간 조건과 불합리한 물질적 강제력을 마음껏 비웃었다고 한다. 풍자의 스펙트럼 안에 클라크가 말한 일곱 가지의 요소가 있는데, 이를테면 기지 · 조롱 · 아이러니 · 비꼬기 · 자조 · 냉소 · 욕설이 여기에 해당한다. 이승하에 따르면 이상의 시에는 이 모든 것들이 거의 다 포함되어 있다는 것이다.

이승하의 시가 이상의 영향권으로부터 벗어날 수 없었다면, 이상이란 모범적인 텍스트를 염두에 두고 그의 시를 읽어보는 것도 좋을 것이라고 생각된다.

어디서 우 울음소리가 드 들려
겨 겨 견딜 수가 없어 나 난 말야
토 토하고 싶어 울음소리가
끄 끊어질 듯 끄 끊이지 않고
드 들려와

야 양팔을 벌리고 과 과녁에 서 있는
그런 부 불안의 생김새들
우우 그런 치욕적인
과 광경을 보면 소 소름 끼쳐
다 다 달아나고 싶어

도 동화(同化)야 도 동화(童話)의 세계야
저놈의 소리 저 우 울음소리
세 세기말의 배후에서 무 무수한 학살극
바 발이 잘 떼어지지 않아 그런데
자 자백하라구? 내가 무얼 어쨌기에

소 소름 끼쳐 터 텅 빈 도시
아니 우 웃는 소리야 끝내는
끝내는 미 미쳐버릴지 모른다
우우 보트 피플이여 텅 빈 세계여
나는 부 부 부인할 것이다

– 이승하의 「화가 뭉크와 함께」 전문

이 시는 이승하의 공식적인 등단작으로 1984년 중앙일보 신춘문예 시 부문의 당선작이다. 그는 이 시를 통해 '눌변의 어조를 창조'

(김준오)하는 데 기여했다. 그는 감당하기 힘든 집안 문제로 고등학교를 두 달 만에 작파하고 독학으로 공부하는 과정에서 시쳇말로 은둔형 외톨이처럼 살았다. 그러다 보니 말 상대가 없어서 젊었을 때 심하게 말을 더듬었다고 한다. 그 젊은 날의 육성이 이 시에 온전히 전해지고 있다.

화가 뭉크는 잘 알다시피 에르바르 뭉크(1863~1944)를 가리킨다. 이 화가의 작품인 「절규」는 현대의 명화로 손꼽히는데 갑자기 핏빛으로 물든 하늘, 슬픔의 숨결이 전해오는 듯한 동요하는 이미지를 특징으로 한다. 뭉크는 어릴 때 겪은 가족의 죽음으로 인해 평생토록 불안과 공포 속에서 살아갔다. 그에게는 자신을 항상 따라다니던 옥죄는 죽음에 대한 공포가 있었다.

이승하의 시편 「화가 뭉크와 함께」에도 화자의 불안과 공포, 죽음에 대한 강박관념이 혼재되어 있다. 이 시는 죽음의 연대라고 할 수 있는 1980년대를 투영한 시대적인 벽화의 부호들로 가득 차 있다. 광주 민주화 운동의 살육 현장, 세계적인 뉴스거리였던 베트남 난민의 집단 탈출 사태를 상징하는 보트 피플, 무고한 사람에게 허위 자백을 강요하는 폭력적인 국가 기관 등의 경우에서 말이다. 그 시절에는 자아와 세계 사이에는 메울 수 없는 간극의 불화와 반목이 있었다.

나는 이 시가 이상의 연작시 「오감도」 중에서 시제일호(詩第一號)와 비슷이 반응하고 있다고 본다. '13인의아해(兒孩)가도로로질주(疾走)하오.'로부터 시작하여 '13인의아해(兒孩)가도로로질주(疾走)하지아니하여도좋소.'로 끝맺음하는 그 유명한 시가 있지 않은가? 시편 「화가 뭉크와 함께」를 읽으면, 고통에 차 있고 불길하면서 또한 음울한 세상을 까마귀의 눈으로 내려다보는 이상의 느낌을 결코 지울 수가 없다. 두 편의 시는 모두 현대인의 강박적인 불안을 노래한 시다. 시적인 표현 기법이 아이러니인 것도 공통적이다. 질주한다는 것과

질주하지 않아도 좋다는 것의 모순, 끝내는 미쳐버릴지도 모를, 하지만 이를 부인해야 할 세상의 모순에서 아이러니는 발생한다.

나와 세계 사이의 모순이 생각만큼 덜 심각하게 인식되면 아이러니, 생각보다 더 심각하게 인식되면 풍자를 유발한다. 두세 번째 시퀀스는 그 심각성의 강도가 점고되어 간다.

2. 두 번째 시퀀스 : 부성(父性)의 아이콘에 도전하다

시인 이승하는 아버지와 정신적인 소통을 나누지 못했다. 아버지의 몸은 건장했고, 경찰공무원이었다. 시인은 어머니를 닮아서인지 왜소했다. 어릴 때 아버지는 늘 폭압적인 이미지를 보여주었고, 늘 어머니와 다투는 기억이 트라우마처럼 남아 있음을 몇 편의 시를 통해 말해주었다. 나는 시인 이승하와 4반세기 동안 서로 아는 사이였기 때문에 가족 관계에 얽힌 얘깃거리에 관해 누구보다도 잘 알고 있다. 다음에 인용된 시에서 아버지는 화자인 나와 관계를 맺고 있는 일상적인 세계인 것이며, 또한 이 세계와 나 사이에 구조화된 폭력이 개입된 또 다른 은유의 세계로 표상되어 있다.

김천 장날 장닭을 사 오신 아버지
어머니는 마당 한쪽 구석 솥에다
물을 팔팔 끓이기 시작했고요
아버지는 꼬끼요- 꼬꼬댁꼬꼬댁
난리 치는 닭의 몸통을 잡고
도마 위에 눕혔습니다 이미 날을 갈아둔 칼
내려치자 피가 마당에 팍- 튀었습니다

누이와 저는 겁에 질려 떨면서
빨리 저 닭이 솥에 들어가
식탁에 오르기만을 기다렸습니다

칼을 두 번 세 번 내려치자
도마를 시뻘겋게 물들이며 머리통이
마당에 굴렀습니다 깃털이 날리고
닭은 날개를 더욱 세게 푸드덕거리고

아 어쩜 저런 일이!
목 잘린 닭 몸통이 아버지 손에서 용케 빠져나와
비실비실 달아나다
마당 한구석에서 퍽 고꾸라졌을 때

누이는 으앙- 울음을 터뜨리고
아버지가 쫓아가 닭다리를 잡고 오시는데
마당에 피가 뚝! 뚝! 떨어지는 것이었습니다

– 이승하의 「닭을 잡던 날」 부분

어릴 때 기억 속에 깊은 상처가 있음을 암시하고 있는 시다. 아버지의 야만성에 나는 그저 놀랄 뿐이었고, 어린 누이는 으앙 하면서 울음을 터뜨렸다. 시인의 아버지는 박정희의 맹목적인 추종자였다. 그에게 아버지는 권위이면서, 또한 권력이었다. 좋은 의미든 나쁜 의미든 아버지가 한때 나에게 우상이었기 때문에, 내 삶의 역장(力場)에 미치는 바가 크다. 이승하는 소년 시절부터 아버지에게서 매우 다단하고도 복잡한 반응을 얻었다. 그의 문학이 이런 이유 때문에 우상 파괴의 언어유희를 보여준 이상으로부터 자연스레 정신적인 자양분을 얻었으리라고 충분히 짐작된다. 그에게 있어서 아버지는 다름 아니라 강박적인 것으로 다가오는 그런 존재였던 것이다.

이상 시에 있어서의 부성상(父性像)에 관한 것은 어떠했던가. 그는 일찍이 구한말 관리를 지냈던 백부에게 입양되었다. 친부는 매우 가난했고, 그 어머니는 일자무식의 여인이었다. 그가 생활의 여유가 있었던 백부에게 입양되었기 때문에 엘리트 교육을 받을 수 있었던 것이다. 그의 백부가 세상을 뜨자 그는 다시 친부모에게로 돌아가게 되었는데 경제적인 부양 문제로 인해 갈등이 많았던 것으로 알려져 있다. 아무튼 이상의 아버지관은 백부이건 친부이건 매우 부정적이었다. 다음에 인용될 시에는 무의식적인 증오감이 여과 없이 반영되어 있다.

> 크리스트에酷似한한襤褸한사나이가있으니이이는그의終生과殞命까지도내게떠맡기려는사나운마음씨다. 내時時刻刻에늘어서서한時代나訥辯인트집으로나를威脅한다. 恩愛나의着實한經營이늘새파랗게질린다. 나는이육중한크리스트의別身을暗殺하지않고는내門閥과내陰謀를掠奪당할까참걱정이다.
>
> – 이상의 「肉親」 부분

이상의 「육친」은 오이디푸스적인 원형(原型)과 신화소(神話素)를 지닌 작품이다. 그만큼 정신분석학적인 논의가 향후 풍성할 것이란 예감이 드는 시편이다. 크리스트와 아버지는 매우 닮았다. 남루함이 개입되어 있어서 더 그런지도 모르겠다. 백부의 죽음 이후에 친부를 부양해야 하는, 마음 깊은 곳의 갈등이 이 시에 반영되어 있다. 아비로서 아들에게 은혜와 사랑을 주장할 때마다, 그는 파랗게 질린다고 했다. 육중한 크리스트의 별신은 곧 아버지이며, 이 아버지의 위협을 암살(묵살)하려고 해도 잘 되지 않는다고 하소연하고 있다. 이상은 부성의 아이콘에 관한 한 매우 불안하고도 강박적인 반응을 보이고 있다.

시인 이승하는 2000년대에 들어와서 폭력과 광기에 대한 존재와 세계의 불안을 다소 누그러뜨린다. 타인과의 유대와 타인에 대한 사랑, 용서와 화해를 꿈꾸는 서정의 회귀로 길을 찾고 있었다. 자연히 아버지와의 화해도 조금씩 이루어져 갔다. 시집 『뼈아픈 별을 찾아서』(2001)에서는 아버지를 향해 당신을 용서하겠다고 말하기도 했다. 그 대표적인 시편은 아버지를 자신이 병간호하는 내용으로 전개되는「아버지의 성기를 노래하고 싶다」이다.

> 내 목숨이 여기서 출발하였으니
> 이제는 아버지의 성기를 노래하고 싶다
> 활화산의 힘으로 발기하여
> 세상에 씨를 뿌린 뭇 남성의 상징을
> 이제는 내가 노래해야겠다
> 우리는 모두 이것의 힘으로부터 왔다
> 지금은 주름져 축 늘어져 있는
> 아무런 반응이 없는 하나의 물건
>
> 나는 물수건을 다시 짜 와서
> 아버지의 마른 하체를 닦기 시작한다
>
> – 이승하의「아버지의 성기를 노래하고 싶다」부분

이승하 시인은 이 시집의 머리말에 "아버님, 제 시집 읽으시고 아주 환하게 웃으시리라 믿습니다. 이 시집을 아버님께 바칩니다."라고 썼다. 아버지가 원망의 대상이 아니라 연민의 대상으로 바뀌어 있음을 알 수 있다. 그는 아버지와 화해하기까지 오랜 시간이 걸렸다. 이상은 요절했기 때문에 더 이상의 화해의 기회가 없이, 반(反)

부성상의 시편만을 남겼을 뿐이었다.

3. 세 번째 시퀀스 : 풍자, 혹은 합리와 본능의 세계

이상의 시편 「금제」는 매우 흥미롭게 읽히는 시다. 그의 풍자 정신이 잘 드러나고 있기 때문이다. 개들이 실험동물로 바쳐지는데, 이 중에서도 비타민 E를 지닌 개, 즉 성욕이 왕성한 개는 성욕이 왕성하다는 질투감의 이유 때문에 의학박사에게 흠씬 얻어맞는다. 이 본능의 세계와 대비되는 세계는 의과대학으로 상징화된 합리의 세계이다. 나는 개를 살해하는 걸 필사적으로 금제한다. 즉, 그걸 하지 못하게 말린다. 그러나 논문에 출석한 개의 촉루(髑髏), 즉 해골은 이름도 없이 존재한다. 이승훈의 해설에 따르면, 의과대학이 표상하는 합리적 세계 속에서 개로 표상되는 본능의 세계가 죽어가는 모습을 노래하고 있는 시다.

> 내가치던개(狗)는튼튼하대서모조리實驗動物로供養되고그中에서비타민E를지닌개(狗)는學究의未及과生物다운嫉妬로해서博士에게흠씬얻어맞는다. 하고싶은말을개짖듯배앝아놓던歲月은숨었다. 醫科大學허전한마당에우뚝서서나는必死로禁制를앓는(患)다. 論文에出席한억울한髑髏에는千古에氏名이없는法이다.
>
> – 이상의 「禁制」 전문

이 시는 풍자시로서는 대단한 것이 아닐 수 없다. 좀 과격한 모더니스트 시인답게 지적인 요소가 현란하다. 사실 이보다는 생명의 소중함을 행간에 깔아놓은 숨은 의도가 한결 돋보인다고 하겠다. 이승하에게도 이러한 유의 시들은 적지 않다. 본능의 세계에 놓인 생명존중의 의식과 관련한 시 가운데 다음과 같은 시도 감동적으로 읽힌다. 물론 이상의 풍자시처럼 지적인 현란함으로 읽히는 시는 아니다. 물기 촉촉한 서정성은 메마르고 황폐한 세상에 밝은 빛이 되고 있는 것이다.

산 개미가 죽은 개미를 물고
어디론가 가는 광경을
어린 시절 본 적이 있다

산 군인이 죽은 군인을 업고
비틀대며 가는 장면을
영화관에서 본 적이 있다

상처입은 자는 알 것이다
상처입은 타인한테 다가가
그 상처 닦아주고 싸매주고

그리고는 벌떡 일어나
상처입힌 자들을 향해
외치고 싶어지는 이유를

상한 개가 상한 개한테 다가가
상처 핥아주는 모습을
나는 오늘 개시장을 지나다가 보았다

– 이승하의 「상처」 전문

이 시는 『생명에서 물건으로』(문학과지성사, 1995)에 실려 있다. 기억의 조각조각을 마치 퍼즐을 맞추듯이 맞추어 하나의 통일성 있는 의미의 한 덩어리를 이룩하고 있다. 산 개미 이야기와, 잔명(殘命)의 군인 이야기를 어두운 기억의 저편으로부터 불러일으켜 가장 가까운 기억인 오늘의 이야기, 즉 개시장에서 죽음을 기다리고 있는 상한 개들의 이야기까지 꼬리를 물고 연쇄반응을 일으킨다.

세계의 구조화된 폭력성에 대한 날카로운 풍자이다.

젊었을 때 모더니즘의 영향을 크게 입은 이승하의, 문명을 비판하는 날카로운 눈이 사뭇 예리하다. 요컨대, 이승하의 시는 한동안 자아와 세계, 그 구조화된 폭력의 관계성을 통한 기호들의 그물망으로 형성되어 있었다고 해도 결코 지나친 말이 아닐 터이다.

3. 작품론의 실제

이광수의 「무정」에 나타난 근대성을 어떻게 볼 것인가

1. 이광수의 작가적 생애

1947년에 발표된 이광수의 「나 · 소년편(少年編)」은 수준 높은 자전소설이다. 자신의 죽음을 3년 앞두고 쓴 이 소설은 자신의 삶을 회고하고 성찰해본 것의 허구적인 글쓰기이다. 물론 허구의 요소가 많지만 자신이 성장해온 삶의 이야기를 사실과 가까이 재구성해 놓았다. 동일한 인물 아래 여섯 편의 독립된 이야기가 단순하고 연대기적으로 연결된, 소위 피카레스크적 형식으로 짜여있는 이 작품은 결코 정연한 형식미의 맛을 느낄 수 없으나 대체로 형식적인 안정감을 주고 있는 게 사실이다. 특히 여자와의 관계에 대한 솔직한 고백이 자신의 살아온 경험담을 듣는 것 같다. 실단(實丹)이란 소녀를 깊이 사랑했지만 일본 유학으로 말미암아 어쩔 수 없이 실연을 겪은 것을 다룬 것, 재산이 탐나 원치 않았던 결혼을 했던 것, 애정 없는 생활의 공허감 속에 문(文)의 누님과 불륜의 관계를 맺게 된다는 것이 그것이다.

> 문의 누님은 점잖은 여자로서 육례를 갖추지 아니한 남자의 요구에 대하여 반항할 수 있는 절차는 다 하였으나, 그도 사람이요, 젊은 여자요, 또 과부였다. 마침내 나는 그를 나의 정욕의 독한 이빨로 씹어 버렸다. 이리하여

> 서 나는 악인의 적에 등록이 되고, 양심의 옥합을 깨뜨린 사람이 되었다. 이 것이 내 소년 시대의 입맛 쓴 끝이었다.
>
> -「나 · 소년편」에서

소설의 끝 부분이다. 이 소설 화자의 혼외정사는 단순한 불륜이기 보다는 이것을 통해 정신적으로 개안(開眼)해 가는 과정으로 마무리되고 있다. 성장소설에서 흔히 볼 수 있는 탈(脫)소년화의 모티프와 같은 것이다. 그 원초적인 원형은 소위 미성년의 입사식(initation) 의식(儀式)이다. 이 소설의 주인공 나(도경)가 체험한 성적 불륜은 탈소년 과정의 통과적인 의식의 하나이며, 정신적 성숙으로 자아를 확립하게 하는 계기로 이해되고 있다.

이광수의 자전소설 「나 · 소년편」은 변명도 참회도 아닌 일종의 고백이다. 고백은 거짓이나 비밀, 불분명한 세계를 벗어나 스스로를 분명하게 드러내는 윤리적 결단의 결과이며, 늘 새롭게 자기 자신에게로 돌아가는 실존적 자각의 행위이다. 여기에는 어느 인간이 지닐 수 있는 온갖 상념이 뒤섞여 있다. 가난에 대한 굴욕감, 콤플렉스, 한, 복수심, 정신적 상흔, 뉘우침, 불륜의 사악함……. 이 소설을 아무 편견이 없이 심미적 자족체로 볼 때 독자들은 여러 갈래로 분화된 감정의 교차 속에 무구한 서정적 감동에 젖게 된다.

주지하듯이, 이광수는 평생을 파란만장하게 살았다. 우리나라 문학사에서 온갖 영욕을 걸머진 이광수만큼 드라마틱한 생애를 가졌던 작가는 없을 것이다. 최후의 순간도 드라마 한 장면 보는 것 같다.

1950년 10월 중순, 유엔군이 평양을 진격하였다. 인민군들이 평양에서 후퇴하면서 납북자 일행도 평안북도 강계로 향해 도보로 끌려갔다. 험준한 산악, 영하 15도 넘는 추위 속에서 이광수는 동상 때문에 더 이상 걸을 수 없었다. 그는 인편으로 북한 부수상 홍명희에게 편지를 보냈다. "춥고 배고파 도저히 견딜 수가 없습니다. 마지막 부탁이오. 죽어가는 친구 하나를 구원해 주시오." 홍명희는 이광수를 자기 집으로 데려가 병구완을 했지만 병환은 더 악화되었다. 그는 1950년 12월 초순에 인민군 병원에 후송되어 쓸쓸히 숨을 거두었다.

2. 소설 「무정」의 스토리와 캐릭터

한국 근대문학의 최초의 장편인 「무정」(1917)은 우리 근대문학사의 기념비를 세운 작품이다. 보수적인 기득권자들의 따가운 눈총을 받으면서도 당대 진보적인 젊은이들에게 열광적인 선풍을 일으켰고 작가로서의 명예로운 위치도 굳히는 계기가 되었다. 이광수는 이 소설을 계기로 사실상의 국민적인 작가로 발돋움하였다. 「무정」은 당시 국내 유일의 일간지인 『매일신보』에 1917년 1월 1일에서부터 6월 14일에까지 126회에 걸쳐 연재되었다. 이 작품의 대체적인 줄거리는 다음과 같이 정리된다.

> 경성학교 영어 교사 이형식이 장안의 부호 김장로 집으로 간다. 그의 딸 선형에게 영어 개인 교습을 하기 위해서다. 어릴 때 고아가 되어 역경을 겪었던 형식은 동경 유학을 한 지식 청년이다. 빼어난 선형의 미모를 보고 매료된다. 이 날 하숙집에 돌아온 형식은 뜻밖의 손님을 맞이한다. 어릴 때 그가 고아로 전전할 때 거두어 아들처럼 키워주고 가르치던 박진사의 딸인 영채이다. 박진사는 개화 계몽 운동의 실패로 아들들과 함께 투옥되고 집안은 풍비박산이 되었다. 영채는 유교 사상에 충실한 구여성이다. 옥중의 아버지와 오빠들을 뒷바라지하기 위해 기생이 되었다. 그러나 아버지가 점지한 형식을 위해 그녀는 정절을 지켜 왔다. 여기에서 형식은 두 여자를 놓고 갈등

> 한다. 그 후 영채는 악인들에게 정조가 유린되고 형식에게 유서를 남기고 평양행 기차를 탄다. 영채를 구하러 뒤따라 평양에 간 형식은 소득 없이 돌아와서 오히려 학생들에게 기생을 따라갔다는 오해만 사고 이에 격분해 학교를 그만 둔다. 이때 형식에게 김장로 댁의 결혼 요청이 있어 그는 선형과 혼약한 후에 함께 미국으로 유학할 준비를 하게 된다. 한편 영채는 자살 길인 평양행의 열차 안에서 신여성 병욱을 만나게 된다. 두 여성은 근대적인 이성과 문명에 관해 많은 얘기를 나눈다. 영채는 병욱으로부터 봉건적 사고의 개조에 대해 감화된다. 두 여성이 일본 유학길에 오르던 중에 약혼한 형식 커플과 차중에서 극적으로 만나게 이른다. 기차는 삼랑진 수재 현장에서 운행이 중단되었다. 이들 네 사람의 남녀 일행은 수재민을 위한 봉사 활동을 전개한다. 그리고 개인적인 감정 대신에 민족의 장래를 위한 집단적인 삶의 의식을 위한 공공의 일에 함께 참여하기를 다짐한다.

소설 「무정」은 자전적인 성장의 체험과 무관하지 않다. 작가 스스로 밝힌 바 있었듯이, 자신의 개인사적인 체험, 불쌍한 부모와 동생들의 일, 자신의 기구한 어린 시절의 잊혀지지 않는 기억을 되살려 보고 싶은 충동이 바로 창작의 동기인 것이다. 이 가운데서 특히 주목을 요하는 부분이 있다. 이 때문에 이광수가 신지식인으로서 성장할 계층의 일원이 되기까지의 삶을 열거해본다.

이광수는 최남선과 홍명희처럼 부유하거나 권력 있는 집안의 출신이 아니었다. 일제하 중추원 귀족들이 소설 「개척자」를 쓴 그를 두고 '하향(下鄕)의 상놈'이라고 했을 정도로 사회적으로 낮은 지위에 처해 있었다. 평안북도 산간벽촌의 명색 없는 가문의 출신이요, 40대에 든 아비가 무당의 어린 딸을 3취로 삼아 낳은 아들이다. 그는 열한 살에 고아가 되어 여기저기 흘러 다녔다. 그를 거두어준 은인은 동학의 평안도 접주인 박찬명(朴贊明) 대령이었다. 동학이 동비(東匪)라고 불리면서 정치적으로 탄압을 받고 있을 때 야음을 통해 연락을 취하는 일에는 고아가 안성맞춤이었다. 그 후 두뇌가 명석한 소년 이광수가 동학이 주선한 도일 유학생 21명 중의 한 사람으로 선발된 사실은 인생의 결정적인 전기가 마련되었던 것이라고 하겠다.

소설 「무정」에 등장하는 박진사의 모델은 그를 도와준 은인인 동학의 박찬명 대령이다.

그가 귀국한 후 일을 할 때 동학으로부터 개명된 천도교를 위해 일한 사례는 없었던 것 같다. 오히려 그는 서학의 한 뿌리에서 갈라져 나온 기독교(개신교)에 교화를 받았다. 그에겐 은혜와 배신의 갈림길에서 배회한 것을 두고 착잡한 마음을 가졌을 것이다. 이것이 소설 「무정」에서 이형식과 박영채 사이에 설정된 복잡하고도 미묘한 관계이다. 이 배의가책(背義苛責)의 심리적 메커니즘은 민족에 대한 보은으로 확대하려고 한 데서 스스로 승화의 느낌 띠를 형성한다.

이 소설의 인물 성격에 있어서 형식과 삼각관계를 맺고 있는 두 여인의 대조적인 측면에 주목할 수 있겠다. 즉, 변화 있는 영채와 변화 없는 선형의 대조점이다. 이 소설의 이야기가 대부분 영채의 이야기로 이루어졌다는 점에서 일종의 '박영채전'이라고 할 수 있겠다.

영채는 본디 구여성이다. 아버지 박진사는 평소에 그녀에게 말했다. 너는 형식의 아내가 되어라. 이에 그녀는 몸이 가루가 되더라도 부친의 뜻을 아니 어기리라고 생각한다. 전통의 도덕률에 얽매인 복종적인 인간상이다. 그러나 구시대의 인물인 영채가 결코 전(前)근대적이요 인습적인 사고에만 젖어 있는 게 아니라 오히려 진취적이고 발전적인 변화를 보여준다. 이에 반해 선형은 대조적이다. 선형은 겉으로 보기에만 개화된 여성이요, 속으로는 정견(定見) 없는 인물이다.[1] 형식은 다정다감하고도 우유부단한 인물이다. 그의 영채

1) 정한숙, 『현대한국작가론』, 고려대 출판부, 1976, 4~11면, 참고.

를 보는 관점은 앞서 말한 대로 은혜와 배신의 갈림길에서 배회하며 배의가책의 착잡한 심리적 메커니즘에 빠져 있다는 것. 무정이란 말 그 자체가 영채에 대한 즉각적인 심정의 반응이다.

> 설사, 영채가 죽었다 하더라도 그 시체라도 찾아보아야 할 것이 아니던가. 그리고 대동강에 서서 뜨거운 눈물이라도 흘려야 할 것이 아니던가. 영채는 나를 생각하고 몸을 죽였다. 그런데 나는 영채를 위하여 눈물도 흘리지 않아. 아아, 내가 무정하구나, 내가 사람이 아니로구나 하였다.

주인공 형식은 영채와의 사사로운 정을, 앞과 같이 무시할 만큼 사회적 지향의 욕구가 강한 근대적 인간형이다. 내적 갈등은 있어도 평양에서 돌아온 형식은 부잣집 딸 선형과 약혼하고 그 대가로 자신의 민족적 경륜의 포부인 교육입국을 위해 미국유학을 준비한다. 우유부단한 일면도 있었으나, 그는 자신의 야심과 사회적 자아로의 도약을 위해 과감하게 사사로운 인연의 사슬을 끊어버렸다. 그렇다면, 무정이란 말은 개인의 사사로운 감정을 무시, 무화(無化)한다는 뜻도 될 것이다.

3. 소설 「무정」의 언어형식적인 조건

김윤식 · 김현의 『한국문학사』(1973)에 의하면, 소설 「무정」을 가리켜 이렇게 서술하고 있다. 서구 문장의 번역에서 얻어진 것. 단순한 언주문종이 아니라, 서양 언어의 직역투의 문장이란 것. 그 직역투의 생경한 문장은 그의 개화 의식의 생경함에 적절하게 대응한다는 것.[2)] 이 같은 지적은 김현이 담당한 집필분에 있다. 그런데 이것은 전체적인 내용 분석에 근거한 것이 아니라 단순한 인상에 의존한 결과일 뿐이다. 소설의 본문에 나오는 단 한 문장, '형식의 연설이나 글은 서양 것을 직역한 것 같았다.'를 유력한 근거로 삼고 있는 것도 우스운 문제 제기이다. 이와 다른 의견이 있다. 이에 의하면, 김동인의 문장과 대비한 데서 볼 수 있듯이 직역투의 생경한 맛은 이광수의 문장에선 거의 찾아볼 수 없다.[3]

과거의 문학 전통과 단절될수록 근대성이 부각된다는 발상도 문제라고 본다. 이광수 소설의 근대성이 전통의 단절을 통해 반드시 구현된다는 것은 아니다. 일부 소설적인 관습의 계승을 통해서도 이룩되는 측면도 있다. 이광수는 「다난한 반생의 도정」이란 자전적인 기록문에서 소설 「무정」에서 리얼리즘과 심리 묘사에 힘을 썼다고 한다. 그러나 최근의 한 연구에 의하면, 시정(市井)과 세태의 묘사에 있어선 신소설의 수준에도 못 미치며, 반면에 심리 묘사는 어느 정도 성공을 거둔 것으로 파악되고 있다.

> 「무정」의 국문체는 새로운 지식인 주인공의 생각만이 아니라 그 행동을 독자에게 구체적으로 전달할 수 있는 역할을 제대로 수행한다. 단 「무정」의 문체가 새롭게 등장한 시민 계급의 영혼을 그려내고 있음에도 불구하고, 이러한 개인을 감싸 안은 사회의 세부적인 모습을 그려내는 데 한계를 보여준다. 다시 말해 「무정」에는 근대인의 심리적 공간은 새롭게 설정돼 있지만, 그들을 둘러싼 시정의 세계는 생략되어 있다.[4]

이광수의 「무정」은 신문이라는 매체로 인해 좀 더 대중적인 언어를 선택했다. 국한문혼용체보다는 국문체, 지식인의 관념보다는 신

---

2) 김윤식・김현, 『한국문학사』, 민음사, 1997, 206면, 참고.
3) 윤병로, 『한국 근현대 작가작품론』, 성균관대 출판부, 1997, 231~2면, 참고.
4) 양문규, 「1910년대 이광수 소설 문체의 재인식」, 문학과사상연구회, 『이광수 문학의 재인식』, 소명출판, 2009, 77면.

파적인 관습의 계승 등이 더 유효적절한 것이었다.

이광수의 초기 단편은 국한문혼용체를 사용함으로써 지식인 작가에 의해 식민지 대중을 타자화했다. 이 방식은 대중이 실제로 사용하는 구두상의 속어를 기초로 하기보다는, 구미-일본어의 번역체를 합성하여 만든 지식인 중심의 말과 글을 또 다르게 고안해내는 식으로 이루어진다.[5] 이에 반해 일반 독자대중을 의식해야 하는 신문연재소설인 「무정」은 국문소설의 문체적 전통을 부분적으로 계승한다. 그래서 이것은 사건 중심의 이야기 전통을 살리면서 새롭게 등장한 시민 계급의 내면을 그려낼 수 있었던 것이다.[6]

우체국, 학교, 신문, 병원 등은 대표적인 근대적 제도이다. 신문이 근대성의 제도적인 문물이듯이, 근대소설이 신문에 연재되는 것을 통해 근대성을 구현하는 것은 지극히 당연한 일이라고 생각된다. 이광수의 「무정」이 신문 독자들을 위해 한결 대중적인 언어의 질감을 고려한 것은 소설 구조와 사회 구조의 상동성(homology)을 제기한 루시앵 골드만의 입론을 연상시켜주기에 충분하다. 여기에서 말하는 상동성이란, 소설의 발생이 사회의 집단의식이나 개인의식, 사회경제적 관계와 구조적으로 동일하다는 것. 앞서 비슷이 말했듯이 주인공 형식의 연설이나 글이 서양 것을 직역한 것 같았다는 사실은 「무정」의 언어형식의 조건과는 전혀 관계없는 화젯거리이다.

4. 소설 「무정」의 문학사적인 의미

소설 「무정」의 문학사적인 의미는 이소설의 주제와 관련되는 부분이다. 이광수는 「다난한 반생의 도정」이란 자전적인 기록문에서

---

5) 같은 논문, 83면, 참고.
6) 같은 논문, 83~4면, 참고.

소설 「무정」이 조선 청년의 진로에 한 암시를 주고자, 이를테면 민족주의, 자유주의 이데올로기를 가지고 쓴 것이라고 밝힌 바 있었다. 그 스스로 밝히고 있는 작품의 사상지향성, 즉 주제인 것이다.

사실상의 주인공에 진배없는 영채는 아버지 박진사가 생전에 정혼한 형식을 사랑할 만큼 구시대의 봉건적 도덕의식에 사로잡힌 여인이었다. 그녀는 타의에 의해 육체적 순결을 잃고 자살을 기도할 만큼 가부장 제도의 복종적 윤리관의 포로였다. 죽음 앞에 김병욱이란 신여성을 만나 삶의 지향을 바꾸며 정신적으로 재생한다.

> 영채씨도 이러한 낡은 사상의 종이 되어서 지금껏 속절없는 괴로움을 맛보셨습니다. 그 속박을 끊으십시오. 그 꿈을 깨십시오. 저를 위하여 사는 사람이 되십시오. 자유를 얻으시오.

마침내 영채는 구질서 의식에 예속된 자아에서 사회적으로 확대된 자아로 자각하기에 이른다. 소설의 참된 생산 주체가 집단이라면, 그것은 사회 발전적 변화에 민감한 양식일 것이다. 형식과 영채는 끝내 개인의 행복과 사회적 성취를 하나의 논리로 통합하였고 개인적 무정을 딛고 성취되는 집단적 동정과 유대를 강화했다.

> 형식은, 사람은 다 같은 사람이라 하더라도 개인 또는 사회의 노력으로 개인이나 사회가 개선될 수 있고 향상될 수 있다 하고, 그네는 모든 일의 책임이 전혀 사람에게 있지 아니하니 다만 되는 대로 살아갈 따름이요, 사람의 의지로 개선함도 없고 개악함도 없다 한다.

개인이나 사회가 개선될 수 있고 향상될 수 있다는 기본적 시각은 이광수적인 이데(사상)를 형성하게 하는 바탕이 된다. 초기 단편들이 사사로운 애정의 파국을 통해 개인됨을 자각했다면, 「무정」에서는 사회애(社會愛), 즉 사회적 발전의 욕망을 통해 개인적 인격을 실현하고자 했다. 이점은 당시로서는 상당히 시의에 합당한 테마였고 발전적 변화에 민감한 결과였다. 「무정」의 문학사적 의의를 김태준은 '당시인(當時人)의 사상'의 반영에 두었고,[7] 김윤식도 시대적 진취성, 즉 상승할 계층의 세계관의 최대치를 드러낸 것으로 보았다.[8]

소설 「무정」에서 드러난 '우리감정(we-feeling)'의 결속과 교육입국이라는 미래지향적 사회의 건설은 「흙」에서 재현된다. 삼각형 연애소설이란 점에서 서로 일치하며, 교육입국은 농촌계몽으로 계승하며, 주제 구현에 늘 장애가 되었던 반동적 인물 정근조차 주인공 허숭의 브나로드 운동, 더 정확히 말해 작자 이광수의 도산 사상(동우회사상)의 실천에 동조함으로써 화해적 결말 구조를 이룩한다. 이 화해적 결말은 「무정」으로부터 반복되는 패턴이다.

소설 「무정」의 문학사적 의미는 형성기 신소설을 넘어서서 발전기 근대소설의 새로운 길을 개척하는 새로운 면모에 있다고 할 것이다. 여러 가지 얘깃거리 중의 하나는 그것이 전기수(傳奇叟)나 광대에 의한 청감(聽感)의 전통에서 모던한 측면의 시각적인 읽기의 세계로 흘러가는 시대의 물목에 놓여 있었다는 사실에 있다. 이런 점에서 김현의 말은 감각이 번득이는 문학사적인 코멘트가 아닐 수 없다.

> 「무정」은 그것이 최초로 한글로 씌어진, 아니 한글 문체를 처음으로 완성시킨 작품이라는 점에서 지울 수 없는 가치를 지닌다. 그것은 낭독용이나 판소리용이 아닌, 독서의 대상으로 씌어진 최초의 한글 소설이다.[9]

---

7) 김태준, 『조선소설사』, 학예사, 1939, 253면.
8) 김윤식, 『이광수와 그의 시대 · 2』, 한길사, 1986, 533면.
9) 김윤식 · 김현, 앞의 책, 205면.

5. 「무정」을 이은 「개척자」

소설 「무정」의 문학사적 의미는 내용면에서 그 당시 지식 청년들이 갈구하는 사상의 변화와, 사회애・민족애의 실현이라고 한다면, 형식면에서는 언어의 질감과 문체 변동과 관련된 새로운 변화라고 하겠다. 이 작품의 정점에는 근대적인 신지식인의 전형인 이형식과, 박영채를 각성시킨 신여성인 김병욱 간에 나누는 대화 장면에 있다. 이것을 박영채와 김선형이 알 듯 말 듯한 반응을 보이면서 물끄러미 듣고 있다. 이 소설이 도달한 가장 높은 파고이다. 이 파고는 근대적인 물목의 최고 높이에 이른 그런 파고이다.

> "그러면 어떻게 해야 저들을……저들이 아니라 우리들이외다……저들을 구제할까요?" 하고 형식은 병욱을 본다. 병욱은 자신이 있는 듯이
>
> "힘을 주어야지요! 문명을 주어야지요!"
>
> "그리하려면?"
>
> "가르쳐야지요! 인도해야지요!"
>
> "어떻게요?"
>
> "교육으로, 실행으로."
>
> 영채와 선형은 이 문답의 뜻을 자세히는 모른다. 물론 자기네가 아는 줄 믿지마는 형식이와 병욱이가 아는 만큼 절실하게, 깊게, 단단하게 알지는 못한다. 그러나 방금 눈에 보는 사실이 그네에게 산 교훈을 주었다.

이 부분은 소설 「무정」 본문 중에서도 핵심이 되고 있는 부분이다. 여기에 이 소설의 주제가 집약되어 있다고 해도 과언이 아니다. 몽매한 대중을 계도하는 것이 신지식인의 시대적 사명이요, 시대사적 요청이다. 몽매한 대중을 계도하는 것을 줄여 계몽이라고 한다. 대중을 가르치고 인도하는 것의 방법이 교육이요 실행인 것. 이미

여기에 준비론적인 도산(島山 : 안창호) 사상의 실사구시적인 방향성이 내포되어 있다. 선각자의 위치에 놓인 형식과 병욱의 대화가 후발(後發) 근대 엘리트에 해당하는 영채와 선형을 감화시키고 또 산교훈을 주고 있다. 이 비슷한 수준의 대화 내용은 소설 「개척자」의 본문에서도 다시금 확인된다.

> 여러 문답이 있은 끝에 선경은,
>
> "참 그래요. 우리는 우리가 무엇인지를 여태껏 모르고 있었어요. 또 알아보려고도 아니하였어요. 또 누가 우리보고 알아보라고 한 일도 없었어요."
>
> "우리가 알아야지, 누가 우리를 위해서 알아주겠어요. 우리의 일을 우리가 해야지요."하고 성순은 확실히 자기가 좌중의 선각자임을 깨달았다. 그리고 일종 자부심의 쾌미를 얻었다.

소설 「개척자」의 주인공은 성순이라는 여성이다. 「무정」의 영채처럼 입체적 인물이다. 성순은 신교육을 받았지만 봉건적 여인이었다. 그녀를 깨우쳐 준 사람은 유부남 '민'이다. 그는 개척자의 정신을 지닌 신세대의 선구자로 그려져 있다. 그를 통해 그녀는 의식화된다. 결국 민과의 사랑이 이루어지지 못함을 비관한 성순은 자살을 선택한다.

그건 그렇고, 위의 인용문은 성순이 자신의 친구들과 나눈 대화 장면의 일부분이다. 가부장제 아래에서 여성들이 이와 같이 제 목소리를 낸다는 것은 있을 수 없는 일이다. 여성의 존재에 대한 자각이니 자유연애니 하는 것도 근대성의 중요한 한 부분이다. 근대적인 페미니즘의 단초가 이 작품에서도 확인된다.

두 편의 소설은 거의 비슷한 시기에 씌어졌다. 「무정」이 도식적인 낙관주의의 결말 구조를 지향한다면, 「개척자」는 자아와 세계의 대결에서 여주인공의 패배(파국)로 이끄는 결말 구조를 지닌 것이다.[10] 이러한 명백한 차이에도 불구하고, 둘 다 소설의 경세제민(經世濟民)의 관점에 근거를 둔 작품인 것은 물론이다. 다만 세부적인 차이가 있다면, 전자가 교육입국을 드러낸 것이라면, 후자는 과학입국을 지향하는 것이라고 하겠다.

10) 홍혜원, 『이광수 소설의 이야기와 담론』, 이화여대 출판부, 2002, 104면, 참고.

닫힌 공간의 우화 : 칩거(蟄居)에서 비상(飛翔)으로

- 이상의 「날개」를 보는 관점

1. 지적 프롤로그

이상의 소설 「날개」는 『조광』지 1936년 9월에 발표되었다. 발표된 무렵부터 비평적인 논란이 많았던 작품이었다. 좌파 진영의 비평가 임화는 이것이 자폐적이고 내성적인 소설이란 점에서 부정적인 견해를 밝혔고, 모더니즘 문학 이론의 대변자인 최재서는 심화된 리얼리즘의 성공 사례로 보았다. 그 당시에, 형식은 생소하고 내용은 난삽한 이 초유의 소설에 많은 문청들은 환호작약했으리라. 이 소설이 다른 소설과 다른 것은 본문에 앞서 서문이 있다는 사실이다. 그것도 매우 지적인 서술로 된 프롤로그이다. 주요 부분만을 발췌하면 다음과 같다.

> '剝製가 되어버린 天才'를 아시오? 나는 愉快하오. 이런 때 戀愛까지가 愉快하오. (……) 나는 또 女人과 生活을 設計하오. 戀愛技法에마저 서먹서먹해진 知性의 極致를 흘낏 좀 들여다본 일이 있는, 말하자면 일종의 精神奔逸者 말이오. 이런 女人의 半-그것은 온갖 것의 半이오-만을 領收하는 生活을 設計한다는 말이오. 그런 生活 속에 한 발만 들여놓고 恰似 두 개의 太陽처럼 마주 쳐다보면서 낄낄거리는 것이오. 나는 아마 어지간히 人生의 諸行이 싱거워서 견

> 될 수가 없게쯤 되고 그만둔 모양이오. 굿 바이.

박제가 되어버린 천재? 폐쇄된 공간에 갇혀 정신의 생명력을 상실한 천재를 가리키고 있다. 이는 시대를 앞서 간 이상(李箱) 자신이거나 현대인을 우의적으로 표현한 것이리라. 정신분일이란 말이 나온다. 요즘에는 잘 쓰지 않는 말이다. 글자 그대로 말해, 정신 상태가 제 마음대로라는 뜻일 게다. 정신분열(증)과 관계가 있는 것인지 과문한 탓에 잘 모르겠다.

어쨌든 '두 개의 태양' 운운 하는 것으로 보아선 무슨 관계가 있는 것 같다. 자아가 하나로 통일되지 못하고 분열되어 있음을 드러낸다. 많은 연구자들이 이를 동의해 왔다. 자아의 이중성과 분열은 이상 자신의 시편인 「거울」에서 묘사된 '두 개의 나'와도 상응하고 있다. 이 '두 개의 태양'은 본문에서 나와 아내의 답답하고도 불편한 관계로 입증되기도 한다.

> 19世紀는 될 수 있거든 封鎖하여버리오. 도스토예프스키精神이란 자칫하면 浪費일 것 같소. (……) 女王蜂과 未亡人-世上의 하고많은 女人이 本質的으로 이미 未亡人 아닌 이가 있으리까? 아니-女人의 전부가 그 日常에 있어서 개개 '未亡人'이라는 내 論理가 뜻밖에도 女性에 대한 冒瀆이 되오? 굿 바이.

이상의 「날개」 지적 프롤로그에 의하면, 도스토예프스키라는 이름이 나온다. 주지하듯이, 19세기 말의 러시아 소설가이다. 이상은 도스토예프스키의 문학정신 및 사회사상을 구시대의 유물로 본다. 이상이 굳이 도스토예프스키를 들먹인 이유는 어디에 있을까. 그 스스로 시대를 앞서 가려는 욕망이 강했기 때문이다. 19세기를 전(前)근대성의 표상으로 간주해야만이 자신의 정당성을 얻을 수 있기 때문인 것이다.

1950년대 전후(戰後)의 문학비평가들에게 이상은 시대의 핫이슈였다. 신세대 비평가들인 이어령 · 김우종 · 고석규 · 임종국 등은 이상에 관한 관심이 매우 높았다. 해방기에 활약한 구시대 비평의 끝자락인 조연현은 마르크스주의와 모더니즘의 문학을 '근대성의 파편'이라고 하면서 싸잡아 비판하였다. 여기에 이상도 포함되어 있었다. 흥미로운 것은 그가 도스토예프스키에 대한 숭배열이 대단했다는 사실. 반면에 신세대 비평의 첨병이었던 이어령은 이상을 숭배했다. 이상이 씨앗이라면, 그 자신은 화전(火田)을 일구어 씨를 뿌린 개척자로 자처했다. 요컨대, 이상이 말한 도스토예프스키 정신이란, 19세기의 대표적인 문예사조인 자연주의의 정신을 말하며, 19세기는 이상에게 전근대성을 의미한다.

이상의 지적 프롤로그에서 한 가지 덧붙이자면, 여왕봉과 미망인은, (이어령의 해석에 의하면) 교미 후 웅봉이 죽어버린다는 이상의 여성관이 반영되어 있다.

2. 단절된, 혹은 사유된 존재

소설 본문의 주인공인 '나'는 이상을 모델로 하고 있다는 점에서 일본 소설의 관습에 의하면 사(私)소설적이라고 할 수 있다. 사소설이란 자전적인 성격의 소설을 말한다. 화자는 철저히 비사교적이고 외부 세계와 단절된 존재이다. 외부의 세계와 통하는 유일한 통로는 아내이다.

> 나는 그러나 그들의 아무와도 놀지 않는다. 놀지 않을 뿐만 아니라 인사도 않는다. 나는 내 아내와 인사하는 외에 누구와도 인사하고 싶지 않았다.
>
> 내 아내 외의 다른 사람과 인사를 하거나 놀거나 하는 것은 내 아내 낯을

> 보아 좋지 않은 일인 것만 같이 생각이 되었기 때문이다. 나는 이만큼까지 내 아내를 소중히 생각한 것이다. 내가 이렇게까지 내 아내를 소중히 생각한 까닭은 이 33번지 18가구 속에서 내 아내가 내 아내의 명함처럼 제일 작고 제일 아름다운 것을 안 까닭이다. 18가구에 각기 빌어든 송이송이 꽃들 가운데서도 내 아내가 특히 아름다운 한 떨기의 꽃으로 이 함석지붕 밑 볕 안 드는 지역에서 어디까지든지 찬란하였다. 따라서 그런 한 떨기 꽃을 지키고-아니 그 꽃에 매어달려 사는 나라는 존재가 도무지 형언할 수 없는 거북살스러운 존재가 아닐 수 없었던 것은 물론이다.

화자인 '나'는 화류계 여성인 내연의 처에게 빌붙어 살아가고 있는 기둥서방으로 암시되어 있다. 그가 주체적으로 살아가지 못하고 있기 때문에, 박제화되고 공동화된 의식의 상태에서 벗어나지 못하고 있는 것이다. 화자인 '나'는 소설의 본문에서 솔직히 고백한다. "나에게는 인간 사회가 스스로왔다. 생활이 스스로왔다. 모두가 서먹서먹할 뿐이었다." 여기에 표현된 '스스롭다'는 무슨 뜻일까? 현행 표준어 '스스럽다'에 해당하는 말이다. 그 뜻이 낯설다, 수줍고 부끄럽다, 서로 사귀는 정분이 두텁지 못하다 등에 해당하는 낱말이다. 그 만큼 화자는 대(對)사회적인 단절의 관계를 맺고 있는, 오늘날의 말로 표현해 소위 '은둔형 외톨이'인 것이다.

그의 거소 역시 자폐적이고 음습한 공간인 골방이다. 이 골방은 자신의 시 「오감도」에 언표된 '막다른 골목'이래도 좋다. 그는 폐쇄공간에서 칩거하는 거북살스러운-매우 거북한-잉여인간이다.

> 내게는 거의 의식이라는 것이 없었다. 나는 아내 이불 위에 엎드러지면서 바지 포키트 속에서 그 돈 5원을 꺼내 아내 손에 쥐어 준 것을 간신히 기억할 뿐이다.

> 나는 그만 이불을 걷어차고 벌떡 일어나서 내 방으로 갔다. 내 방에는 다 식어빠진 내 끼니가 가지런히 놓여 있는 것이다. 아내는 내 모이를 여기다 두고 나간 것이다. 나는 우선 배가 고팠다. 한 숟갈을 입에 떠 넣었을 때 그 촉감은 참 너무도 냉회와 같이 써늘하였다. 나는 숟갈을 놓고 내 이불 속으로 들어갔다. 하룻밤을 비었던 내 이부자리는 여전히 반갑게 나를 맞아 준다. 나는 내 이불을 뒤집어쓰고 이번에는 참 늘어지게 한잠 잤다.

이 인용문에서 보듯이 화자는 아내에게 사육되고 있는 존재이다. 아내는 매음의 대가로 돈을 받고, 받은 돈으로 남편을 부양하는 모순적인 여성이다. 무슨 거래 관계가 전제되어 있는지는 잘 알 수 없다.

아내는 창녀다.

작가 이상이 앞서 살펴본 지적 프롤로그에서, 세상의 하고많은 여인이 본질적으로 이미 미망인 아닌 이가 있으리까, 하고 되물었다. 이 점에 있어선 그와 소설가 카프카의 여성관이 유사하다. 카프카는 사창가로 들락날락했던 사람이었다. 그가 만난 모든 여자는 본질적으로 창녀였다.

아내가 내게 모이를 주었다는 비유적인 표현은 화자와 아내의 관계가 사육당하는 짐승과 사육사의 관계로 은유된다는 사실을 말해주고 있다. 정신분석학의 맥락에서 볼 때, 피학대적인 감각의 자조(自嘲)와 자기혐오(증)의 적극적인 표현이다.

화자는 왜 아내에게 사육되고 있는가?

그가 남성으로서 자족적인 성징(性徵)을 갖추고 있지 못했기 때문일까? 문학연구자 박선경은 『현대 심리소설의 정신분석』에서 소설 「날개」가 가부장적인 문화권 안에서 남성이 가지는 모든 성적 특성과 특권을 반납해 버린 모습으로 출발한고 했으며, 철학자 이왕주는 『소설 속의 철학』에서 소설 「날개」의 화자를 가리켜 '말라비틀어진 오이 토막 같은 음경을 꺼내보면서 밋밋한 자조에 빠지던 내시의 운명'으로 비유하기도 했다. 나 역시 그 화자가 사회로부터 단절되고 아내로부터 사육된 자아가 분열 상태에 빠질 수밖에 없는 까닭이 왜소하고 위축된 남근, 성적 능력의 부실함에 있다고 여겨진다. 박제가 된 날개가 기적적으로 날개를 활짝 펴서 비상할 수 있는 사실은 남근적인 재생의 발기에 대한 뭇 남성의 원형적인 염원이다.

3. 의식의 흐름 : 자의식과 풍자

현대소설의 서술 방법론 가운데 내면 심리의 현상을 관찰하고 작품 속에 옮겨놓은, 즉 내면세계의 인식된 리얼리티를 묘파하는 기법이 있다. 이른바, '의식의 흐름(stream of consciousness)'으로 불리는 것이다.

이 용어가 처음으로 사용된 것은 미국의 심리학자 윌리엄 제임스(W. James)가 공간한 저서, 『심리학의 원리』(1890)에서였다. 그는 "인간의 의식은 분리되어 있지 않고 연속적으로 흐르고 있다. 인간의 마음속에는 무수한 심상들이 서로 복잡하게 얽혀 물결치고 있다."라고 말했다. 과거와 현재가 하나가 되고, 현실적인 시간이나 공간적인 질서가 붕괴되어가는 의식의 상태를 다루고 있다는 점에서, 그 의식은 일종의 무의식 내지 잠재의식이라고 할 수 있다.

소위 '의식의 흐름'에 의한 서술 양상을 제시하고 있는 소설은 주로 작중 인물의 의식을 그려내기 위해 언어 표현 이전의 단계에 놓인 의식의 세계를 규명하는 데 중점을 둔 형태의 소설이라고 할 것이다. 이 가운데 대표적인 사례가 되는 소설사의 전범은, 제임스 조이스의 「율리시스」, 마르셀 프루스트의 「잃어버린 시간을 찾아서」, 버지니아 울프의 「등대로」 등으로 꼽을 수 있다. 우리나라의 경우는 이상의 「날개」, 최명익의 「심문(心紋)」, 오상원의 「유예」 등의 작품에서 부분적으로 드러나고 있을 뿐이다.

로버트 험프리에 의하면, 현대소설에 있어서의 '의식의 흐름'은 자의식과 풍자 등을 강조하는 소설이라고 했다. 자의식이 과잉하면 마음의 내부에 존재하는 의식과 수면 아래 잠재된 큰 부분의 무의식은 서로 체인을 걸어놓은 것처럼 떨어져 있는 게 아니라 서로 간에 연속적인 흐름으로 나타난다. 「날개」에 있어선 다음과 같은 부분이 여기에 해당되는 게 아닌가 한다.

> ……잠을 기다렸다. 잠은 좀처럼 오지 않았다. 대문간에 나간 아내도 좀처럼 들어오지 않았다. 그러는 동안에 흐지부지 나는 잠이 들어버렸다. 꿈이 얼쑹덜쑹, 종을 잡을 수 없는 거리의 풍경을 여전히 헤매었다.

일종의 몽유 현상이라고 할 수 있다. 화자가 정신적으로 건강하지 못하고 과잉된 자의식의 세계에 침잠해 있다. 의식과 무의식은 경계를 넘어서면서 연속적으로 흐르면서 이미지가 서로 물결치고 있는 것이다.

> 내가 잠을 깨었을 때는 날이 환히 밝은 뒤다. 나는 거기서 일주야를 잔 것이다. 풍경이 그냥 노오랗게 보인다. 그 속에서도 나는 번개처럼 아스피린과 아다링이 생각났다.
>
> 아스피린, 아다링, 아스피린, 아다링, 마르크스, 맬더스, 마도르스, 아스피린, 아다 링.
>
> 아내는 한 달 동안 아다링을 아스피린이라고 속이고 내게 먹였다.
>
> 그것은 아내 방에서 이 아다링 갑이 발견된 것으로 미루어 증거가 너무나 확실하다.
>
> 무슨 목적으로 아내는 나를 밤이나 낮이나 재웠어야 됐나?

> 나를 밤이나 낮이나 재워 놓고 그리고 아내는 내가 자는 동안에 무슨 짓을 했나? 나를 조금씩 조금씩 죽이려던 것일까?

이 소설에서 '의식의 흐름'이 가장 구체적으로 드러난 부분이다. 유사한 음감으로 배열된 자유연상, 자동기술은 주인공의 정신 착란을 암시한다. 또한 굳이 정신분석학을 운위하지 않는다고 하더라도, 아내가 자신의 부정한 행위를 위해 남편인 화자에게 살의를 품었다고 근거가 확실하지 않는 상태에서 의심하는 것은 일종의 강박관념이요, 피해망상인 것으로 보인다.

특히 이 소설의 대표적인 기법이면서 동시에 현실 모독의 지적 수단으로 사용되고 있는 것은 풍자와 아이러니, 자조와 패러독스 등이다. 이것은 주로 파행적인 부부생활, 금전이 개입된 매매춘, 물화된 도회지적인 삶 등을 겨냥한다. 다음에 인용된 부분들은 이러한 점에 있어서도 '의식의 흐름'과 전혀 무관하다고 할 수 없는 요인이다.

> 나는 우선 내 아내의 직업이 무엇인가를 연구하기에 착수하였으나 좁은 시야와 부족한 지식으로는 이것을 알아내기 힘이 든다. 나는 끝끝내 내 아내의 직업이 무엇인가를 모르고 말려나 보다.

> 왜 아내의 내객들이 아내에게 돈을 놓고 가나 하는 것이 풀 수 없는 의문인 것같이 왜 아내는 나에게 돈을 놓고 가나 하는 것도 역시 나에게는 똑같이 풀 수 없는 의문이었다. 내 비록 아내가 내게 돈을 놓고 가는 것이 싫지 않았다 하더라도 그것은 다만 그것이 내 손가락에 닿는 순간에서부터 그 벙어리 주둥이에서 자취를 감추기까지의 하잘 것 없는 짧은 촉각이 좋았달 뿐이지 그 이상 아무 기쁨도 없다.

주인공 화자는 아내의 직업이 매매춘과 관련된 것인지를 왜 모르겠는가? 알면서도 시치미를 뚝 떼는 것은 자신이 처한 상황이 아이러니적인 상황임을 말해주는 것이다. 아내가 내게 돈을 던져주는 행위는 마치 사육사가 짐승을 사육하듯이 모이를 주는 것으로 비유하고 있다. 그가 이것이 결코 싫지 아니한 이유를 짧은 시간에 손에 닿는 감촉에 있어서라고 말한다. 자기 풍자의 절정에 달한 느낌으로 다가오는 부분이다.

4. 탈주의 백일몽

주인공 화자는 사실상 아내에 의해 폐쇄된 공간 속에 감금되어 왔다. 소설의 본문 중에서 "아내는 물론 나를 늘 감금하여 두다시피 하여 왔다. 내게 불평이 있을 리 없다."라는 표현이 이를 잘 입증하고 있다. 그의 탈주의 꿈은 본래적인 자아에로의 회귀를 뜻한다. 그의 외출이 잦아지고 그의 행동반경이 폐쇄적인 시공간이 벗어나면서 아내와 갈등을 빚는다. 그는 이제 아내와의 관계도 새로이 정립되어야 한다. 그의 칩거를 스스로 청산하는 것은 다름 아니라 자폐공간으로부터의 자기 해방이다. 꺾인 날개를 다시 활짝 펴면서 나는 것은 인간의 원초적인 꿈을 향한 비상이다. 이 꿈이 도회지를 무대로 한 시정(市井)의 꿈, 한낱 덧없는 한낮의 꿈이라고 해도, 그 힘찬 날갯짓은 재생의 원형상징으로서 의미가 부여된다.

> 이 발길이 지금 어디로 향하여 가는 것인가를…….
>
> 그때 내 눈 앞에는 아내의 모가지가 벼락처럼 내려 떨어졌다. 아스피린과, 아다링.
>
> (……)

> 그럼 어디로 가나?
>
> 이 때 뚜우 하고 정오 사일렌이 울었다. 사람들은 모두 네 활개를 펴고 닭처럼 푸드득 거리는 것 같고 온갖 유리와 강철과 대리석과 지폐와 잉크가 부글부글 끓고 수선을 떨고 하는 것 같은 찰나! 그야말로 현란을 극한 정오다.
>
> 나는 불현듯이 겨드랑이가 가렵다. 아하. 그것은 내 인공의 날개가 돋았던 자국이다. 오늘은 없는 이 날개. 머릿속에서는 희망과 야심이 말소된 페이지가 딕셔너리 넘어가듯 번뜩였다.
>
> 나는 걷던 걸음을 멈추고 그리고 일어나 한 번 이렇게 외쳐 보고 싶었다.
>
> 날개야 다시 돋아라.
>
> 날자. 날자. 날자. 한 번만 더 날자꾸나.
>
> 한 번만 더 날아 보자꾸나.

인용문은 소설 「날개」의 결말 부분이다. 주인공 화자는 방향 감각을 상실한 현대인처럼 서성댄다. 그는 원초적인 존재의 거소를 상실한 현대인의 숙명적인 자화상이다. 딱히 갈 곳이 없기 때문에 날아보고 싶다고 한 것이다. 그가 인공의 날개를 생각했다는 것은 작가 이상이 미리 인류의 집단무의식 속에 존재하는 이카로스 유(類)의 원형 심상을 염두에 두었다는 것을 반증할 것이다.

인용문은 한 편의 시적인 연극 대사로 읽힌다.

좀 과장스러이 말자하면, 햄릿의 독백 못지않은 명문이다.

박제 운운하는 것으로부터 비롯한 소설 프롤로그의 허두(虛頭)는 우여곡절의 서사 단계를 거치면서 날개, 힘찬 날갯짓의 염원으로 끝맺음하고 있다. 박제는 영혼이 박탈된 상태를 의미한다. 이는 비유컨대 도스토예프스키적인 딜레마의 시학이다. 작가 이상이 마침내 도달한 지경은 도스토예프스키의 표상을 넘어선 곳, 다시 말해 주인공 화자에 의한 자아 각성의 절규가 이루어지는 곳이다. 근원적인 실존과 자유에의 갈망! 한 번 더 날겠다는 것은, 의지적 행위로의 전환, 실존적 주체로서의 자기 각성, 초극의 욕망을 두루 가리키고 있다고 하겠다.

허위에 찬 세상에 마주선 소년의 내면 풍경과 성장통

– 현덕의 「남생이」에 대하여

1.

자신이 직접 쓴 「자서소전(自叙小傳)」에 의하면, 소설가 현덕(玄德)은 서울 삼청동에서 태어났고, 광화문 근처에서 자랐다. 어버이 두 분 사이가 원만치 못해 공기가 따뜻하지 못했던 성장 환경을 그는 늘 가슴 깊이 간직하고 있었다고 한다. 비참한 집안 살림으로 말미암아 결국 식구들은 각자도생으로 헤어졌고, 당숙의 집인 인천 근해의 섬인 대부도에서 삼사 년의 소년 시절을 보냈다. 그 후 제일고보에 입학했으나 1년 만에 중퇴하였다.

심한 염인증(대인기피증)으로 인해 거리에 나가기조차 두려워했을 만큼 생활이 병적이었는데, 그가 도서관에 칩거하면서 책 속에 파묻힌 것도 자폐적인 삶으로부터 벗어나려는 안간힘이었다. 그가 훗날 현해탄을 건너가 교토와 오사카 등지를 떠돌면서 신문배달, 자유노동, 빵기공 같은 일을 하면서 최하층의 생활을 견뎌내려고 하였으나 끝내 쓰러져 실직을 당했다. 노동판에서조차 버려진 몸을 이끌고도 귀경할 수 있었던 것은, 즉 거듭 살아보겠다고 재기의 의욕을 보인 까닭은, '최후의 한 가지 일로 지금까지 추향(趨向)과 같이 동경해오던 문학의 길을 밟아보겠다는 생각' 때문이었다.

이러한 전기적인 경험으로서의 비참한 삶의 궤적은 현덕 자신의 허구적 서사물의 세 가지 층위인 소설, 아동소설, 동화에서 주된 모티브로 은연중에 되풀이되고 있다. 그가 1938년 조선일보 신춘문예에 「남생이」가 당선되고 그 후 「경칩」, 「녹성좌」, 「군맹(郡盲)」, 「나비를 잡는 아버지」 등의 수작을 발표함으로써 신진 작가로 상당한 주목의 대상이 되었지만, 불행한 시대적 조건은 그의 역량을 발휘할 수 있는 기회를 박탈했으며, 해방 후 좌파 문인 단체인 조선문학가동맹에 가입해 출판부장으로 일하다가 6·25 때 월북할 수밖에 없었던 비극적인 운명을 맞게 되었다.

2.

현덕의 등단작 「남생이」는 발표 당시에 '현문단의 최고수준'이니 '경이로운 신인의 탄생'이니 하면서 신인의 처녀작으로서 일찍이 전례가 없었던 최대의 찬사를 받았던 작품이다. 신춘문예 당선작치고는 일반적인 분량보다 두세 배 가량 긴 점도 특이한 일이거니와, 무엇보다도 당대의 훼손된 삶을 전형적으로 재현하면서 소년의 천진한 눈으로 식민지 조국의 슬픔을 인식하려는 의식의 눈뜸을 보여주고 있다는 점에서 이른바 '리얼리즘의 승리'에 값하고 있다.

주인공인 소년 노마는 그의 어머니가 선창엘 가 많은 사람에게 귀염을 받는 '항구의 들병장사'라는 사실을 깨닫게 되면서부터, 어머니가 목선 쌓아올린 볏섬위에 올라앉아서 사오인의 사나이들과 섞여 희롱을 하고 있는 것을 몰래 목격하면서부터 그러한 의식의 눈뜸은 비롯하고 있다.

노마는 그런 어머니를 전혀 꿈에도 본 적이 없다. 어머니는 그곳에 와서 어린애처럼 어리광을 떨고 일찍이 노마 자신도 한번 받아

보지 못한 귀염을 뭇사람에게 받는 것이 아닌가.

이제껏 경험하지 못한 낯선 세계를 엿보게 됨으로써, 소년은 아프게 성숙하고 있다. 그것은 어른들의 딴 세상을 훔쳐보면서 참혹한 현실에 비로소 눈뜨는 자아에게 떠맡겨진 실존적 세계의 넓힘과 관련된다. 분수에 맞지 않는 옷을 매무시하면서 화사하게 외출하는 어머니에 대한 놀라움과 낯섬의 정도가 깊을수록, 치명적인 병고에 시달리는 아버지에 대한 소년의 연민과 동정은, 이를테면 "아버지가 묵연히 내려다보는 컴컴한 바다 저편에는 등대가 이따금씩 끔뻑일 뿐, 밤은 괴괴하다."라는 표현에서 잘 암시되어 있다.

아버지는 본디 선창가 노동자였으나 몸살이거니 하고 며칠만 쉬면 하던 병은 점점 골수로 깊어만 갔다. 어느 날 영이 할머니가 아버지에게 건네준 것이 있다. 노란 종이에 붉은 글자로 쓴 부적이 붙어 있는 남생이 한 마리였다. 남생이는 무병장수의 영물이다. 잡귀와 병을 쫓는 주술성의 세계만이 아버지를 구원하는 최후의 세계이다. 오늘도 아버지는 앙가슴에 남생이를 올려놓고 누웠으리라. 그러나 어머니의 매음은 독살의 음모로 발전되고, 소년은 허위에 가득 찬 세계에 대해 반감을 갖게 된다. 등을 두드리는 어머니의 음성이 다정해도, 노마는 낯을 찌푸린다.

> 모두 거짓부렁이다. 참 설음에서 우러나오는 울음이고야 목청만이 노래부르듯 청승맞을 수 없다. 치마폭에 얼굴을 싸고 엎드리었다. 문득 낯을 드는 때 어머니가 굴뚝 뒤로 돌아가 털보와 수군수군 공동묘지를 쓸 것인가 화장을 할 것인가 손가락을 꼽으며 구구를 따지는 때, 어머니는 영이 할머니보다도 예사롭다.

아버지의 죽음은 소년으로 하여금 아버지의 권위가 훼손된, 혹은 그것이 상실당한 시대를 뼈아프게 인식하는 성숙의 단계에 이르게 한다. 그가 이제까지 시도해온 나무 오르기의 노력이 바로 그러한 뜻을 품고 있다. 그가 나무에 올랐을 때, 갑자기 키가 크게 자란 듯 싶었고, 그만큼 세상도 달라져 보였다. 머릿속에는 담배 물부리를 찾노라 방바닥을 더듬는 아버지가 나타나지만 아무리 해도 형용은 잡을 수 없다.

현덕은 소유의 결핍에 시달리는 항민(巷民)의 삶을 일관되게 묘파하였다.

사리사욕에 의해 움직이는 인간형 주인공 만성을 중심으로 전개되는 중편 「군맹」에서도 잘 보여준 바 있듯이, 그는 도심의 언저리에 땔불감 같이 버려진 집단적 삶의 저변을 잘 포착하였다. '노마'라는 문제아를 도처에 설정한 점도 동심천사주의가 참혹한 현실을 뛰어 넘을 수 없다는 것을, 또 그것이 얼마나 무력하게 세계에 순응하는 것인가를 보여준 증좌라 일컬을 만한다. 그럼에도 불구하고 현덕 서사물에서 발견되는 또 다른 미덕은 기층에 잔존하는 아름다운 토속어에 대한 세심한 주의, 탁월한 서정적 묘사력은 위태롭지 않게 적확하다. 한마디로 평가하자면, 그의 소설에는 아름다운 서정시와 같은 위대한 산문정신이 짙게 배어있고, 시적 취향과 그 유현함을 동시에 느끼게 하는 뛰어난 재능이 깔려져 있다.

> 제이 잔교 위 엿목판 옆이다. 어머니가 노마를 노마 아니로 보아준 약속함은, 노마도 어머니를 어머니 아니로 보아 주었으면 고만이다. 너무 잔잔해 유리 같은 바다다. 놀라움 밖에는 더 표현할 줄 모를 커다란 기선이 가로 떠 있다. 가난한 사람처럼 해변 쪽으로는 목선이 겹겹이 모여서 떠돈다.

아버지의 현실적인 부재는 진정한 아비찾기(Vatersuche)를 향한 정신적 시련의 표징이다. 현덕의 「남생이」는 상징적인 아버지를 잃어버린 시대에 한 소년에 의해 진정한 아비찾기의 몸짓을 보여줌으로써 참혹한 현실을 뛰어넘고자 했던 작품이다. 훼손된 시대에 진정한 가치를 발견하는 것이 소설이라면, 오늘날 새로운 가치 탐색의 길 떠나기를 시도하려는 우리에게도 이 소설은 여전히 문제적(problematic)이다. 그리고 그가 서정적 리얼리즘의 독창적인 경지를 보여준 점도 우리는 각별히 기억해야 하리라.

난쟁이와 거인의 마주서기, 자아와 세계의 구성적 대립

–「난쟁이가 쏘아올린 작은 공」론

소설가로 등단하고도 한동안 작품을 발표한 적이 없었던 조세희는 1970년대 중반에 혜성처럼 나타나 1975년에서부터 1978년에 이르기까지 4년간 연작소설을 내처 발표해 나갔다. 그의 연작소설집 『난쟁이가 쏘아올린 작은 공』은 1978년 문학과지성사에서 초판을 간행한 후 백 쇄를 훌쩍 넘김으로써 출판계의 새 역사를 쓴 것은 물론, 또 한편으로는 우리 소설사의 각별한 의미로도 선명하게 자리매김하고 있다. 이 작품집을 두고 사실주의적인 입장과 관점을 고수하는 쪽에서는 노동(자) 현실과 밑바닥까지 밀착되지 않아서 운명적인 일체감을 조성하지 못했다고 한다. 반면에 반(反)사실주의적인 태도 형성 및 사회관에 유연하게 대처하는 쪽에서는 환상적인 리얼리티의 현실 전복적인 기능에 착목하고 주목해 왔던 것 같다. (이 소설집의 해설을 쓴 김병익이 이 소설에서 사실주의 소재를 반사실주의적인 방식으로 형상화한 시적인 기미가 보인다고 말한 것은 매우 적절한 지적이다.) 만약 후자의 경우에 쏠리면서 이 작품을 바라보고자 한다면, 미셸 푸코의 말마따나, 작가 조세희는 허구가 제한 받지 않는 문화의 한 형태를 형상에 의해 상기해 보려는 자이다.

연작소설집『난쟁이가 쏘아올린 작은 공』에 실려 있는 낱낱의 작품은 모두 열두 편이 된다. 이 중에서 가장 중요한 핵을 구성하는 작품은 표제작인 중편「난쟁이가 쏘아올린 작은 공」이다. (멀티-포커스의 소설적인 형식 실험으로 유명한 소설이다.) 이 작품은 난쟁이 김불이 가족의 이야기이다. 이 가족은 현대 사회의 소외 계층인 업루츠(uproots), 즉 뿌리 뽑힌 사람들이다.

왜 하필이면 작중인물이 난쟁이인가. 이 물음에 대한 응답은 외길 수순이다. 조남현의『소설원론』(1982)에도 이런 유의 응답을 하고 있다. 이를테면, 소설을 한 시대나 사회상의 반영으로 소리 높여 주장하는 작가일수록, 작중 인물을 '시대적 부호(signatura temporis)'로 처리하려는 경향이 있다는 것. 난쟁이는 사회경제적으로 소외된 인물의 전형이다. 그는 새로운 시대의 낙오 계층을 대변한다. 난쟁이 캐릭터의 소설사적인 위상은 다음과 같으리라.

소설은 본디 근대 시민혁명의 부산물이었다. 소설의 주인공도 신흥하는 정치 세력이거나, 이에 연계된 인물이었다. 일제 강점기는 시민적인 자유를 실현할 수 있는 사회와 전혀 다른 사회였기 때문에 서구의 소설사에 대입되지 않는 측면이 더 강하다. 하지만 소설적인 인간형의 유사한 변화 과정은 어느 정도 읽을 수가 있다.「무정」의 이형식이 이타적(시혜적)인 계몽의 시민 계층을 대변한다면,「삼대」의 조덕기는 중도적인 리버럴리스트이다. 이에 반해「태평천하」의 윤직원은 이기적인 경영형 부농으로서 근대의 자본가급에 해당하는 속물의 전형이다. 사악하고도 타락한 스노비즘(snobbism)의 출현은 시민 사회의 말기적인 증세와 같은 것으로 진단된다. 일제가 강제한 시민 사회는 일종의 파시즘이었다. 1950년대 우리 사회의 인간상은 소시민적인 인물로 그려졌다. 박경리의「전장과 시장」에 등장하는 많은 인물은 소시민 근성에서부터 자유롭지 못한 인물들이었다. 소설의 주인공은 시민 계층에서 소시민 계층으로 한 등급 떨어지고, 나아가 또 한 등급 떨어져 낙오 계층에로 경도된다. 난쟁이는 신체적인 불구성의 상징 형상화라는 차원 너머에, 문학사회학적으로는 1970년대에 이르러 마침내 낙오 계층의 시대적인 표상으로 부각된 것이다.

> 아버지의 신장은 백십칠 센티미터, 체중은 삼십이 킬로그램이었다. 사람들은 이 신체적 결함이 주는 선입관에 사로잡혀 아버지가 늙는 것을 몰랐다. 아버지는 스스로 황혼기에 접어들었다는 체념과 우울에 빠졌다. 실제로 이가 망가져 잠을 못 이루는 밤이 많았다. 눈도 어두워지고 머리의 숱도 많이 빠졌다. 의욕은 물론 주의력과 판단력도 줄었다. 아버지가 평생을 통해 해온 일은 다섯 가지이다. 채권 매매, 칼 갈기, 고층 건물 유리 닦기, 펌프 설치하기, 수도 고치기이다.

난쟁이의 큰 아들 영수의 입을 통해 말해진 아버지의 사람됨이다. 이것은 극히 데데한 것으로 말해질 수밖에 없는 것. 이 간명한 진술 속에 아버지의 생의 축도가 묘사되어 있고 현존의 상황이 놓여 있다. 소설의 이야기는 난쟁이 가족이 사는 낙원구 행복동에 이십 일 안에 자진 철거하라는 철거 계고장이 날아들면서부터 비롯된다. 새로 만든 아파트에 들어갈 형편이 되지 않는 행복동 주민들은 신흥 투기업자들에게 입주권을 팔기 시작했다. 입주권 가격은 하루가 다르게 치솟아 갔다. 난쟁이 네도 입주권을 팔고 전셋돈을 빼 주어야 했지만 현실은 그렇지 못했다. 난쟁이 아버지는 재개발로 인해 철거해 이주해야 하는 현실 속에서 가족 부양의 무력함을 느끼면서 현실 초월의 꿈을 꾸고 있다. 아버지는 달에 가고 싶어 한다. 거기에서 천문대의 망원 렌즈를 지키겠다는 계획도 가지고 있다. 보통사람이 보기엔 허무맹랑하기 짝이 없다.

> 나는 방죽가로 나가 곧장 하늘을 쳐다보았다. 벽돌 공장의 높은 굴뚝이 눈 앞으로 다가왔다. 그 맨 꼭대기에 아버지가 서 있었다. 바로 한걸음 정도 앞에 달이 걸려 있었다. 아버지는 피뢰침을 잡고 발을 앞으로 내밀었다. 그 자세로 아버지는 종이비행기를 날렸다.

큰 아들 영수와 작은 아들 영호는 아버지가 더 이상 일을 할 수 없는 형편이 되자 인쇄 공장에 나가게 됐다. 인쇄 공장 사장은 노동자들의 노동 현실을 개선할 생각은 없고, 불황을 빌미로 삼아 노동자들을 사실상 착취했다. 형제는 사장에게 열악한 노동 환경에 대해 협상하려고 시도했지만 제대로 성사하지 못하고 끝내 공장에서 쫓겨나게 된다. 이 무렵에 입주권 가격이 자꾸 올라가자 난쟁이 가족은 이십오만 원을 받고 검정 승용차를 타고 온 남자에게 입주권을 팔았다. 작은 아들 영호의 눈에 의해 보이는 철거 과정이다. 시점은 영수에서 영호로 이동되었다.

> 내가 먼저 내려가 잠갔던 대문을 열었다. 어머니는 밥상을 들고 밖으로 나갔다. 형이 이불과 옷가지를 싼 보자기를 메고 뒤따라나갔다. 쇠망치를 든 사람들은 무너진 담 저쪽에서 말없이 지켜보고 있었다. 우리는 어머니가 싸 놓은 짐을 하나하나 밖으로 끌어냈다. 어머니가 부엌으로 들어가 조리 · 식칼 · 도마 등을 들고 나왔다. 마지막으로 아버지가 나왔다. 아버지는 아버지의 공구들이 들어 있는 부대를 메고 나왔다. 쇠망치를 든 사람들 앞에 쇠망치 대신 종이와 볼펜을 든 사나이가 서 있었다. 그가 아버지를 보았다. 아버지가 바른손을 들어 집을 가리키고 돌아섰다. 쇠망치를 든 사람들이 집을 쳐부수기 시작했다. 한꺼번에 달라붙어 집을 쳐부수었다. 어머니는 돌아앉아 무너지는 소리만 들었다. 북쪽 벽을 치자 지붕이 내려앉았다. 지붕이 내려앉을 때 먼지가 올랐다. 뒤로 물러섰던 사람들이 나머지 벽에 달라붙었다. 아주 쉽게 끝났다. 그들은 쇠망치를 놓고 땀을 씻었다.

집은 헐렸다. 가족들은 참담했다. 난쟁이 아버지와 막내딸 영희가 사라졌다. 영희는 입주권을 사간 검정 승용차의 남자를 따라갔다. 영희는 예쁘게 생겼다. 이웃 사람들은 그녀를 가리켜 난쟁이의 딸이라고 믿으려고 하지 않았다. 잃어버린 권리를 되찾기 위해 그녀는 호랑이 소굴에 들어갔던 셈이 된다. 화자는 영희로 바꾸어졌다.

> 하늘까지 회색이다. 나는 나 자신의 독립을 꿈꾸고 집을 뛰쳐나온 것이 아니다. 집을 나온다고 내가 자유로워질 수는 없었다. 밖에서 나는 우리집을 들여다볼 수 있었다. 끔찍했다. 두 오빠와 마찬가지로 나도 학교를 그만 두었다. 그 직전에 읽은 부독본에 다음과 같은 것이 있었다. '물, 물, 어디를 보나 물뿐, 그러나 한 방울도 마실 수 없다.' 배를 잃은 늙은 수부가 바다에 떠 있었다. 물 가운데서 그는 목말라했다. 밖에서 회색에 싸인 축소된 집과 축소된 식구들을 들여다보고 늙은 수부를 생각했다. 그와 똑같았다.

영희는 투기업자인 남자에 의해 마취를 당한 채 처녀를 잃는다. 순결을 빼앗긴 그녀는 자신이 당했던 것처럼 그의 얼굴을 몰래 마취하게 하고 사실상 강탈된 입주권을 되찾아서 그로부터 벗어난다. 말하자면, 절도죄와 강간죄를 서로 맞바꾼 것이다. 그녀는 구청에 가서 입주 신청을 하고, 주택 공사에서 아파트 임대 신청서를 작성함으로써 가족의 권리를 본래대로 온전히 회복한다.

일의 형편은 작은 오빠 영호가 미리 말한 것처럼 되었다. 일종의 복선과 같은 것. "나는 햇살 속에서 꿈을 꾸었다. 영희가 팬지꽃 두 송이를 공장 폐수 속에 던져 넣고 있었다." 그러나 그녀는 이웃 아주머니로부터 난쟁이 아버지가 굴뚝 속에서 죽은 채로 발견됐다는 비보를 전해 듣는다. "아버지는 돌아가셨어. 벽돌 공장 굴뚝을 허는 날 알았단다. 굴뚝 속으로 떨어져 돌아가신 아버지를 철거반 사람들이 발견했어." 아버지는 현실의 절망감 속에서 자살을 선택했던 것이다. 입주권 회복으로 인해 이제 살 만하니까, 결국 죽음에 이른 것이다.

영희가 팬지꽃 두 송이를 공장 폐수 속에 던져 넣는 영호의 백일몽은 낭만적인 동화적인 관습에 젖어 있다. 또 난쟁이의 죽음은 난쟁이가 거인에게 패배함으로써 역설적으로 절망을 통한 승화의 효과를 얻는다. 그의 몸은 죽었지만 그가 꾸었던 꿈은 독자들로 하여금 고통스럽게 공감하게 한다.

소설의 정의는 무엇인가.

하나의 정의는 이렇다. 소설은 타락한 사회에서 다른 양태의 타락한 방식을 통해 진정한 가치를 추구하는 이야기다. 뤼시앙 골드만의 『소설사회학을 위하여(Pour une sociologie du roman)』에 나오는 유명한 명제다. 이 대목에서 또 하나의 '개념틀'이 제시된다. 즉, 구성적 대립의 이론이다. 소설에 있어서의 구성적 대립의 세계관은 루카치에 의해 제기되고 골드만이 동의한 그 개념틀이다.

「난쟁이가 쏘아올린 작은 공」은 못 가진 자와 가진 자, 난쟁이와 거인이라는 대립축의 패러다임을 지향한다. 이때 거인의 정체는? 정치권력, 재벌, 개발독재, 산업화 등의 개념이 1970년대의 산물임을 상기한다면 그것이 무엇을 의미하는지 넉넉히 짐작되고도 남음이 있다. 또 「난쟁이가 쏘아올린 작은 공」에서는 자아와 세계 사이에 단절로 특징화된 하나의 서사적 형식이 엄존한다. 우리 자신의 타락을 환기함으로써 타락한 세계 속에서 타락한 방식으로 진정한 가치를 추구하는 것. 이를 통해 문제작 「난쟁이가 쏘아올린 작은 공」은 우리에게 진정한 가치가 무엇인지를 성찰하게 한다. 이 점에서 난쟁이는 1970년대 소설의 대표적인 '문제적 개인'이다. 끝으로, 『뤼시앙 골드만 입문』을 기술한 메리 에반스 말을 남긴다. 난쟁이가 왜 문제적인 인간상인지를, 잘 음미해볼 수 있는 대목이다.

문제제기적인 인물은 골드만이 이른바 '타락한 사회'라고 한 그런 사회의 맥락에서 진정한 가치를 갈구하는 자다. 여기에서 말하는 '타락한 사회'란 자본주의 사회를 가리키는 거다. 이것은 교환가치가 지배하고, 인간과 상품 사이는 자연스럽고, 건전한 관계가 상실된 사회일 뿐 아니라, 생산이 사용가치, 미래의 소비, 구체적 대상의 질 등에 따라 지배되는 사회이다.

탯줄 끊기의 탄생제의와, 핏줄 잇기의 희생제의

– 오태석의 「태(胎)」론

1. 연극 보기의 의미와 의의

내가 오태석의 「태(胎)」를 연극으로 본 것도 14년이 지났다. 희곡을 미리 보지 않고 이것을 보았기 때문에, 나의 관심은 사실상 소통이 잘 되지 않았다. 내용의 줄거리나 극작가가 추구하는 의미 요체보다는 연극으로서의 시청각적인 요인과 연출가의 연출 의도를 감상하는 쪽으로 쏠려 있었다. 지금으로서 남아 있는 이미지는 상식을 넘어선 미장센, 음울하고도 기괴한 느낌, 근거 없는 막연한 인상에 지나지 않을지도 모를 일본적인 분위기 등이라고 할 수 있다.

오태석의 「태」가 1974년 드라마센터에서 초연될 때 우리 연극계의 지각이 변동되었다고 할 만큼 큰 반향을 불러일으켰다고 한다. 이때 연출한 이는 서양의 잔혹연극에 영향을 받은 안민수. 그 당시의 연극 전문가와 관객은 더 이상의 새로운 연출이 필요하지 않을 것 같은 경이의 무대로 인식되었었다.

> 안민수 연출의 무대는 이 작품의 다른 연출이 있을 수 있으리라는 가능성을 완전히 차단했을 만큼 강렬하고도 충격적인 무대였다. 사육신 처형 장면의 기괴하고도 잔혹한 조명이나 피가 흩뿌려지고 엉겨 붙는 듯한 농도 짙은

> 색조, 음침한 주문(呪文)이나 필사적인 기원(祈願)의 몸짓에서 나옴직한 소리와 움직임 등으로 충격과 거부를 함께 느낄 수 있는 무대였다.[1)]

이 증언만으로 초연된 「태」의 당시 상황을 우리는 충분히 짐작할 수 있을 것이다. 이 연극은 1970년대의 억압된 정치 상황에 대한 하나의 알레고리로 이해하려 든 사람들이 많았다. 이런 점에서 볼 때 그것은 정치극의 성격을 지닌다고도 할 수 있었다. 시대의 민주화를 갈구하던 관객들은 이것을 통해 일종의 카타르시스를 느꼈을 법하다.

오태석의 「태」는 작가 자신의 연출에 따라 그 이후에 지속적으로 무대 위에 올려졌다. 물론 그때마다 연출의 방향이 달랐을 터. 희곡을 개작하고 수정하는 과정도 있었을 것이고, 무대 위에서 극화하는 데 새로움을 더했을 것이다. 오태석의 연극을 감상하는 즐거움은 변화 과정을 지켜보는 일이라고 말한 연극평론가 김미도는 이렇게 지적한 바 있었다. 이 경우는 희곡에서 무대 연출로의 변화 과정을 말하고 있다.

> 오태석의 작품은 텍스트와 무대 형상화 사이에 상당한 간극이 존재하곤 한다. 텍스트 상으로 별 의미를 느끼지 못하던 기호들이 무대상에서는 매우 중요하고 분명하게 작용할 때가 많다. 모호하기 짝이 없던 행간의 문맥들은 그가 꾸미는 무대 위에서 생생하고 활기 있게, 풍성하고 탐스럽게 되살아나곤 한다.[2)]

오태석의 희곡과 연극은 별도의 관점에서 논의되어야 한다. 그의

---

1) 구회서, 「생명의 끈… 태의 뜻을 선명히 부각」, 오태석 희곡집 1, 『백마강 달밤에』, 평민사, 1994, 266면.
2) 김미도, 「한국적 연극의 '태'를 찾아서」, 오태석, 『태』, 범우사, 2000, 293면.

희곡 「태」 역시 연극 요소의 하나에 지나지 않는다는 사실을 알아둘 필요가 있다. 종합예술인 연극을 위해 만든 것이 희곡 작품 「태」라는 점에서 이 희곡은 우선 부수적이고 종속적인 성격에 지나지 않는다. 희곡이 무대 성과를 거두기 위해 수정과 개작의 과정을 거치는 것도 다 이 같은 이유 때문이기도 하다.

2. 희곡 읽기의 의미와 의의

희곡이 연극을 위한 종속물이라고 해도 작품의 원천적인 조건은 아무래도 희곡 작품이 아닌가. 주지하듯이, 희곡으로서의 「태」는 연극으로서의 「태」보다 선행한다. 희곡으로서의 「태」를 무시할 수 없는 이유다. 그럼에도 불구하고 「태」의 희곡적인 텍스트성에 관한 관심은 그다지 높지 않다. 이에 관한 한 논문이 나와 있어서 살펴보니 그 성격은 이렇게 요약된다고 할 수 있다.

> 「태」는 왕위 찬탈이라는 공적, 국가적 변란을 혈통 계승이라는 사적, 가족적 사건과 비교시켜 그 심리적, 윤리적 의의를 추적하고 역사적 사실과 가공적 허구를 대비시켜 보편적인 개연성을 얻고자 구조화한 독특한 희곡이다. 언뜻 보기에는 인과성이 없는 것으로 보이는 여러 사건들이 작가의 상상력 속에서 재구성되어 사실과 허구가 혼재되어 표출되고 있다. 때문에 일견 사건과 사건이 긴밀하게 연결되어 있지 못하고 논리를 뛰어넘는 비약과 생략으로 가득 차 있는 것으로 보이기도 하는 작품이다.[3)]

여기에서 보듯이, 「태」는 일종의 사극이지만 허구적인 요인이 뚜

3) 박정권, 「오태석의 희곡 '태'의 연구」, 전남대 대학원, 2003, 8, 7면.

렷하고, 또 비논리적인 성격과 구성으로 인해 관습에 익숙하지 않은 희곡으로 이해될 수 있다. 1974년에 초연될 때의 대본은 화보를 포함해 모두 28면에 지나지 않은 짧은 희곡이었다고 한다. 반면에 공연은 2시간에 걸쳐 이루어졌다. 초연은 안민수가 연출했으며, 그 이후는 작가 오태석이 연출했다. 초연 대본과 개작 대본의 차이는 대체로 이렇다.

> 박팽년의 대를 잇도록 종의 아이를 내놓겠다는 것이 초연 대본에서는 종과 여종의 합의에 의해 이루어진 것으로 형상화된 반면, 이번 공연에서는 종 혼자의 의지로 표현된다. 여종은 그에 저항하고 아이를 보호하려 한다. (……) 무기력하게만 보일 수 있는 여종에게 좀 더 강한 의지를 부각시킴으로써 작가의 담론이 선명해지는 효과를 가져온다.[4)]

그런데 종과 여종이 무대 위에서 중요한 역할을 하는 것은 아니다. 여종이 권력에 대한 생명의 표상으로 주제 형성에 개입하고 있는 것은 사실이지만, 변변한 대사 한 마디 없다. 오히려 할 말을 하는 캐릭터는 '손부(孫婦)'라는 여인이다. 손부는 박팽년의 아버지인 박중림의 손부이다. 또 그녀는 박팽년의 며느리이고, 박순의 아내이기도 하다. 세조와 박중림이 언쟁(갈등)을 벌이는 과정에서 손부는 시할아버지의 등에 칼을 꽂는다. 세조는 이 현장을 지켜본다.

> 세조 그대 존속을 살해한 죄 면치 못하여 죽음이 마땅하거늘 어찌 살아서 배안의 자식까지 낳기를 바라느냐.
>
> 손부 역적의 머릿수를 하나 보태 주려고 그러오.

---

4) 이상란, 「담론 통제와 오태석의 '태'」, 『한국연극학』, 제9호, 1997, 260면.

(……)

세조　　면전에서 시할아버님을 살해하고 또 제 자식을 죽이겠다고 이처럼 앙탈이니 연이나 그대 운명이 하마 그토록 기구하단 말이냐.

손부　　기구하기는 마찬가지요. 위로는 상왕의 위를 찬탈하고 밑으로는 충신의 삼족을 멸하니 나으리의 기구한 처지를 뉘라 동정하지 않겠소.

세조　　아녀자가 아니었다면 같이 국사를 논하자겠다.[5]

권력과 생명의 표상 관계로 설정된 세조와 손부의 갈등은 팽팽한 줄처럼 당겨져 있다. 여기에서 의문이 하나 생긴다. 손부는 어째서 시할아버지 박중림을, 그것도 세조가 보는 앞에서 살해했을까? 이에 관한 대답으로는 그를 새로 낳을 생명에 대한 희생양으로 삼기 위한 제의적인 행위일 터이다. 이 이후의 과정은 이렇게 전재된다. 임신한 손부가 아들을 낳으면 죽이겠다고 맹세하자 세조는 아이를 낳도록 허한다. 손부가 아이를 낳아 종의 아들과 바꿔치기를 하고는 바꾼 종의 아들을 죽인 뒤 자진한다. 이로써 박팽년가의 핏줄은 가까스로 이어지고, 그럼으로써 온전한 멸문의 화는 면해진다.

역사적으로 볼 때 어이없는 일들이 무대 위에서 벌어진다. 신숙주는 세조에게 상왕 단종 즉 노산군[6]의 제거를 요구하지만 사육신의 혼령에 시달리는 세조는 반대한다. 왕방연이 어명을 사칭하면서 노산군을 살해한다. 신숙주의 요구에 따라 자신의 어명으로 노산군

5) 오태석, 앞의 책, 16면.

6) 양위한 때는 상왕이요, 영월로 유배되었을 때는 노산군이며, 죽어서는 단종이었다. 희곡과 연극 무대에서는 상왕과 단종에 대한 지칭이 제 마음대로다. 역사에 대한 고증이 부족한 소치이다.

을 죽였음을 공포하게 한다.

신죽주　금부도사! 어찌되었나? 어서 말하라!
왕방연　어명을 칭하여 사약으로…….
신죽주　(놀라 뒤로 돌아 팔을 벌리고) 천만 가지 옳다한들 어명이 없이 상왕을 시해하고 어찌 하늘을 보겠느냐.
(칼을 뽑아 내리치니 왕방연이 쓰러진다)
전하!
(엎디어 운다)
전하, 상왕은 멸하였소. 어서 어명을 내리시오.
전하께서 상왕을 멸하였노라 명하시오![7]

극적인 장면의 행위와 대사인 동시에 역사의 진실에 어긋난 탈(脫)역사적인 장면이다. 왕방연은 단종과 세조의 중립적인 인물이다. 세조의 명을 받는 관료이지만 심정적으로는 단종(노산군)의 편에 서 있다. 그가 남긴 시조 한 편이 이 사실을 잘 대변한다. 그런데 그가 왜 단종을 시해하지 않으면 안 되었나? 작자-연출가의 의도는 국가적인 층위의 희생제의를 삼기 위한 연극 장치, 혹은 역사위반이 아닐까? 세조의 새로운 정권이 탄생되기 위해서는 단종과의 탯줄을 끊는 작업이 필연적이었는지 모른다.[8] 이 작업을 대신한 정치적인 희생양이 바로 왕방연이란 거다. 조선 왕조가 성립된 초기의 양상에 있어서 태조・태종・세종으로부터 계승된 왕권의 정통성을 확보하기 위해선 누군가가 희생되어야 한다는 제의적인 성격을 이 희곡(연극)은 수용하게 되었던 것. 연극은 동서양 할 것 없이 제의적인 속성으로부터 시작되었고 또 발전을 거듭해 왔다. 그리스 연극

7) 오태석, 앞의 책, 27면.
8) 김미도, 「한국적 연극의 '태'를 찾아서」, 오태석, 앞의 책, 198면.

은 디오니소스 제전의 희생제의에서 비롯했고, 중국의 고대 연극은 제정일치 사회의 토착신과 하나가 되는 신사(神似) 체험을 공유, 공감하기 위한 제식에서 시작했다.

3. 신명풀이와 한국적인 것

오태석의 희곡인 「태」의 내용에 국가적 차원의 희생제의는 끊임이 없다. 사육신과 그 족인들이 멸한 다음에는 단종(노산군)과 왕방연이 남아 있었을 뿐이다. 그런데 더 이상의 살육의 논리는 설 자리를 상실한다. 막바지에 이르러 세조는 박팽년가의 작은 생명이 잔존하고 있음을 확인한다. 세조는 박순의 처(손부)에 의한 탯줄 끊기의 탄생제의와, 아이 바꿔치기로 피해자가 된 여종과 그 아이(창지)에 의한 핏줄 잇기의 희생제의를 인정해 줌으로써 자신의 죄과를 마지막에 이르러 씻으려고 시도한다. 이 씻김의 원리야말로 한국적인 연희 정신의 핵심이다.

신죽주　그것이 뉘댁 자손인데 니게 맡기었더냐?
종　취금헌 박팽년의 손이옵니다.
신죽주　어전이시다. 바로 아뢰어라.
종　어명이 무서운 줄 모르옵고.
신숙주　사실이 그러하다면 너희 둘 다 참하리라.
종　사실이오.
　(잠시)
세조　어디 보자, 죽지는 않겠다.
　뭐라 불렀느냐?
종　없사옵니다.

세조 어명을 어기어 이것이 태어났네. 과인의 손이 미치지 못하니 어찌겠나. (안고서) 이것의 손이 산호가지와 같으니 일산이라 부르도록 하고 취금헌 박팽년의 후손으로 대를 잇도록 하여라. 어명이다.

신숙주 전하…….

(읍한다)[9]

희곡의 내용이 이와 같이 극적인 반전으로 반전된다. 족멸 과정에서 살아남은 어린것을 살려두는 것은 서양 연극에서 볼 수 없는 여백의 미학이다. 한을 삭혔음을 뜻하는 '시김'이기도 하다. 서양 연극은 관계맺음(relating)의 결여 현상을 스스로의 특징으로 삼는다. 반면에, 시김(새), 씻김, 해원상생, 대동세상(大同世相)에의 염원 등이 우리 문화의 제의적인 성격을 구성하고 있다. 한국인의 연희 정신에는 신인(神人)이 단절되지 않고 천인(天人)이 합일된, 우주 생명의 약동의 흐름과 하나가 되는 이른바 신명풀이라는 게 있다. 우주론적인 동화의 몰입을 추구하는 원리이다. 오태석의 「태」는 이 원리를 보여줌으로써 반(反)사실주의적인 표현주의 극에 근거하고 있다고 해도 결국에는 한국적이라는 평판을 듣게 되는 것이다.

끝으로, 내가 제언할 부분이 있다.

오태석의 「태」는 앞으로도 언제든지 무대 위에 올릴 수 있다. 연출은 작가가 생존할 때 자신이 담당하겠지만, 사후에는 다른 사람의 손에 의해 수행될 터이다. 그래서 희곡은 작가가 생존할 때 올바르게 수정되어야 한다. 예컨대 임금이 사용하는 말인 경(卿)이 2인칭 대명사인데, 3인칭 대명사로도 사용하고 있다는 점, 또 이 말이 신하들끼리 호칭으로 사용하고 있다는 점……. 아직 죽지 않은 노산군

9) 같은 책, 32면.

을 두고 단종이라고 대사에서 지칭하는 오류는 결정적이다. 아쉽게도, 역사의 고증에 관한 부분이 잘못된 것은 하나 둘이 아니다. 역사에 관해 잘 아는 사람들의 헛웃음이 나오지 않게 해야 한다.

4. 시인의 서술적 연보

김안서의 서술적 연보

김억은 1896년 10월 30일(음력)에 태어났다. 그가 태어난 곳은 경주 김씨로 18대째 살아온 평안북도 정주군이다. 아버지 김기범과 어머니 김준 사이에 장남으로 태어난 그는 종갓집 장손이기도 했다. 그렇기 때문에 주변의 극진한 보살핌 속에서 자란다. 그의 초명은 희권(熙權)이었는데 뒤에 억(億)으로 바꾸어졌다. 김억은 호적상의 이름이다. 그의 아호는 안서(岸曙)이며 가끔 필명으로 'AS'로 쓰이기도 했다.

김억이 태어날 무렵 정치외교적으로 매우 어수선했다. 동학혁명, 청일전쟁, 을미사변, 단발령 등이 연이어 일어났다. 그는 국가적으로 어려운 시기에 태어났어도 가정적으로는 지주의 종가로서 생계가 풍족했다. 어릴 때 종가의 예법대로 서당에서 한문을 배웠다.

1904년, 김억은 당시의 조혼 풍습에 따라 여덟 살의 나이에 열다섯 살이 된 규수를 아내로 맞이한다. 규수는 동향의 박진사댁 딸이었다. 아내는 1936년에 사망한다. 초혼 아내와의 사이에 형제를 두었다.

서당식 한학을 배우다가 가문의 강력한 반대를 무릅쓰고 상투를 자르고 오산학교에 입학한다. 오산학교에서 남강 이승훈과 춘원 이광수로부터 가르침을 받는다.

1913년, 그는 몇 번의 월반을 거쳐 오산학교를 졸업한다. 이듬해 일본 동경에 유학을 한다. 그가 다녔던 학교는 경응의숙(慶應義塾)

문과였다. 그의 언어 능력은 교우였던 유광렬 씨의 증언에서도 잘 드러난다. 영어·일어·한문에 능숙했고, 특히 인공어인 에스페란토어를 잘 했다. 그가 번역시에 정통한 것도 이러한 까닭이라고 할 수 있다. 그런데 아버지가 갑자기 별세하자 학업을 중도에 그만두고 귀향한다. 그리고 오산학교의 교사로 임용된다. 오산학교를 졸업한 지 3년 만에 교사가 되었던 것이다. 오산학교 교사로 재직하고 있을 때 김소월과 사제의 인연을 맺는다. 김소월은 김억의 6세 연하인데도 사제지간의 도리를 다했다. 김소월이 요절할 때까지 두 사람의 관계는 긴밀하게 유지되었다.

아우 김홍권의 증언에 의하면, 김억이 『개벽』 발행인 이두성의 집에서 하숙을 하면서 잡지 간행에 관계하고 있을 때 한 청년이 거의 매일같이 시 원고를 들고 찾아와 김억 앞에 단정히 무릎을 꿇고 앉아서 몇 시간이고 자세를 흩뜨리지 않고 평을 듣고는 작품을 수정했다고 한다. 그 청년이 나중에 알고 보니 김소월이었다고 한다.

그의 문단활동은 일본 유학시절인 1914년에까지 거슬러 오른다. 일본 동경유학생 학우회 기관지인 『학지광』 창간호에 「이별」과 「미련」을 발표한다. 우리 근대시사 형성기에 선도적인 역할을 했던 그가 문학사에 공인되는 최초의 계기가 된다. 1918년 『태서문예신보』가 창간되었다. 태서문예신보는 1918년 9월 창간되어 1919년 2월 통권 16호로 종간되었다. 타블로이드판, 8면이다. 초기에는 종합지의 성격을 띠고 문예작품 외에도 취미 기사를 실었으나 곧 문예지로 전환하였다. 주로 시·소설·수필·시론·번역 작품이 수록되었으며, 김억·이일·장두철 등이 중심이 되어 서구 문예의 도입과 소개에 주력하였다. 창간호에서 '본보는 태서(서양)의 유명한 소설·시·산문·가곡·음악·미술·각본 등 일반 문예에 관한 기사를 문학대가의 붓으로 직접 본문으로부터 충실하게 번역하여 발행할 것'이라고 밝혔듯이 대부분 서구문학 작품과 사조에 관한 글을 실었다. 코넌 도일의 「충복」, 투르게네프의 「밀회」 등의 번역소설을 비롯하여 베를렌이나 구르몽 등의 프랑스 상징파 시에 이르기까지 광범위하게 소개하였다. 이외에도 백대진의 「뉘우침」, 김억의 「봄은 간다」 등의 창작시와 「최근 태서문단」, 「시형의 음률과 호흡」 등의 평론을 실었다. 『태서문예신보』 1918년 1월 30일자에 발표된 「봄은 간다」는 그의 대표작으로 보아도 될 정도이다.

밤이도다
봄이다.

밤만도 애닮은데
봄만도 생각인데.
날은 빠르다
봄은 간다

깊은 생각은 아득이는데
저 바람에 새가 슬피 운다.

검은 내 떠돈다.
종소리 빗긴다.

말도 없는 밤의 설움
소리 없는 봄의 가슴.

꽃은 떨어진다
님은 탄식한다.

－「봄은 간다」(전문)

형식면에서 살펴볼 때 대체로 운율적 질서가 잡혀 있는 자유시이다. 기본 율격은 전통 시가에서 가장 친숙한 4음보로 이루어져 있다. 그런데 제4연은 변형과 파격으로 자유로움을 추구한다. 이것은 이 시의 인상을 고조시키는 데 결정적으로 기여한다.

김억의 습작시와 『태서문예신보』의 시를 보면 주로 상실 이미지를 표출하고 있다. 그는 상실감을 부각하기 위해 가을이 환기하는 감상성을 고조시키곤 했다. 그의 시의 주조인 상실감은 님상실과 고향상실로 크게 나누어진다.

1921년, 김억은 최초의 근대 번역시집 『오뇌의 무도』를 역간(譯刊)한다. 85편의 외국시를 번역한 시집이다. 이 시집에 머리말을 붙여준 이는 김유방・장도빈・염상섭・변영로이다. 변영로는 "군의 이 시집이야말로 우리 문단이 부르짖는 처음 소리요, 우리 문단이 걷는 처음 발자욱이며, 장래 시단의 대(大) 심포니를 이룬 프렐류드이다."라고 축하의 말을 건네주었다. 이것은 최남선으로부터 끊임없이 모색되어 온 한국 자유시가 그 형태를 갖추는 데 결정적인 역할을 했다는 점에서 문학사적 의의가 인정된다. 재판본에서는 9편이 많은 94편이 수록된다.

1923년, 그는 우리나라 최초의 근대시집 『해파리의 노래』를 발간했다. 1923년 조선도서주식회사에서 간행된 이 시집의 첫머리에 이광수와 김억 자신의 서문이 있고 모두 83편의 시가 9장으로 나누어져 있다. 각장마다 소제목과 헌사가 있는데 '황혼의 장미' 장은 '동경의 김정식(김소월)에게 이 시를 보내노라'라는 헌사가 있다. 이광수가 해파리를 우리 민족으로 비유하고 있음이 주목된다.

> 우리 해파리는 이 이천만 흰옷 입은 나라에 둥둥 떠돌며 그의 몸에 와 닿는 것을 읊었다. 그 읊은 것을 모은 것이 「해파리의 노래」다. 해파리는 지금도 이후에도 삼천리 어둠침침한 바다 위로 떠돌아다닐 것이다. 그리고는 그

> 의 부드러운 몸이 견딜 수 없는 아픔과 설움을 한없이 읊을 것이다.
>
> – 이광수의 「서문」 중에서

김억의 초기 시에 나타나는 상실감이 이 시집에 고스란히 반영돼 있다. 그의 시 세계를 이루는 허무적인 색채나 서러움의 토로는 일제 강점기의 공포적 상황에서 비롯된 불안감을 적지 않게 반영하고 있다. 말세적인 염생(厭生)의 비조(悲調)가 감돌고 그의 시 세계는 스스로에 의해 수정된다.

1925년에 간행된 창작 시집 『봄의 노래』는 밝은 색조의 시풍을 지향하고 있다. 이 시집부터 김억은 한시역(漢詩譯)과 번역시를 자신의 창작시와 나란히 수록하거나, 동요 형식의 시를 시도한다. 그는 『봄의 노래』에서 동요풍을 바탕으로 하는 시적 양식 실험을 통해서 시의 대중화를 모색하고 있었을 뿐만 아니라 조선인의 공동체적 정서를 추구하려고 노력했다. 훼손된 민족적 정서를 회복하려고 노력했다.

1929년 『안서시집』을 한성도서에서 발간한다. 『해파리의 노래』가 자유로운 리듬을 추구하면서 서구주의적인 시 경향을 드러내는 것이라면, 『안서시집』은 서구적인 퇴폐성과 상징성을 벗어나 동양적인 경향으로 눈을 돌린 것이다. 형식의 자유로움도 제한되고 7.5조나 5.7조 리듬을 선호한다.

김억은 시집 『안서시집』(1929)과 시론 「격조시형론소고」(동아일보, 1930, 1. 16~30)를 계기로, 서구시풍에서 한시풍으로, 자유시형에서 정형시형으로, 번안에서 창안으로 전환한다. 이른바 '격조시'라는 새로운 구상이다. 『안서시집』의 서문을 통해 김억은 자신의 격조시를 다음과 같이 밝혔다.

> 산문과 혼동되기 쉬운 자유시보다는 제한 있는 격조시가 읊기에 훨씬 좋

> 다는 이유로 이 시집에는 전부 음절을 맞추어 놓았습니다. (……) 역시(譯詩)에 대한 나의 태도는 시의(詩意)를 허물어내지 아니하는 한에서는 거의 대담하다 할 만큼 자유로운 붓을 잡았습니다. 역시는 결국 역자의 도가니에서 된 물건에 지나지 아니하는 까닭이외다.

1930년 12월, 김억은 서사시 「지새는 밤」을 동아일보를 통해 발표했다. 이 서사시는 일제의 검열을 통과하지 못하고 해방된 이후 1947년에 책으로 간행된다. 개작된 「지새는 밤」은 제목도 '먼동 틀 제'로 고쳐진다. 이것은 어둠으로 상징되는 일제의 수탈과 탄압을 빛의 이미지로 극복하려는 내용을 담고 있다. 일제 강점기의 수탈로 인해 만주·북간도·시베리아 등지로 유랑할 수밖에 없었던 당대의 민족적 삶의 처참함을 서사화한 것이다.

반면에 한편으로는 김억은 친일적인 성향을 보이기도 했다. 자발적이든 강요에 의한 것이든 간에 그의 생애에 있어서 큰 오점을 남겼다. 1937년 「종군간호부의 노래」 등 친일부역곡을 작사하였고, 1939년 친일 단체인 「조선문인협회」에 발기인으로 참여하고 「국민총력조선연맹」의 문화부원으로 활동하면서 국민가곡을 심사하는 등의 적극적인 친일 활동을 했다. 일제 말기에 '가미가제(神風)' 특공대를 찬양하는 시 「님 따라 나서자」를 발표하기도 했다. 이 무렵에 그는 일본 고가(古歌)를 번역하기도 했는데 그의 친일 행각과 무관하지 않으리라고 생각된다. 그의 일본시 번역은 「만엽집초역(萬葉集抄譯)」(매일신보, 1943, 7. 28~8. 31)과 와카 선집 『애국백인일수(愛國百人一首)』(한성도서)로 발표된다.

오세영은 그의 저서 『한국낭만주의시연구』에서 김억의 시를 민요시와 격조시의 유형으로 나누어서 본 바 있다. 오세영에 의한 김억의 민요시 성격을 열거하자면 (1) 잃어버린 사랑과 연인과의 이별에서 오는 슬픔, (2) 음송(吟誦)에 적합한 운율의 차용, (3) 습관적 수사

(stock figure)의 원용, (4) 직접적이고 솔직한 정서 표현, (5) 민담적 배경과 향토적 세계로 요약된다. 격조시는 행과 연에 규칙적인 외재율을 적용하여 쓴 시다. 자유율을 통한 음악성의 표현이 실패를 거두는 데서부터 의도적인 왜곡으로 상징주의 시를 받아들이고 다시 한시의 영향을 입어 격조시라는 시형을 창조하게 된 것이다.

해방 후의 김억은 근무하던 중앙방송국에서 퇴임한 후 강사로서 교육계에 투신한다. 그가 해방 후 출강한 학교는 육군사관학교, 공군사관학교, 서울여상고였다. 그가 1950년에 인민군에 의해 납북되지 않았더라면 국문학계의 교수로서 학문적으로도 기여했으리라고 여겨진다. 홀로 남은 그의 아내 신인순은 산파업을 하면서 남은 가족의 생계를 꾸려나갔다.

천상병의 서술적 연보

시인 천상병은 1930년 1월 19일에 일본 효고현 히메지시에서 태어났다. 히메지시는 일본의 전통적인 성곽 중에서 태평양 전쟁 때 폭격을 당하지 않은 채 거의 완벽하게 보존되어 있는 히메지성(姬路城)이 있는 곳이다. 그는 여기에서 아버지 천두용과 어머니 김일선 사이에 2남 2녀 중 차남으로 출생했다.

일본에서 중학교 2학년에 재학하고 있을 때 해방을 맞이한다. 1945년에 가족과 함께 귀국한 후 마산에 정착한다. 이듬해 그는 마산중학교 3학년에 편입하게 된다.

1949년 당시 마산중학교 담임이자 국어교사였던 김춘수는 천상병의 문학적 재능을 유심히 지켜보았다. 김춘수의 주선으로 그는 『문예』지(誌)에 시 「강물」 등의 작품이 추천된다. 이때의 추천 시인은 유치환이었다.

1950년 6·25 동란이 일어났다. 전란 초기 6개월에 걸쳐 그는 미군 통역관으로 근무한다.

1951년 봄에 그는 부산에 전지 캠퍼스가 있던 서울대학교 상과대학에 입학한다. 이 무렵에 그는 송영택과 김재섭 등의 벗들과 함께 동인지 『처녀지』를 발간함으로써 전시중임에도 불구하고 문단 활동을 한다. 『문예』지에 문학비평문 「나는 거부하고 저항할 것이다」를 발표한 것이 이 무렵의 일이었다. 1952년에 『문예』지를 통해 시 「갈매기」가 추천 완료된다. 이때의 추천 시인은 모윤숙. 그는 비로소 시인으로 등단하게 된 것이다. 서울대학교 상과대학에 재학 중이던 그는 1954년에 돌연 학업을 포기한다. 10년 후 김현옥 부산 시장의 공보 비서관으로 2년간 재직하기까지 10년 동안 그는 동가식서가숙하는 등 마치 낭인처럼 생활을 했다. 생활을 위해 외국 서적을 번역하기도 하고 월평을 쓰기도 했다. 그는 현대 사회에서 전형적으로 방외인(方外人)의 삶의식을 추구했던 시인이었다. 그의 대표적인 작품으로 손꼽히는 「주막(酒幕)에서」는 이러한 면모를 잘 보여주는 시이다. 이 시는 1966년에 발표되었다.

골목에서 골목으로
저기 조그만 주막집
할머니 한잔 더 주세요.
저녁 어스름은 가난한 시인의 보람인 것을……
흐리멍텅한 눈에 이 세상은 다만
순하디 순하기 마련인가
할머니 한잔 더 주세요.
골목 어귀에서 서툰 걸음인양
밤은 깊어 가는데
할머니 등 뒤에
고향의 뒷산이 솟고
그 산에는
철도 아닌 한겨울의 눈이 펑펑 쏟아지고 있는 것이다.
그 산 너머
쓸쓸한 성황당 꼭대기,
그 꼭대기 위에서
함박눈을 맞으며, 아기들이 놀고 있다.
아기들은 매우 즐거운 모양이다.

한없이 즐거운 모양이다.

-「주막에서」 전문

천상병의 각별한 지기였던 서양화가 하인두는 그를 가리켜 '무사기(無邪氣)의 순수성'을 지닌 인간형이라고 했다. 그도 그럴 것이 그는 규율과 격식에 얽매이지 않고 무욕과 무소유의 삶을 살아 왔기 때문일 터이다.

1970년대 유신정부로부터 불온시인으로 낙인이 찍혔던 최민은 「내가 제일 좋아하는 시」(중앙일보, 2005, 2. 23)라는 제목의 칼럼을 통해 「주막에서」를 그 자신이 보는 최고의 시로 손꼽았다. 그 이유를 그는 이렇게 밝히고 있다. "소박한 언어로 절묘한 이미지를 구현해 보여주는 이 뛰어난 시는 그 의미의 폭이 매우 넓고 심오하다. 그래서 읽을 때마다 항상 새로운 느낌을 준다." 아직도 문학동네에서는 천상병을 뭇사람이 두루 좋아했던 천진한 식객으로 추억하고 있는 사람들이 많다.

1967년, 천상병의 인생에서 가장 중요한 사건이 발생한다. 이 해 7월 8일, 당시의 중앙정보부장이었던 김형욱은 대규모 간첩단을 적발했다고 발표한다. 온 나라를 벌집처럼 들쑤셨던 세칭 동백림 사건의 서곡이 울려 퍼진 것이다. 국제무대에서 활동하고 있던 예술가 윤이상 · 이응로 등을 포함한 각계의 지식인 194명이 동베를린을 거점으로 반정부 대남 적화 공작을 벌였다는 것.

사건이 나기 한 달 전에 총선이 있었다. 박정희 정권이 3선 개헌을 앞두고 개헌선을 확보하고 치른 선거이기 때문에 그 선거는 상상을 초월한 부정선거였다. 민심도 크게 뒤숭숭했고, 대학가도 뜨겁게 달아올랐다. 말하자면 동백림 사건은 국가 안보가 아닌 정권 안보를 위해 획책했던 미증유의 용공 조작 사건이다. 한국판 매카시즘의 결정판이라고 할 수 있다.

이 사건에 연루된 문인으로 천상병이 지목됐다.

서울대학교 상과대학 동문이면서 또 막역한 벗이었던 강빈구(姜濱口)는 자신이 독일 유학 중에 동독을 방문했다는 얘기를 천상병에게 자랑스럽게 늘어놓곤 했다. 그는 강빈구로부터 막걸리 값 푼돈을 받아 쓴 게 빌미가 되어 국사범으로 몰렸다. 불고지죄에다 간첩자금 수수 혐의가 추가된 그는 중앙정보부에서 세 달 간, 교도소에서 세 달 간에 걸쳐 온갖 고문을 당한 끝에 선고유예로 풀려났다. 정치권력의 야만적인 폭력성을 뼈저리게 체험했던 그는 훗날 그 날의 트라우마를 이렇게 시로 회상했다.

> 이젠 몇 년이었는가
> 무서운 집 뒷창가에 여름 곤충 한 마리
> 땀 흘리는 나에게 악수를 청한 그 날은
> (……)
> 내 마음 하늘
> 한편 가에서
> 새는 소스라치게 날개 편다.
>
> –「그 날은」 부분

그는 미증유의 '레드 헌팅' 희생자가 되어 필생토록 고문의 후유증으로부터 자유로울 수 없었다. 그와 잘 아는 문인들은 그가 감옥에 갔다 온 후에 사람이 달라졌고, 특히 정신이 가끔 오락가락했다고 느끼게 된다. 그 일 때문에 남성으로서의 생식 능력도 상실하게 된다.

1971년 그는 고문 후유증, 영양실조, 과음으로 인해 길거리에 쓰러진다. 행려병자로 서울시립정신병원에 입원한다. 그가 자신의 입원을 주변 사람들에게 전혀 알리지 않았기 때문에, 문인들은 그가 행방불명으로 사망했음을 추정한다. 민영・성춘복 등의 그의 글벗들이 노력을 기울여 천상병 유고시집 『새』를 발간한다. 살아있는 시인의 유고 시집 발간은 동서고금에 전무후무한 일이었다.

1972년 그는 친구인 문순복의 누이동생인 문순옥과 결혼을 한다. 그때 그의 나이는 42세였다.

천상병의 시 세계는 1970년대에 사실 꽃을 피웠다. 이 시기에 그의 인생관과 세계관이 시 속에 잘 반영해 있기 때문이다. 그의 낙천적인 인생관, 순진무구한 시심, 단순하고도 소박한 언어의 운용 등은 현실적인 삶의 간고함, 고통의 기억, 정치 실조(失調) 시대의 지식인의 수난 등을 너그러이 끌어안는다. 이런 점에서 그의 명시 「귀천」은 「주막에서」와 더불어 그의 시세계를 대표하는 작품으로 잘 알려져 있다.

> 나 하늘로 돌아가리라.
> 새벽빛 와 닿으면 스러지는
> 이슬 더불어 손에 손을 잡고,
>
> 나 하늘로 돌아가리라.
> 아름다운 이 세상 소풍 끝내는 날,
> 가서, 아름다웠더라고 말하리라……
>
> -「귀천」 전문

그는 인생을 즐거운 소풍, 아름다운 여정으로 표현하고 있다. 그의 인생관은 시의 내용처럼 넉넉하고 낙관적이다. 죽음으로써 삶을 완성할 수 있다는 이 긍정적인 관조의 세계는 그가 지녀온 특유의 시적 천진성에서 비롯된 것이 아닐까 한다. 천진성이야말로 서구 낭만주의의 고귀한 덕목이 아니었던가?

한마디로 말해 귀천은 미화된 죽음의 또 다른 이름이다. 하늘로 다시 되돌아간다는 것은 생명력의 근원으로 환원하는 것에 다름이 없으리라. 이 시에서는 기독교적인 순명(順命) 사상이 잘 드러나 있다.

천상병의 시 제목 가운데 시인의 실명이 나오는 경우가 있다. 윤동주 · 김관식 · 신동엽 등이 그 경우이다. 윤동주론(尹東柱論)이라는 부제의 시 「은하수에서 온 사나이」는 그와 윤동주의 심리적 유대 및 동일시를 느낄 수 있게 하는 시이다.

윤동주와 천상병은 나이가 열세 살밖에 차이가 나지 않는다. 그렇지만 두 사람은 전혀 다른 시대에 살았다. 이 두 시인에게 비슷한 점이 있다면, 정치권력의 폭력성에 유린되어 한 시대의 희생양이 되었다는 사실에 있을 것이다. 정치적인 암흑의 시대에 자학이나 적개심이 없이 기독교적인 삶의 소명의식을 보여주고 있는 것이 흥미로운 비교거리가 된다.

1988년에 천상병은 만성 간경화증으로 춘천의료원에 입원한다. 의사로부터 희망이 없다는 진단을 받았음에도 불구하고 기적적으로 소생한다.

1993년, 이례적으로 동화집 『나는 할아버지다 요놈들아』를 민음사를 통해 간행한다. 이 해 4월 28일 오전 11시 20분 그는 의정부의료원에서 별세한다. 다사다난했던 삶에도 그는 선종(善終)을 했다. 또 이 해에 그가 떠난 자리에 유고 시집 『나 하늘로 돌아가네』가 도서출판 청산에서 간행된다.

그의 사후에 지리산 기슭에 시 「귀천」이 새겨진 시비가 건립되었다.

2005년 그의 일대기를 다룬 연극 「소풍」이 무대 위에 올려져 관객들의 사랑을 받았다.

강은교의 서술적 연보

강은교는 1945년 해방둥이로 함경남도 홍원에서 태어났다. 그 시대의 출생 관념이 대개 음력에 의존했듯이 그는 을유생 닭띠 세대에 속했다. 양력으로 볼 때 그는 1945년 1월 15일 생이 된다. 태어난 지 백일 만에 서울에 왔다. 그의 시 세계에 그만의 독특한 허무의식이 자리하고 있는데 그것의 바탕에는 왠지 모를 생명력의 근원으로 환원하고자 하는 충동으로서의 존재론적인 실향감이 짙게 깔려 있다. 그가 알지 못하는 고향에 대한 반응이 여기에 알게 모르게 개입되어 있는지도 모를 일이다.

그는 1964년에 경기여자중고등학교를 졸업하고 같은 해 연세대학교 문과대학 영어영문학과에 입학한다. 1968년 같은 학교를 마치기 전까지의 생장 과정은 순탄했고, 또 남들이 부러워하는 엘리트 과정을 밟았다.

대학교를 졸업한 해 1968년 9월에 월간 『사상계』 제10회 신인문학상에 시 「순례자의 잠」 외 2편이 당선됨으로써 시인으로서 문단에 등단한다. 그의 시 세계의 남상(濫觴)이 되는 「순례자의 잠」은 "바람은 늘 떠나고 있네. / 잘 빗질된 무기(無機)의 구름떼를 이끌면서 / 남은 살결은 꽃물 든 마차에 싣고 / 집 앞 벌판에 무성한 / 내 그림자도 거두며 가네."로 시작한다. 이 시는 마틴 루터 킹 목사의 암살 사건이라는 시사적인 소재로부터 착상을 얻었다. 1960년대 전(全)지구적으로 풍미했던 참여문학을 연상케 한다. 월간 『사상계』

제10회 신인문학상 시 부문 심사를 맡았던 박두진은 이 작품을 가리켜 "우리나라 여류시의 새로운 시풍에 하나의 새로운 방향을 보였다."라고 평했다.

1970년에 『샘터』사(社)에 입사한다. 이 무렵에 정희성, 임정남, 김형영 등과 더불어 『70년대』라는 이름의 동인지를 낸다.

1971년에 첫 시집 『허무집』을 상자했다.

주지하듯이, 허무는 비극적 세계인식의 결과이다. 세계와 접촉하는 과정에서 자기의 존재성에 대한 좌절의 감정이 발생할 수 있을 것이다. 오래 전부터 수많은 시인들은 허무의 노래를 구가해 왔다. 그 역시 모래, 사막, 폐허, 죽은 나무, 사라지는 별들을 소재로 삼음으로써 황폐화된 세상의 풍경으로서의 허무를 노래했다. 시인 고은은 당시에 『허무집』을 낸 강은교를 가리켜 당대의 예술을 제압하고 있는 '언어의 무녀(巫女)'라고 평했다.

1972년에 그의 몸에 치명적인 질병이 발생한다. '선천성 뇌동맥정맥 기형'이라는 희귀병을 성공률 20퍼센트 미만의 고비의 상황에서 수술을 한 후 고독한 투병 생활에 들어간다. 그는 삶과 죽음의 갈림길을 넘겼다. 절망적인 상황 속에서 죽음의 집행이 유예되는 축복을 받는다. 그는 세상의 모든 것에 감사했고 마침내 가톨릭에 귀의한다.

그러나 이 무렵 투병 생활과 함께 출산한 쌍둥이 한 아이를 저세상으로 보낸다. 생후 7개월이 된 아이를 보내면서 그는 「회귀」라는 시를 썼다.

1974년에 민음사에서 시집 『풀잎』을 발간했다.

이 시집은 시선집과 신작시집의 성격을 공유하고 있다. 시집의 체재는 '허무집'과 '허무집 이후'로 양분되어 있다. 당대의 세평에 의하면, 이로써 강은교는 '숙명의 시인'(이형기), '선험적 허무의 시인'(김병익)으로 여겨진다.

강은교의 초기시 세계는 한마디로 말해 '허무와 생명 의식을 통해 삶의 근원적 존재 원리를 탐색하고 있다'라고 말할 수 있겠다. 그는 병고의 고독과 함께 가톨릭에 입교했지만 그의 허무적인 세계 인식에는 동양적인 순환질서의 원리가 자리하고 있다. 그의 시는 불교, 노장(老莊) 사상, 샤머니즘 등의 동양적 정신주의와 친연성을 깊게 맺고 있다. 그의 초기시 세계를 잘 대변해주고 있는 시편은 「우리가 물이 되어」이다. 이 시는 대중적으로도 가장 잘 알려져 있고, 그의 시 세계를 총체적으로 이해하는 데 하나의 전범이 됨직한 텍스트이다. 이 주옥같은 가편의 시는 윤회론적인 생명의 순환 원리, 물과 불의 대립적인 원형 이미지, 그만이 보듬을 수 있는 독특하고도 강렬한 시적 페미니너티(femininity) 등을 보여주고 있다.

> 우리가 물이 되어 만난다면
> 가문 어느 집에선들 좋아하지 않으랴.
> 우리가 키 큰 나무와 함께 서서
> 우르르 우르르 비 오는 소리로 흐른다면.
> 흐르고 흘러서 저물녘엔
> 저 혼자 깊어지는 강물에 누워
> 죽은 나무뿌리를 적시기도 한다면.
> 아아, 아직 처녀인
> 부끄러운 바다에 닿는다면.
>
> 그러나 지금 우리는
> 불로 만나려 한다.
> 벌써 숯이 된 뼈 하나가
> 세상에 불타는 것들을 쓰다듬고 있나니

만리 밖에서 기다리는 그대여
저 불 지난 뒤에
흐르는 물로 만나자.
푸시시 푸시시 불 꺼지는 소리로 말하면서
올 때는 인적 그친
넓고 깨끗한 하늘로 오라.

강은교는 1976년 연세대학교 대학원 국문과에 입학하게 된다. 영문과 출신인 그가 대학원에서 전과를 함으로써 전공 학문을 바꾼 셈이 된다. 이러한 방향 전환이 향후 국문과 교수로서 새로운 삶을 살게 하고, 국문학 분야의 박사 학위도 취득하게 한다.

1977년, 그는 세 번째 시집 『빈자일기(貧者日記)』를 민음사에서 간행한다.

그의 삶과 민주화 운동은 분리될 수 없다. 성장 과정에 4·19를 경험했고, 이 경험은 성장한 다음, 시편 「자전(自轉)·1」에 반영된다. 결혼 후에는 남편이 민주화 운동에 가담함으로써 겪은 내면의 고통도 적지 않았으리라고 짐작된다. 70년대 중반부터 그는 '이 사회에 동떨어진 개인적인 아픔이나 고통만은 아니라는 사실'(신경림)을 발견한다.

허무의식에서 역사의식으로의 전환은 그의 시 세계를 이해하는데 중요한 계기가 된다. 존재 탐색에서 사회 탐구로의 변화가 엿보이기 시작한 것이 『빈자일기』이며, 그리고 『소리집』(1982)과 『붉은 강』(1984)에서도, 자유라는 인간적 가치의 문제, 사회구성원간의 평화적 공존의 문제, 비인간화를 극복하는 문제 등의 현실주의에 관심을 지속적으로 이끌고 간다.

1979년에 발표된 시편 「일어서라 풀아」는 유신정부 겨울공화국 치하에 신음하는 민중의 삶을 노래한 것. 김수영의 경우처럼 민중을 풀, 즉 민초(grassroots)로 성격화하고 있다.

1980년대에 발표된 시편 「이제 스미리」는 신군부가 정권을 장악하면서 전 국민이 정치적 허무주의에 빠져 있을 무렵에 쓴 시이다. 당시의 민중을 "우리 크나크던 한숨 어둠에 끌려가다 / 이리 찢기고 저리 찢겨 허공에 부서진 것들, / 그 바람도 실은 우리 가슴에서 불어 가는 것"으로 형상화했다.

1982년에, 그는 동아대학교 국문과 교수에 임용되어 부산으로 거처를 옮긴다. 이때부터 지금에 이르기까지 그는 부산 시민으로 살아가고 있다. 유성호가 쓴 강은교론 「고독과 사랑, '순례자'의 꿈과 언어」에 인상적인 모두문이 있다. 이를 보면 강은교와 부산의 친연성을 느낄 수 있다. 마치 시인의 운명처럼 말이다. 그것을 다음과 같이 옮겨본다.

> 강은교 시인은 한때 부산의 다대포 백사장이 한눈에 내려다보이는 23층 아파트에서 그가 쓴 시의 제목처럼 「23층의 햇빛」을 '추억'처럼 받으며 살았던 적이 있다. 1998년 가을, 태풍이 심하게 불었던 다음날, 그는 그동안 정들었던 송도를 떠나 이곳 다대포의 고층아파트에 정착하였다. 시인과 바다, 그 가운데서도 특별히 강은교 시인과 바다는 여러 모로 어울려 보였다. 그것은 그의 시에 집중적으로 나타나는 '물' 이미지 때문이기도 하지만, 그의 시세계 전체가 마치 바다처럼 고독하면서도 품이 넓고 깊이 모를 아득한 심연을 가진 탓이기도 하였다.

강은교 시에 흔히 반영되어 있는 물과 바다의 이미지는 여성생태주의의 이미지와 상관관계를 맺는다. 그에게 있어서의 물과 바다는 미상불 생명의 모태 깊숙이 내재하고 있는 여성성의 상징이 되기도 한다. 그의 시 내용처럼, 바다는 모든 여자의 자궁 속에서 회전한다. 이 회전을 그는 '자전(自轉)'이라고 했다. 생태여성주의는 우주론적인 합일의 영성을 추구한다. 그가 바리공주나 삼신할미와 같은 신화적인 캐릭터에 관심을 두는 것도 이러한 맥락에 근거한다. 우주 생명에 대한 문제의식으로서의 시적인 천착이 물과 바다의 원환적(圓環的)인 이미지에서 비롯되는 것은 필연적인 과정이라고 할 것이다.

그는 부산에서 27년째 살아가고 있다. 그가 부산에 간 3년째에 바다에 접한 낙동강 하류를 시적인 배경으로 삼은 시집 『붉은 강』(1984)을 상재했고, 그 이후에는 많은 시를 쓰고, 적지 않은 시집을 내고, 다방면의 저서, 그 밖의 산문집·동화집·번역서·문학론집 등을 간행해 왔다. 안정된 교직 생활과 글쓰기의 다산성은 아무런 관계가 없을 터인데, 어쨌든 그는 부산에서 생활하는 동안 많은 생산적 결과를 거두어내었다.

그는 요즈음 정신 치료와 시 창작의 관계, 시 치료를 통한 치유와 소통의 문제를 천착해가고 있다. 그에게는 이제 시도 삶의 복지와 개선을 위한 문제 해결의 수단이 되지 않으면 안 된다고 보고 있는 것일까? 시의 비의적인 심연 가운데로 더 들어서고 싶은 것일까?

부록

텍스트 읽기의 사례 :
본문 및 주석

김소월의 시와 정본 모형

1-1 원문 : 먼 後日

먼훗날 당신이 차즈시면
그때에 내말이 「니젓노라」

당신이 속으로나무리면
「뭇척그리다가 니젓노라」

그래도 당신이 나무라면
「밋기지안아서 니젓노라」

오늘도 어제도 아니닛고
먼훗날 그때에 「니젓노라」

1-2 주석 및 논평

- 먼 훗날 : 제목이 한자어를 수반한 '먼 후일(後日)'인 데 비해, 본문에서는 순 우리말로 표현한 것이 이채롭다.
- 잊었노라 : 미래화된 과거의 진술이다. 윤호병 교수는 이 표현을 가리켜 니체의 '존재의 능동적 망각'을 연관시켜 논의한 바

있다.

· 나무리면 : 여기에서의 뜻은 '나무라면'이다. 북한의 『조선말 대사전』에 의하면, '나무리다'는 '나무라다'의 시킴형이라고 한다.
· 유리 로트만은 시를 두고 '복잡하게 구조화된 의미'라고 말한 바 있었듯이 이 시는 평이하면서도 복잡한 의미구조를 지니고 있다.

1-3 정본 모형

먼 훗날 당신이 찾으시면
그때에 내 말이 "잊었노라"

당신이 속으로 나무리면
"무척 그리다가 잊었노라"

그래도 당신이 나무리면
"믿기지 않아서 잊었노라"

오늘도 어제도 아니 잊고
먼 훗날 그때에 "있었노라"

2-1 원문 : 플짜기

우리집뒷山에는 풀이푸르고
숩사이의시냇물, 모래바닥은
파알한풀그림자, 떠서흘너요.

그립은우리님은 어듸게신고.
날마다 퓌여나는 우리님생각.
날마다 뒷山에 홀로안자서
날마다 풀을짜서 물에던져요.

흘러가는 시내의 물에흘너서
내여던진풀닙픈 엿게써갈제
물쌀이 해적해적 품을 헤쳐요.

그립은우리님은 어듸게신고.
가엽는이내속을 둘곳업섯서
날마다 풀을짜서 물에썬지ㄷ
흘너가는닙피나 맘해보아요.

2-2 주석 및 논평

- 물살이 해적해적 품을 헤쳐요. : 물살이 마치 가슴을 여는 듯한 형상을 묘사한 것.
- 맘해보아요 : 마음하여 보아요. '마음하다는' '마음에 두다'를 뜻한다. 한자어로 표현 하자면 '괘념하다'가 된다. 그 반대의 뜻은 '괘념치 않다'의 뜻이 된다.
- 그리움을 잊기 위해 '해작질'하면서 다른 일에 마음을 붙이고 있는 시적 화자의 모습을 연상할 수 있다.

2-3 정본 모형

우리 집 뒷산에는 풀이 푸르고

숲 사이의 시냇물, 모래 바닥은
파아란 풀 그림자, 떠서 흘러요.

그리운 우리 님은 어디 계신고.
날마다 피어나는 우리 님 생각.
날마다 뒷산에 홀로 앉아서
날마다 풀을 따서 물에 던져요.

흘러가는 시내의 물에 흘러서
내어던진 풀잎은 엷게 떠날 제
물살이 해적해적 품을 해쳐요.

그리운 우리 님은 어디 계신고.
가엾은 이내 속을 둘 곳 없어서
날마다 풀을 따서 물에 던지고
흘러가는 잎이나 맘에보아요

3-1 원문 : 바다

뛰노는흰물결이 닐고 쏘잣는
붉은풀이 자라는바다는 어듸

고기잡이꾼들이 배우에안자
사랑노래 불으는바다는 어듸

파랏케 죠히물든藍빗하늘에
저녁놀 스러지는바다는 어듸

곳업시ᄯᅥ다니는 늙은물새가
ᄯᅦ를지어 좃니는바다는 어듸

건너서서 저便은 ᄯᅡᆫ나라이라
가고십픈 그립은바다는 어듸

3-2 주석

- 잣는 : 잠잠해지거나 가라앉거나 하다.
- 죠히 : 김용직 교수는 '좋게' '아주 잘'로 해석하였지만 '깨끗이'의 옛말로 보아야 한다.

3-3 정본 모형

뛰노는 흰 물결이 일고 또 잣는
붉은 풀이 자라는 바다는 어디

고기잡이꾼들이 배 위에 앉아
사랑 노래 부르는 바다는 어디

파랗게 좋이 물든 남(藍)빛 하늘에
저녁놀 스러지는 바다는 어디

곳없이 떠다니는 늙은 물새가
떼를 지어 좇니는 바다는 어디

건너 서서 저편은 딴 나라이라

가고 싶은 그리운 바다는 어디

4-1 원문 : 님의 노래

그립은우리님의 맑은노래는
언제나 제가슴에 저저잇서요

긴날을 門박게서 섯서드러도
그립은우리님의 고흔노래는
해지고 져무도록 귀에들녀요
밤들고 잠드도록 귀에들녀요

고히도흔들니는 노래가락에
내잠은 그만이나 깁피드러요
孤寂한잠자리에 홀로누어도
내잠은 포스근히 깁피드러요

그러나 자다깨면 님의노래는
하나도 남김업시 일허바려요
드르면듯는대로 님의노래는
하나도 남김업시 닛고마라요

4-2 논평

· 님의 다의미성(polysemy)은 국문한계에서 오래전부터 논의된 바 있었다. 한용운의 경우도 마찬가지이겠지만 이 때 님은 세속정인 애정과 열정의 대상이기도 하면서 때로는 종교적 신성

성의 강렬성을 내포하기도 한다. 김소월의 시에는 (특히 「초혼」에서 두드러지게 나타는 바 있거니와) 신과 무녀(巫女)의 원형적인 연인 관계를 암시하고 있는 경우가 많다.

4-3 정본 모형

그리운 우리 님의 맑은 노래는
언제나 제 가슴에 젖어 있어요

긴 날을 문밖에서 서서 들어도
그리운 우리 님의 고운 노래는
해지고 저물도록 귀에 들려요
밤들고 잠들도록 귀에 들려요

고이도 흔들리는 노랫가락에
내 잠은 그만이나 깊이 들어요
고적한 잠자리에 홀로 누워도
내 잠은 포스근히 깊이 들어요

그러나 자다 깨면 님의 노래는
하나도 남김없이 잃어버려요
들으면 듣는 대로 님의 노래는
하나도 남김없이 잊고 말아요

5-1 원문 : 님의 말슴

세월이 물과가치 흐른두달은

길어둔독엣물도 찌엇지마는
가면서 함께가쟈하든말슴은
살아서 살을맛는표적이외다

봄풀은 봄이되면 도다나지만
나무는밋그루를썩근셈이요
새라면 두죽지가 傷한셈이라
내몸에 꼿필날은 다시업구나

밤마다 닭소래라 날이첫時면
당신의 넉마지로 나가볼때요
그믐에 지는달이 山에걸니면
당신의길신가리 차릴때외다

세월은 물과가치 흘너가지만
가면서 함께가쟈 하든말슴은
당신을 아주닛든 말슴이지만
죽기前 또못니즐 말슴이외다

5-2 주석 및 논평

- 이 시는 『조선문단』(1925. 7)에 발표한 「그 사람에게」 제2련을 개작하여 시집 『진달내꼿』(매문사, 1925 : 이하 '시집'으로 약칭함)에 전재(轉載)한 작품이다.
- 돗엣물 : 독 안에 있는 물. 소월의 시어 중에는 이러한 어구생략축음 'ㅅ'이 적지 않다. 예컨대, '길거리엣사람' '숲속엣냄새' '가슴엣사람' '무덤가엣금잔디' 등이 있다.

· 표적이외다 : 현실적으로 그대로 들어맞다는 의미. 그만큼 화자는 죽은 목숨에 다를 바 없다.
· 찌엇지마는 : 독에 고여 있던 물이 새어서 줄었지마는.
· 넉마지 : 넋맞이.
· 길신가리 : 사람이 죽은 뒤에 갈 길을 인도하기 위해 소경을 데려다가 '길신 가린다'고 하는 풍습이 평안도에 있다고 한다.
· 이 시는 기층의 민간습속과 무속신앙을 소재로 수용하고 있는 작품이다. 최초의 김소월론인 「내가 본 시인 김소월 군을 론함」(조선일보, 1929. 11. 12~14)에서, 김동인은 이 시를 시골 과부의 노래를 새로운 표현방식으로 재현한 재래적인 민요 그것이라고 했다.

5-3 정본 모형

세월이 물과 같이 흐른 두 달은
길어둔 독엣물도 찌었지마는
가면서 함께 가자 하던 말씀은
살아서 살을 맞는 표적이외다

봄풀은 봄이 되면 돋아나지만
나무는 밑그루를 꺾은 셈이요
새라면 두 죽지가 상한 셈이라
내 몸에 꽃필 날은 다시 없구나

밤마다 닭소리라 날이 첫 시(時)면
당신의 넋맞이로 나가볼 때요
그믐에 지는 달이 산에 걸리면

당신의 길신가리 차릴 때외다

세월은 물과 같이 흘러가지만
가면서 함께 하자 하던 말씀은
당신을 아주 잊던 말씀이지만
죽기 전 또 못 잊을 말씀이외다

6-1 원문 : 님에게

한때는 만흔날을 당신생각에
밤까지 새운일도 업지안치만
아직도 때마다는 당신생각에
축업은 벼개까의꿈은 잇지만

낫모를 짠세상의 네길써리에
애달피 날져무는 갓스물이요
캄캄한 어둡은밤 들에헤메도
당신은 니저바린 서름이외다

당신을 생각하면 지금이라도
비오는 모래밧테 오는눈물의
축업은 벼개까의꿈은 잇지만
당신은 니저바린 서름이외다

6-2 주석 및 논평

· 원본 「님에게」(조선문단, 1925. 7)에는 띄어쓰기를 무시했다.

· 축업은 : '축축한'의 뜻과 비슷함. 이 표현은 평안도 정주 지방의 방언이다. 한때 김소월의 스승인 안서 김억은 이를 '때묻은'으로 해독한 바 있지만 명백한 오독이다.
· 니저바린 : 잊어버린.
· 7.5조 정형률로 된 연가풍의 시이다.

6-3 정본 모형

한때는 많은 날을 당신 생각에
밤까지 새운 일도 없지 않지만
아직도 때마다는 당신 생각에
축없은 배갯가의 꿈은 있지만

낮 모를 딴 세상의 네길거리에
애달피 날 저무는 갓 스물이요
캄캄한 어두운 밤 들에 헤매도
당신은 잊어버린 설움이외다

당신을 생각하면 지금이라도
비 오는 모래밭에 오는 눈물의
축업은 배갯가의 꿈은 있지만
당신은 잊어버린 설움이외다

7-1 원문 : 밤

홀로잠들기가 참말 외롭아요
맘에는 사뭇차도록 그립어와요

이리도무던이
아주 얼골조차 니칠듯해요.

발서 해가지고 어둡는대요,
이곳은 仁川에濟物浦, 이름난곳,
부슬부슬 오는비에 밤이더듸고
바다바람이 칩기만합니다.

다만고요히 누어드르면
다만고요히 누어드르면
하이얏케 밀어드는 봄밀물이
눈앞플 가루막고 흘늑길쁜이야요.

7-2 주석 및 논평

· 사뭇차도록 : 모두 '사무치도록'으로 풀이하고 있으나 잘못된 것 같다. '사뭇 차갑도록'으로 해석하는 것이 여러 정황을 미루어 볼 때 당연하다고 생각된다.
· 시에서의 방언은 감수성의 보고와 같다. 이 시는 서북지방의 여성적인 어감이 잘 반영되어 있다. 이럴 경우에 원문대로 낭송하는 것이 좋을 듯하다.

7-3 정본 모형

홀로 잠들기가 참말 외로워요.
맘에는 사뭇 차도록 그리워요
이리도 무던히

아주 얼굴조차 잊힐 듯해요.

벌써 해가 지고 어둡는데요,
이속은 인천의 제물포, 이름난 곳,
부슬부슬 오는 비에 밤이 더디고
바닷바람이 춥기만 합니다.

다만 고요히 누워 들으면
다만 고요히 누워 들으면
하이얗게 밀어드는 봄 밀물이
눈앞을 가로막고 흐느낄 뿐이에요.

8-1 원문 : 쑴으로 오는 한 사람

나히차라지면서 가지게되엿노라
숨어잇든한사람이, 언제나 나의,
다시깁픈 잠속의쑴으로 와라
붉으렷한 얼골에 가늣한손가락의,
모르는듯한擧動도 前날의모양대로
그는 야저시 나의팔우헤 누어라
그러나, 그래도 그러나!
말할 아무것이 다시업는가!
그냥 먹먹할샌, 그래도
그는 니러라. 닭의 홰치는소래.
깨어서도 늘, 길꺼리엣사람을
밝은대낫에 빗보고는 하노라

8-2 주석 및 논평

· 나히 차라지면서 : 김용직은 '나이 자라면서'로 풀이했고 필자는 '나이 차게 되면서'로 풀이한 바 있었다.
· 붉으렷한 : 붉으래한.
· 가늣한 : 가느다란.
· 야저시 : 야젓이. '의젓하다'보다 어감이 작은 말인 '야젓하다'는 태도와 됨됨이가 옹졸하지 않고 무게가 있다는 말이다. 김용직은 '의젓이'의 작은 말로 보고 있다. 물론 전혀 근거 없는 말은 아니다.
· 빗보고는 하노라 : (사람을) 잘못 보곤 한다.

8-3 정본 모형

나이 차라지면서 가지게 되었노라
숨어 있던 한 사람이, 언제나 나의,
다시 깊은 잠속의 꿈으로 오라
붉으렷한 얼굴에 가늣한 손가락의,
모르는 듯한 거동도 전(前)날의 모양대로
그는 야젓이 나의 팔 위에 누워라
그러나, 그래도 그러나!
말할 아무것이 다시 없는가!
그냥 먹먹할 뿐, 그대로
그는 일어라. 닭의 홰치는 소리.
깨어서는 늘, 길거리옛사람을
밝은 대낮에 빗보고는 하노라

9-1 원문 : 못니저

못니저 생각이 나겟지요,
그런대로 한세상지내시구려,
사노라면 니칠날잇스리다.

못니저 생각이 나겟지요,
그런대로 세월만 가라시구려,
못니저도 더러는 니치오리다.

그러나 쏘한긋 이럿치요,
「그립어살틀히 못닛는데,
어쩨면 생각이 쩌지나요?」

9-2 주석 및 논평

9-3 정본 모형

못 잊어 생각이 나겠지요,
그런대로 한세상 지내시구려,
사노라면 잊힐 날 있으리라.

못 잊어 생각이 나겠지요,
그런대로 세월만 가라시구려,
못 잊어도 더러는 잊히오리라.

그러나 또한긋 이렇지요

"그리워 살뜰히 못 있는데,
어쩌면 생각이 떠나지요?"

10-1 원문 : 예전엔 밋처몰낫섯요

봄가을업시 밤마다 돗는달도
「예젼엔 밋처몰낫서요.」

이렇케 사뭇차게 그려울줄도
「예젼엔 밋처몰낫서요.」

달이 암만밝아도 쳐다볼줄을
「예젼엔 밋처몰낫서요.」

이제금 져달이 서름인줄은
「예젼엔 밋처몰낫서요.」

10-2 주석 및 논평

· 원본 표기 '사뭇차게'를 대부분 '사무차게'로 오독하고 있다. 「밤」에 있는 표현 "맘에는 사뭇차도록 그립어와요"를 유추할 때 이 '사뭇차게'는 단순한 오식(誤植)이 아님을 입증한다. 따라서, 이 부분은, '이렇게 사뭇 가슴 차갑도록', 혹은 '이렇게 사뭇 가슴에 가득 차도록' 등으로 해석되어야 한다.

10-3 정본 모형

봄 가을 없이 밤마다 돋는 달도
"예전엔 미처 몰랐어요."

이렇게 사뭇 차게 그리울 줄도
"예전엔 미처 몰랐어요."

달이 암만 밝아도 쳐다볼 줄을
"예전엔 미처 몰랐어요."

이제금 저 달이 설움인 줄은
"예전엔 미처 몰랐어요."

11-1 원문 : 자나깨나 안즈나서나

자나깨나 안즈나서나
그림자갓튼 벗하나이 내게 잇섯습니다.

그러나, 우리는 얼마나 만흔세월을
쓸데업는 괴롭음으로만 보내엿겟습니까!

오늘은 쏘다시, 당신의가슴속, 속모를곳을
울면서 나는 휘저어바리고 떠납니다그려.

허수한맘, 둘곳없는心事에 쓰라린가슴은
그것이 사랑, 사랑이든줄이 아니도닛칩니다.

11-2 주석

· 허수한 : 허수하다. 공허하고 서운하다. 「바다까의 밤」에 나오는 '허수럽다'와 대비할 수 있다. 『開闢』의 '하소연한 맘'은 김억식의 말이다. 이것이 『진달래꽃』에서 고쳐진 것은 소월의 뜻에 의한 것이었다.

11-3 정본 모형

자나 깨나 앉으나 서나
그림자 같은 벗 하나이 내게 있었습니다.

그러나, 우리는 얼마나 많은 세월을 쓸데없는 괴로움으로만 보내었겠습니까!

오늘은 또다시, 당신의 가슴속, 속 모를 곳을
울면서 나는 휘저어버리고 떠납니다그려.

허수한 맘, 둘 곳 없는 심사에 쓰라린 가슴은
그것이 사랑, 사랑이던 줄이 아니도 잊힙니다.

12-1 원문 : 봄비

어룰업시지는꼿은 가는봄인데
어룰업시오는비에 봄은우러라.
서럽다, 이나의가슴속에는!
보라, 놉픈구름 나무의푸릇한가지.

그러나 해느즈니 어스름인가.
애달피고흔비는 그어오지만
내몸은꼿자리에 주저안자 우노라.

12-2 주석

· 어룰업시 : '어룰'을 '얼굴'의 평안도 방언이라고 하나, 이 시의 문맥을 고려해볼 때 신빙성이 적어 보인다.

12-3 정본 모형

어룰없이 지는 꽃은 가는 봄인데
어룰없이 오는 비에 봄은 울어라.
서럽다, 이 나의 가슴속에는!
보라, 높은 구름 나무의 푸릇한 가지.
그러나 해 늦으니 어스름인가.
애달피 고운 비는 그어오지만
내 몸은 꽃자리에 주저앉아 우노라.

13-1 원문 : 비단안개

눈들이 비단안개에 둘니울때,
그때는 참아 닛지못할때러라.
맛나서 울든때도 그런날이오,
그리워 밋친날도 그런때러라.

눈들이 비단안개에 둘니울때,

그때는 홀목슴은 못살때러라.
눈플리는가지에 당치마귀로
젊은게집목매고 달닐때러라.

눈들이 비단안개에 둘니울때
그때는 종달새 소슬때러라.
들에랴, 바다에랴, 하늘에서랴,
아지못할무엇에 醉할때러라.

눈들이 비단안개에 둘니울때,
그때는 참아 닛지못할때러라.
첫사랑잇든때도 그런날이와,
영리별잇든날도 그런때러라.

13-2 주석

- 홀목숨 : 여기에서는 지아비가 죽어 혼자 몸이 된 청상(靑孀)의 딱한 처지를 가리킨다.
- 당치마귀 : 당치마는 중국형 치마이며, 치마귀는 치마의 모퉁이 끝이다.

13-3 정본 모형

눈들이 비단안개에 둘리울 때,
그때는 차마 잊지 못할 때더라.
만나서 울던 때도 그런 날이요,
그리워 미친 날도 그런 때더라.

눈들이 비단안개에 둘리울 때,
그대는 홀목숨은 못살때더라.
눈 풀리는 가지에 당치마귀로
젊은 계집 목매고 달릴 때더라.

눈들이 비단안개에 둘리울 때,
그때는 종달새 솟을 때더라.
들에랴, 바다에랴, 하늘에서랴,
알지 못라 무엇에 취할 때더라.

눈들이 비단안개에 둘리울 때,
그때는 차마 잊지 못할 때더라.
첫사랑이 있던 때도 그런 날이요,
영이별 있던 날도 그런 때더라.

14-1 원문 : 記憶

달아래 싀멋업시 섯든그女子,
서잇든그女子의 햇슥한얼골,
햇슥한그얼골 적이파릇함.
다시금 실벗듯한 가지아래서
식컴은머리낄은 번쩍어리며.
다시금 하로밤의식은江물을
平壤의긴단장은 슷고가든째.
오오 그싀멋업시 섯든女子여!

그립다 그한밤을 내게갓갑든

그대여 쭘이깁든 그한동안을
슬픔에 구엽음에 다시사랑의
눈물에 우리몸이 맛기웟든째.
다시금 고지낙한城박골목의
四月의느저가는 쓴눈의밤을
한두個灯불빗츤 우러새든째.
오오 그싀멋업시 섯든女子여!

14-3 주석 및 논평

· 싀멋업시 : 아무 생각 없이 그저 망연히. 월색에 '우둑히 싀멋없이 잡고 섰던 그대를'이란 표현도 있다.
· 적이 : 약간, 다소.
· 다시금 : '금'은 강세 접미사이다. 석보상절에 "종종방편(種種方便)으로 다시금 술바도"라는 용례가 있다. 이 '다시금'은 김소월이 선호한 시어로 「두 사람」, 「불운에 우는 그대여」, 「나의 집」, 「들돌이」 등에 나타나고 있다. 「예전엔 미처 몰랐어요」와 「희망」에는 '이제금'이라는 표현이 나온다.
· 실벗듯한 : 실처럼 길게 벋어 간 듯한.
· 머리낄 : 머리낄. 머리카락을 가리키는 정주 방언이다. '머릿결' '머릿길' 등의 기존 해독은 오독이다. 이 시어는 오는 봄에서 반복된다.
· 슷고 : 스치고. 정확한 표기는 '슻고'가 되어야 한다. 그의 처녀작으로 두루 인정되는 「낭인(浪人)의 봄」(창조, 1920. 2)에 '불슷는 바람이어'라는 시구가 있다. '불슷는'이란 '불어 스치는'을 뜻한다.
· 구엽음 : 해독이 불가능한 시어이다.

· 고지낙한 : 고즈녁한.

14-3 정본 모형

달 아래 싀멋없이 섰던 그 여자,
서 있던 그 여자의 해쓱한 얼굴
해쓱한 그 얼굴 적이 파릇함,
다시는 실 벋듯한 가지 아래서
시커먼 머리길은 번쩍거리며.
다시금 하룻밤의 식는 강물을
평양의 긴 단장은 슷고 가던 때.
오오 그 싀멋없이 섰던 여자여!

그립다 그 한밤을 내게 가깝던
그대여 꿈이 깊던 그 한동안을
슬픔에 구엽음에 다시 사랑의
눈물에 우리 몸이 맡기었던 때.
다시금 고즈넉한 성밖 골목의
사월의 늦어가는 뜬눈의 밤을
한두 개 등불 빛은 울어새던 때,
오오 그 싀멋없이 섰던 여자여!

15-1 원문 : 紙鳶

午后의네길거리 해가드럿다,
市井의 첫겨울의寂寞함이어,
우둑키 문어구에 혼자섯스면,

흰눈의닙사귀, 紙鳶이 쓴다.

15-2 주석 및 논평

· 우둑키 : 우두커니. 남북한의 말맛이 서로 다르다. 남한어에 의하면, 넋이 나간 듯이 가만히 한 자리에 서 있거나 앉아 있는 모양을 말한다. 반면에, 북한어로는 하는 일 없이 지내는 모양을 말한다. 이 시의 '우둑키'를 보면, 오히려 남한어의 말맛에 가깝다.
· 흰눈의닙사귀 : 연을 눈의 잎새에 비유한 탁월한 표현이다.

15-3 정본 모형

오후의 네길거리 해가 들었다,
시정(市井)의 첫 겨울의 적막함이여,
우둑히 문 어구에 혼자 섰으면,
흰 눈의 잎사귀, 지연이 뜬다.

16-1 원문 : 月色

달빗츤 밝고 귀쑤람이울때는
우둑키 싀멋업시 잡고섯든그대를
생각하는밤이어, 오오 오늘밤
그대차자다리고 서울로 가나?

16-2 주석 및 논평

- 우둑키 : 우두커니
- 싀멋없이 : 아무 생각 없이
- 그대차자다리고 : 그대를 찾아 함께 하려고

16-3 정본 모형

달빛은 밝고 귀뚜라미 울 때는
우둑히 싀멋없이 잡고 섰던 그대를
생각하는 밤이여, 오오 오늘 밤
그대 찾아 데리고 서울로 가나?

17-1 원문 : 바다가變하야 뽕나무밧된다고

것잡지못할만한 나의이설움,
저므는봄저녁에 져가는쏫닙,
저가는쏫닙들은 나붓기어라.
예로부터 닐너오며하는말에도
바다가變하야 뽕나무밧된다고.
그러하다, 아름답은靑春의때의
잇다든 온갓것은 눈에설고
다시금 낫모르게되나니,
보아라, 그대여, 서럽지안은가,
봄에도三月의 져가는날에
붉은피갓치도 쏘다저나리는
저긔저쏫닙들을, 저긔저쏫닙들을.

17-2 논평

- 원본 「물결이 변하여 뽕나무밭이 된다고」(개벽, 1992. 4)를 일부 손질하여 시집에 실린 작품이다. 원본에 의하면 '아름답은' 앞에 '꿈가티'라는 한정적 비유어가 전치되어 있다.
- 젊은 날의 무상(無常)에 대한 애상감이, 흩어지는 낙화의 이미지와 잘 조응하고 있다. 생의 조락(凋落)으로 인한 애상감이 이 시의 주제이다.

17-3 정본 모형

걷잡지 못할 만한 나의 이 설움,
저무는 봄 저녁에 져가는 꽃잎,
저무는 꽃잎들은 나부끼어라.
예로부터 일러오며 하는 말에도
바다가 변하여 뽕나무밭 된다고.
그러하다, 아름다운 청춘의 때에
있다던 온갖 것은 눈에 설고
다시금 낯모르게 되나니,
보아라, 그대여, 서럽지 않은가,
봄에도 3월의 져가는 날에
붉은 피같이도 쏟아져 내리는
저기 저 꽃잎들을, 저기 저 꽃잎들을.

18-1 원문 : 나의 집

들까에써러져 나가안즌메끼슭의

넓은바다의물까뒤에,
나는지으리, 나의집을,
다시금 큰길을 압페다 두고.
길로지나가는 그사람들은
제각금 써러져서 혼자가는길.
하이한여울턱에 날은점을때.
나는 門깐에 섯서 기다리리
새벽새가 울며지새는그늘로
세상은희게, 쏘는 고요하게,
번쩍이며 오는아츰부터,
지나가는길손을 눈녁여보며,
그대인가고, 그대인가고.

18-2 주석 및 논평

- 메기슭 : 산기슭
- 여울턱 : 여울의 언덕진 곳. 비슷한 말로 '여울목'이 있다.
- 원본은 「내집」이란 제목으로 개벽(1992. 2)에 발표되었다.
- 서정적 자아는 고독한 길손 가운데서 새로운 세계를 실현할 수 있는 진인(眞人)을 맞이하기 위해 존재의 집을 세웠다. 그가 간절하게 대망하는 그 세계는 하얗게 반짝이는 대동세상(大同世相)과 같은 민중해방의 메시아니즘일 수도, 조국 광복의 비원이 현실적으로 구현될 민족주의적 이념일수도 있다. 어쨌든, 기다림의 철학이 깃들어져 있는 시다.

18-3 정본 모형

들가에 떨어져나가 앉은 메기슭의
넓은 바다의 물가 뒤에,
나는 지으리, 나의 집을,
다시금 큰길을 앞에다 두고.
길로 지나가는 그 사람들은
제가끔 떨어져서 혼자 가는 길.
하이얀 여울턱에 날은 저물 때.
나는 문간에 서서 기다리리
새벽새가 울며 지새는 그늘로
세상은 희게, 또는 고요하게,
번쩍이며 오는 아침부터,
지나가는 길손을 눈여겨보며,
그대인가고, 그대인가고.

19-1 원문 : 녀름의달밤

서늘하고 달밝은녀름밤이어
구름조차 희미한녀름밤이어
그지업시 거룩한하늘로서는
젊음의붉은이슬 저저나려라.

幸福의맘이 도는놉픈가지의
아슬아슬 그늘닙새를
배불너 긔여도는 어린버레도
이아모든물결은福바다서라.

버더버더 오르는가싀덩굴도
稀微하게흐르는 푸른달빗치
기름가튼煙氣에 멕감을너라.
아아 너무죠와서 잠못드러라.

우긋한풀대들은 춤을추면서
갈닙들은 그윽한노래부를때.
오오 내려흔드는 달빗가운데
나타나는永遠을 말로색여라.

자라는 물베이삭 벌에서 불고
마을로 銀숫드시 오는바람은
눅잣추는香氣를 두고가는데
人家들은 잠드러 고요하여라.

하로終日 일하신아기아버지
農夫들도 便安히 잠드러서라.
녕시슭의 어득한그늘속에선
쇠스랑과호믜쁜 빗치픠여라.

이윽고 식새리의 우는소래는
밤이 드러가면서 더욱자즐때
나락밧가운데의 움물까에는
農女의그림자가 아직잇서라.

달빗츤 그무리며 넓은宇宙에
일허젓다나오는 푸른별이요.

식새리의 울음의넘는曲調요.

삼간집에 불붓는젊은목숨의
情熱에목매치는 우리靑春은
서느럽은녀름밤 닙새아래의
희미한달빗속에 나붓기어라.

한때의자랑만흔 우리들이어
農村에서 지나는녀름보다도
녀름의달밤보다 더죠흔것이
人間에 이세상에 다시잇스랴.

죠고만괴롭음도 내여바리고
고요한가운데서 귀기우리며
흰달의금물결에 櫓를저어라
푸른밤의하늘로 목을노하라.

아아 讚揚하여라 죠흔한때를
흘너가는목숨을 만흔 幸福을.
녀름의어스러 한달밤속에서
꿈갓튼 즐겁음의눈물 흘너라.

19-2 주석 및 논평

・거룩한 하늘로서는 : 하늘에서는. 하늘로부터는.
・버더버더 : 뻗어 뻗어.
・푸른말빗치 : '푸른 달 빗치'의 오식.

- 우긋한 : 원형은 '우긋하다'. 조금 욱어진듯하다.
- 눅잣추는 : 도로 누그러지게 하다. 위로하다.
- 식새리 : '쓰르라미'의 평북 정주 방언.
- 그무리며 : 그무리다. 그물거리다. 불빛이 밝아졌다 침침해졌다 하다.
- 어스러한 : 어스러하다. 밝지 못하고 조금 어둑하다.

19-3 정본 모형

서늘하고 달 밝은 여름밤이여
구름조차 희미한 여름밤이여
그지없이 거룩한 하늘로서는
젊음의 붉은 이슬 젖어내려라

행복의 맘이 도는 높은 가지의
아슬아슬 그늘 잎새를
배불러 기어도는 어린 벌래도
아아 모든 물결은 복받았어라.

뻗어뻗어 오르는 가시덩굴도
희미하게 흐르는 푸른 달빛이
기름 같은 연기에 멱감을러라.
아아 너무 좋아서 잠 못 들어라.

우긋한 풀대들은 춤을 추면서
갈잎들은 그윽한 노래부를 때,
오오 내려 흔드는 달빛 가운데

나타나는 영원을 말로 새겨라.

자라는 물벼이삭 벌에서 불고
마을로 銀 스듯이 오는 바람은
눅자추는 향기를 두고 가는데
인가들은 잠들어 고요하여라.

하루종일 일하신 아기 아버지
농부들도 편안히 잠들었어라.
영 기슭의 어둑한 그늘 속에선
쇠스랑과 호미뿐 빛이 피어라.

이윽고 식새리의 우는 소리는
밤이 들어가면서 더욱 잦을 때
나락밭 가운데의 우물가에는
농녀(農女)의 그림자가 아직 있어라.

달빛은 그무리며 넓은 우주에
잃어졌다 나오는 푸른 별이요
식새리의 울음의 넘는 곡조요.
아아 기쁨 가득한 여름밤이여.

삼간집에 불붙는 젊은 목숨의
정열에 목맺히는 우리 청춘은
서스러운 여름밤 잎새 아래의
희미한 달빛 속에 나부끼어라.

한때의 자랑 많은 우리들이여
농촌에서 지내는 여름보다도
여름의 달밤보다 더 좋은 것이
인간에 이 세상에 다시 있으랴.

조그만 괴로움도 내어버리고
고요한 가운데서 귀기울이며
흰 달의 금물결에 노를 저어라
푸른 밤의 하늘로 목을 놓아라.

아아 찬양하여라 좋은 한때를,
흘러가는 목숨을, 많은 행복을.
여름의 어스레한 달밤 속에서
꿈같은 즐거움의 눈물 흘러라.

20-1 원문 : 들도리

들꼿츤
픠여
흐터젓서라.

들풀은
들로 한벌가득키 자라놉팟는데,
뱀의헐벗은 묵은옷은
길분전의바람에 날라도라라.

저보아, 곳곳이 모든것은

번쩍이며 사라잇서라.
두나래 펄쳐떨며
소리개도 놉피써서라.

때에 이내몸
가다가 쏘다시 쉬기도하며,
숨에찬 내가슴은
깁븜으로 채와져 사뭇넘처라.

거름은 다시금 쏘더 압프로……

20-2 주석

· 들도리 : 흔히 '들노리(들놀이)'로 해석하나 정확한 의미는 파악할 수 없다. '들돌이'도 해석상의 여지가 남는다.
· 길분전 : 해독이 불가능한 시어이다. 민속 제례 의식의 일종이 아닌가 한다.

20-3 정본 모형

들꽃은
피어
흩어졌어라.

들풀은
들로 한 벌 가득히 자라 높았는데,
뱀의 헐벗은 묵은 옷은

길 분전(分傳)의 바람에 날아 돌아라.

저 보아, 곳곳이 모든 것은
번쩍이며 살아 있어라.
두 나래 펼쳐 떨며
소리개도 높이 떴어라.

때에 이내 몸
가다가 또다시 쉬기도 하며,
숨에 찬 내 가슴은
기쁨으로 채워져 사뭇 넘쳐라.

걸음은 다시금 또 더 앞으로……

21-1 원문 : 바라건대는 우리에게우리의 보섭대일쌍이 잇섯더면

나는 꿈꾸엿노라, 동무들과내가 가즈란히
벌까의하로일을 다맛추고
夕陽에 마을로 도라오는꿈을,
즐거히, 꿈가운데.

그러나 집일흔 내몸이어,
바라건대는 우리에게 우리의보섭대일쌍이 잇섯드면!
이처럼 써도르랴, 아츰에점을손에
새라새롭은歎息을 어드면서.

東이랴, 南北이랴,
내몸은 떠가나니, 볼지어다,
希望의반짝임은, 별빗치아득임은.
물결뿐 떠올나라, 기슴에 팔다리에.

그러나 엇지면 황송한이心情을! 날로 나날이 내압페는
자춧가느른길이 니어가라. 나는 나아가리라
한거름, 또한거름. 보이는山비탈엔
온새벽 동무들 저저혼자……山耕을김매이는.

21-2 주석 및 논평

- 시집 『진달래꽃』에 있는 시 중에서 가장 명시적인 저항시라고 할 수 있다.
- 보섭 : 보습. 삽 비슷한 농기구.
- 점을손 : 저물녘. 날이 저무는 저녁때. 소월시 추회(追悔)에 나오는 석양손은 해질녘이다.
- 새라새롭은 : 새롭디 새로운.
- 기슴 : 모든 이본(異本)은 이를 '가슴'의 명백한 오식으로 간주하며 교열했으나, 이 교열이 사실은 오류인 듯하다. '기슴'은 '기음'(김)이다. 즉 기슴은 논밭에 난 잡풀이며, 시인은 여기에 희망의 반짝임과 별빛의 아득임이 물결처럼 떠오르고 있다고 표현한다. 이 기슴은 한쪽으로 지슴 · 지심으로, 한쪽으로 기음 · 김으로 변천하였다. 이 대목에서 이상화 빼앗긴 들에도…의 '지심 매던 그 들(판)'을 상기할 수 있다.
- 산경(山徑)을 김매이는 : 산의 땅을 경작하는 데 김을 매는. (기슴과 김을 혼용하고 있음을 알 수 있다.)

· 시적 화자 '우리'는 공동체에 대한 시인의 관심을 나타내고 있다. 이 '우리'는 나라 잃은 백성, 더 구체적으로 말해 집 잃은 유민을 가리킨다. 「한국시의 형이상」(세대, 1968. 7)이란 논문을 발표한 김우창은 이 시를 두고 김소월 시의 전망에 정치적인 답변을 준 드문 시 즉 간헐성을 인정하였지만, 그의 시에서 조국의 상실을 '집 잃음'의 모티프로 대유한 경우는 흔한 사례에 속한다.
· 이 시의 주제는 '가느른 길'을 중심으로 한 전후의 문맥에 집중적으로 암시되어 있다. 이를테면, 우리의 미리에 평탄하지 않는 간고한 나날의 연속이 있을지라도 우리는 희망을 향해 앞으로 나아가야겠다는 것. 건강한 노동에의 의욕이 반영된 작품이다.

21-3 정본 모형

나는 꿈꾸었노라, 동무들과 내가 가지런히
벌가의 하루 일을 다 마치고
석양에 마을로 돌아오는 꿈을,
즐거이, 꿈 가운데.

그러나 집 잃은 내 몸이여,
바라건대는 우리에게 우리의 보습 대일 땅이 있
었다면!
이처럼 떠돌으랴, 아침에 저물손에
새라새로운 탄식을 얻으면서.

동이랴, 남북이랴,
내 몸은 떠가나니, 볼지어다,

희망의 반짝임은, 별빛이 아득임은.
물결뿐 떠올라라, 가슴에 팔다리에.

그러나 어쩌면 황송한 이 심정을! 날로 나날이
내 앞에는
자칫 가느른 길이 이어가라. 나는 나아가리라
한걸음, 또 한걸음. 보이는 산비탈엔
온 새벽 동무들 저 저 혼자…… 산경(山耕)을 김
매이는.

22-1 원문 : 밧고랑 우헤서

우리두사람은
키놉피가득자란 보리밧, 밧고랑우헤 안자서라.
일을畢하고 쉬이는동안의깃븜이어.
지금 두사람의니야기에는 꼿치필때.

오오 빗나는太陽은 나려쏘이며
새무리들도 즐겁은노래, 노래불너라.
오오 恩惠여, 사라잇는몸에는 넘치느恩惠여,
모든은근스럽음이 우리의맘속을 차지하여라.

世界의끗튼 어듸? 慈愛의하눌은 넓게도덥혔는데,
우리두사람은 일하며, 사라잇섯서,
하눌과太陽을 바라보아라, 날마다날마다도,
새라새롭은歡喜를 지어내며, 늘 갓튼땅우헤서.

다시한番 活氣잇게 웃고나서, 우리두사람은
바람에일니우는 보리밧속으로
호믜들고 드러갓서라, 가즈란히가즈란히,
거러나아가는깃븜이어, 오오 生命의向上이어.

22-2 논평

- 원본은 『영대』 3호(1924. 10)에 발표되었다.
- 앞의 시 「바라건대는 우리에게…」의 분위기와 여러모로 유사하다. 서정주는 이 시를 두고 신의 섭리에 대한 은혜를 즐겁게 찬양하고 있다고 밝힌 바 있다. 반면에, 북한의 엄호석은 「김소월론」(조선작가동맹출판사, 1958)에서 이 시가 경신(敬神)적인 인상이 아니라 생활긍정적인 '빠포스'와 창조적 노력이 충만한 환희와 행복감을 용출시키고 있다고 평가한 바 있다.

22-3 정본 모형

우리 두 사람은
키 높이 가득 자란 보리밭, 밭고랑 위에 앉았어라.
일을 필(畢)하고 쉬는 동안의 기쁨이여.
지금 두 사람의 이야기에는 꽃이 필 때.

오오 빛나는 태양은 내려 쪼이며
새 무리들도 즐거운 노래, 노래불러라.
오오 은혜여, 살아 있는 몸에는 넘치는 은혜여,
모든 은근스러움이 우리의 맘속을 차지하여라.

세계의 끝은 어디? 자애의 하늘은 넓게도 덮였는데,
우리 두 사람은 일하며, 살아 있어서,
하늘과 태양을 바라보아라, 날마다 날마다도,
새라새로운 환희를 지어내며, 늘 같은 땅 위에서.

다시 한 번 활기 있게 웃고 나서, 우리 두 사람은
바람에 일니우는 보리밭 속으로
호미 들고 들어갔어라, 가지런히 가지런히,
걸어 나아가는 기쁨이여, 오오 생명의 향상이여.

23-1 원문 : 默念

이슥한밤, 밤긔운 서늘할제
홀로 窓턱에거러안자, 두다리느리우고,
첫머구리소래를 드러라.
애처롭게도, 그대는먼첨 혼자서잠드누나.

내몸은 생각에잠잠할때. 희미한수풀로서
村家의厄맥이祭지나는 불빗츤 새여오며,
이윽고, 비난수도머구소리와함께 자자저라.
가득키차오는 내心靈은……하늘과ᄯᅡᆼ사이에.

나는 무심히 니러거러 그대의잠든몸우헤 기대여라
움직임 다시업시, 萬籟는 俱寂한데,
照耀히 나려빗추는 별빗들이
내몸을 잇그러라, 無限히 더갓갑게.

23-2 주석 및 논평

· 머구리 : 개구리의 옛말

· 촌가(村家)의액(厄)맥이제(祭) : 우리나라의 민간습속에 예로부터 고을의 재앙을 막기 위한 굿놀이(축제)가 전해져 왔다. 이를 '골막이굿'이라고 한다. 짐작건대, '촌가의액맥이제'도 '장승제'와 더불어 골막이굿의 변형일 것이다. 액막이굿은 보통 음력 1월 15일경에 행해진다.

· 비난수 : 문맥상으로 볼 때 '무당이 넋두리하는 소리' 이다.

· 만뢰(萬籟)는 구적(俱寂)한데 : 모든 소리는 잠잠하여 아주 조용한데.

· 서정시의 일반적 특성은 주객의 경계가 소멸된 혼연일체의 상태에 있다. 그렇다면, 이 시는 소월 시 가운데서 가장 서정적인 장르적 특성을 가지고 있다. 서정적 자아의, 봄맞이에 대한 생의 환희를 노래한 금잔디처럼 이 시 역시 이른바 만물조응(correspondence)을 느끼게 한다. 시인의 영감과 대자연의 비밀스런 정령이 완벽한 서로의 조화 속에 깃들여 있기 때문이다.

· 내심령(心靈)은 : 하늘과 땅 사이에 라는 대목을 보면, 동양의 전통적 서정시관을 표현한 한 명제인 '시자천지지심(侍者天地之心)'을 연상케 한다.

23-3 정본 모형

이슥 한 밤, 밤 기운 서늘할 제
홀로 창턱에 걸어 앉아, 두 다리 늘이우고,
첫 머구리 소리를 들어라.
애처롭게도, 그대는 먼첨 혼자서 잠드누나.

내 몸은 생각에 잠잠할 때. 희미한 수풀로서
촌가의 액막이 제(祭) 지내는 불빛은 새어오며,
이윽고, 비난수도 머구리 소리와 함께 잦았어라.
가득히 차오는 내 심령(心靈)은…… 하늘과 땅 사이에

나는 무심히 일어 걸어 그대의 잠든 몸 위에 기대여라
움직임 다시 없이, 만뢰는 구적한데,
희요(熙耀)히 내려 비추는 별빛들이
내 몸을 이끌어라, 무한히 더 가깝게.

24-1 원문 : 悅楽

어둡게깁게 목메인하눌.
쑴의품속으로서 구러나오는
애달피잠안오는 幽靈의눈결.
그림자검은 개버드나무에
쏘다쳐나리는 비의줄기는
흘늣겨빗기는 呪文의소리.

식컴은머리채 푸러헷치고
아우성하면서 가시는짜님.
헐버슨버레들은 쑴트릴때,
黑血의바다. 枯木洞屈.
啄木鳥의
쪼아리는소리, 쪼아리는소리.

24-2 주석 및 논평

- 개버드나무 : 민간신앙의 관점에서 볼 때 버드나무는 유령과 성관계를 맺는 동시에 귀신을 쫓는 마력을 가지고 있다고 믿어지는 나무이다. 이때 나무는 여성적인 특성을 드러낸다.
- 비의줄기는 : 빗줄기에
- 呪文의소리 : 남녀가 성교를 할 때 내는 신음 소리
- 이 시는 정신분석학적인 해석이 아니고는 풀이 할 수 없는 매우 난해한 시이다. 에로스적인 성의 충동과 타나토스적인 죽음의 충동이 서로 어울려 성적 오르가즘의 의미를 강하게 연상시키고 있는 시이다. 꿈과 공포의식이 결합된 일종의 몽유현상(somnambulism)으로 볼 수 있다.

24-3 정본 모형

어둡게 깊게 목매인 하늘.
꿈의 품속으로서 굴러 나오는
애달피 잠 안 오는 유령의 눈결.
그림자 검은 개버드나무에
쏟아져 내리는 비의 줄기는
흐느껴 비끼는 주문(呪文)의 소리.

시컴은 머리채 풀어헤치고
아우성하면서 가시는 따님.
헐벗은 벌레들은 꿈틀일 때,
흑혈(黑血)의 바다. 고목 동굴(枯木洞窟).
탁목조(啄木鳥)의

쪼아리는 소리, 쪼아리는 소리.

25-1 원문 : 비난수하는맘

함께하려노라, 비난수하는나의맘,
모든것을 한짐에묶거가지고가기까지,
아츰이면 이슬마즌 바위의붉은줄로,
긔여오르는해를 바라다보며, 입을버리고.

떠도러라, 비난수하는맘이어, 갈메기가치,
다만 무덤쁜이 그늘을얼는이는 하눌우흘,
바다까의. 일허바린세상의 잇다든모든것들은
차라리 내몸이죽어가서업서진것만도 못하건만.

또는 비난수하는나의맘, 헐버슨山우헤서,
떠러진닙 타서오르는, 낸내의한줄기로,
바람에나붓기라 져녁은, 흐터진거믜줄의
밤에매든든이슬은 곳다시 떠러진다고 할지라도.

함께하려하노라, 오오 비난수하는나의맘이어,
잇다가업서지는세상에는
오직 날과날이 닭소래와함께 다라나바리며,
갓가웁는, 오오 갓가웁는 그대쁜이 내게잇거라.

25-2 주석 및 논평

· 시의 제목 「비난수하는맘」은 문맥상 '기도하는 마음' 으로 해석

되어야 할 것이다.

- 비난수 : 정주 출신의 국어학자 이기문은 정주 방언 '비난수'를 무당이나 소경이 귀신에게 비는 말이라고 설명한 바 있다. 이를테면 비난수는 넋두리, 공수, 신탁 등을 가리킨다.
- 낸내 : 냇내. 평북 방언으로는 '연기'이고, 표준어로는 '연기의 냄새'이다.
- 갓가웁는 : 가까운
- 이 시를 통해 '있다가 없어지는 세상'이 암시하듯이 환혹(幻惑)적인 소멸의 미학과 세계고(世界苦)의 염세관을 엿볼 수 있다. 그럼에도 불구하고, 이 시는 '함께 하려'하는 공존, 공생의 집단적 삶의식도 반영하고 있다.

25-3 정본 모형

함께하려노라, 비난수하는 나의 맘,
모든 것을 한 짐에 묶어가지고 가기까지,
아침이면 이슬 맞은 바위의 붉은 줄로,
기어오르는 해를 바라다보며, 입을 벌리고.

떠돌아라, 비난수하는 맘이여, 갈매기같이,
다만 무덤뿐이 그늘을 얼른이는 하늘 위를,
바닷가의. 잃어버린 세상의 있다던 모든 것들은
차라리 내 몸이 죽어가서 없어진 것만도 못하건만.

또한 비난수하는 나의 맘, 헐벗은 산 위에서
떨어진 잎 타서 오르는, 낸내의 한 줄기로,
바람에 나부껴라 저녁은, 흩어진 거미줄에

밤에 맺혔던 이슬은 곧 다시 떨어진다고 할지라도.

함께하려 하노라, 오오 비난수하는 맘이여,
있다가 없어지는 세상에는
오직 날과 날이 닭소리와 함께 달아나버리며,
가끼웁는, 오오 가까웁는 그대뿐이 내게 있거라!

26-1 원문 : 招魂

산산히 부서진이름이어!
虛空中에 헤여진이름이어!
불너도 主人업는이름이어!
부르다가 내가 죽을이름이어!

心中에남아잇는 말한마듸는
씃씃내 마자하지 못하엿구나.
사랑하든 그사람이어!
사랑하든 그사람이어!

붉은해는 西山마루에 걸니웟다.
사슴이의무리도 슬피운다.
써러저나가안즌 山우헤서
나는 그대의이름을 부르노라.

서름에겹도록 부르노라.
서름에겹도록 부르노라.
부르는소리는 빗겨가지만

하늘과쌍사이가 넘우넓구만.

선채로 이자리에 돌이되여도
부르다가 내가 죽을이름이어!
사랑하든 그사람이어!
사랑하든 그사람이어!

26-2 주석 및 논평

- 초혼은 망자의 넋을 부르는 제사의식이거나, 그의 한을 풀어주는 진혼의식이리라. 이것은 넋부르기, 혼부르기, 복(復)부르기라고도 한다.
- 걸니웟다 : 걸리었다.
- 사슴이 : 이기문은 김이협의 『평북방어사전』(1981)에 등록된 '사시미'에 해당한다고 했다. 이승훈은 평북 방언으로서 소월시의 독특한 리듬이 살아난다고 했다. 그러나, 이 '사슴이'는 청산별곡의 '사ᄉᆞ미'를 계승한, 당시의 일반어인 것 같다.
- 빗겨가지만 : '비켜 가지만' 보다는 '비스듬히 가지만'으로 수용하는 것이 좋을 듯하다. 이어령의 말대로, 초혼하는 회장의 수리가 수직으로 상승하기 보다는 수평적으로 상승하기 때문이다.
- 돌 : 옛노래 「정읍사」, 「치술령곡」의 배경설화인 망부석과 상관하는 모티프이다.
- 이원섭은 이 시를 중국의 고대시가 「초사구가(楚辭九歌)」와 처음으로 비교한 바 있다.
- 필자는 『무슨 꽃으로 문지르는 가슴이기에』(1991)라는 책에서, 전율스러운 애정의 극치를 통해 보다 격정적인 아름다움을 느

낄 수 있다는 이 초혼을 두고, 식민지 시인의, 광복을 간절히 비원하는 의식으로도 볼 수 있다고 주장한 바 있다.

26-3 정본 모형

산산이 부서진 이름이여!
허공 중에 헤어진 이름이여!
불러도 주인 없는 이름이여!
부르다가 내가 죽을 이름이여!

심중(心中)에 남아 있는 말 한마디는
끝끝내 마저하지 못하였구나.
사랑하던 그 사람이여!
사랑하던 그 사람이여!

붉은 해는 서산 마루에 걸리었다.
사슴이의 무리도 슬피 운다.
떨어져 나가 앉은 산 위에서
나는 그대의 이름을 부르노라.

설움에 겹도록 부르노라.
설움에 겹도록 부르노라.
부르는 소리는 비껴 가지만
하늘과 땅 사이가 너무 넓구나.

선 채로 이 자리에 돌이 되어도
부르다가 내가 죽을 이름이여!

사랑하던 그 사람이여!
사랑하던 그 사람이여!

27-1 원문 : 개여울의 노래

그대가 바람으로 생겨낫스면!
달돗는개여울의 뷘들속에서
내옷의압자락을 불기나하지.

우리가 굼벙이로 생겨낫스면!
비오는저녁 캄캄한녕기슭의
미욱한숨이나 쑤어를보지.

만일에 그대가 바다난끗의
벼랑에돌로나 생겨낫드면,
둘이 안고굴며 써러나지지.

만일에 나의몸이 불鬼神이면
그대의가슴속을 밤도아 태와
둘이함께 재되여스러지지.

27-2 주석 및 논평

· 남성적인 실연가가 주는 질풍노도의 격정을 느낄 수 있게 하는 작품이다. 김소월의 수고본 중에 제목 없는 일문시(日文時)(10행시)가 있다. 어법, 이미지, 분위기 등이 개여울의 노래와 매우 유사하다.

· 굼벙이 : 굼벵이. 매미의 유충.
· 녕기슭 : '고개의 기슭'인 듯.
· 미욱한 : 어리석고 미련한.
· 밤도아 태와 : 밤새도록 태워서
· 이 시는 선덕여왕과 지귀의 사연이 얽힌 심화요탑(수이전)과 관련을 맺어 볼 수 있다.

27-3 정본 모형

그대가 바람으로 생겨났으면!
달 돋는 개여울의 빈 들 속에서
내 옷의 앞자락을 불기나 하지.

우리가 굼벵이로 생겨났으면!
비 오는 저녁 캄캄한 영 기슭에
미옥한 꿈이나 꾸어를 보지.

만일에 그대가 바다난 끝의
벼랑에 돌로나 생겨났다면,
둘이 안고 굴며 떨어나지지.

만일에 나의 몸이 불귀신이면
그대의 가슴속을 밤도와 태어
둘이 함께 재 되어 스러지지.

28-1 원문 : 길

어제도하로밤
나그네집에
가마귀 가왁가왁 울며새엿소.

오늘은
ᄯᅩ몃十里
어듸로 갈까.

山으로 올나갈까
들로 갈까
오라는곳이업서 나는 못가로.

말마소 내집도
定洲郭山
車가고 배가는곳이라오.

여보소 공중에
저기러기
열十字복판에 내가 섯소.

갈내갈내 갈닌길
길이라도
내게 바이갈길은 하나업소.

28-2 주석 및 논평

- 화자는 소월 자신이다. 자전적 화자임을 가리키는 단서는 소월의 고향인 '정주곽산'에 있다.
- 가왁가왁 : 까마귀 울음소리. 독특한 맛과 울림을 느끼게 하는 소월 유의 음성 상징어.
- 바이 : 전혀
- '길 잃음'의 정서는 '집 없음'과 마찬가지로 국가상실의 비애감으로부터 비롯된다. 현실에 부딪혀보고 부딪힌 현실을 통해 비극적 상황을 인식하거나 의식의 지평을 확대한다. 소위 '뿌리 뽑힌 자'의 존재의 자기상을 투사하고 있는 이 시는 식민지 지식인의 정신적 방황의식과 실존적 위기의식을 묘사한 수작 중의 수작이다. 현실에 동요하는 소월 자신의 내면 풍경이 투명하게 반영되어 있다.
- 화자는 '기러기'를 통해 귀소본능과 자유에의 갈망을 나타내고 있다. 열십자 복판에서 있는 '나'는 방향감각을 상실한 식민지 지식인 전체를 대표하고 있다.
- 마지막 연은 'ㄱ' 음의 절묘한 반복 외에도 갈래갈래 찢기는 듯한 심정을 잘 나타내고 있다.

28-3 정본 모형

어제도 하룻밤
나그네 집에
까마귀 가왁가왁 울며 새었소.

오늘은

또 몇십 리
어디로 갈까.

산으로 올라갈까
들로 갈까
오라는 곳이 없어 나는 못 가오.

말 마소 내 집도
정주곽산(定州郭山)
차 가고 배 가는 곳이라오.

여보소 공중에
저 기러기
공중에 길 있어서 잘 가는가?

29-1 원문 : 가 는 길

그립다
말을할까
하니 그리워

그냥 갈까
그래도
다시 더한番……

저山에도 가마귀, 들에 가마귀,
西山에는 해진다고

지저귑니다.

압江물, 뒷江물
흐르는물은
어서 싸라오라고 싸라가쟈고
흘너도 넌다라 흐릅듸다려.

29-2 주석 및 논평

· 원본은 『개벽』 40호(1923. 10)에 발표되었다.
· 흐릅듸다려 : 이기문에 의하면, '읍듸다려'와 '읍데다레'와 '웁디다레'는 정주 방언에 속한다.
· 저뭇한 풍경 속의 머뭇거림이 인상적인 작품이다. 그리움과 아쉬움이 혼재하는 정서, 밀고 당김이 혼류하는 강물 등을 통해 시적 긴장과 이미지 빚음의 기량을 잘 살려내고 있다.

29-3 정본 모형

그립다
말을 할까
하니 그리워

그냥 갈까
그래도

다시 더 한 번……

저 산에도 까마귀, 들에 까마귀,
서산에는 해진다고
지저귑니다.

앞강물, 뒷강물
흐르는 물은
어서 따라오라고 따라가자고
흘러도 연달아 흐릅디다려.

30-1 원문 : 往十里

비가 온다
오누나
오는비는
올지라도 한닷새 왓스면죠치.

여드래 스무날엔
온다고 하고
초하로 朔望이면 간다고햇지.

웬걸, 저새야
울냐거든
往十里건너가서 울어나다고,
비마자 나른해서 벌새가 운다.

天安에삼거리 실버들도
촉촉히저젓서 느러젓다데.

비가와도 한닷새 왓스면죠치.
구름도 山마루에 걸녀서 운다.

30-2 주석 및 논평

- 원본은 『신천지』 9호(1923. 8)에 발표되었다.
- 여드레 스무날 : 음력 스무 여드렛날.
- 삭망(朔望) : 음력 초하루를 가리키므로 동어 반복임.
- 벌새 : 새 가운데 가장 작은 종류의 새. 꽃가루를 매개함.
- 느려젓다네 : 늘어졌다고 하데.
- 제 1련은 기본형 '오다'의 다섯 가지 활용 형태-온다, 오누나, 오는, 올지라도, 왔으면-가 주는 반복적인 리듬이 돋보인다.
- 이승훈(문학사상, 1985. 7, 262면)은 이 시의 순차적 시간관계를 문제삼고 있으나, 화자는 속신(俗信)에 근거하여 음력 5월 28일에서 다음달 6월 1일까지를 장마철로 보고 있다. 또, 그는 여름날 장마철의 나른한 정서를 통하여 삶의 권태로움을 슬몃 비추어주고 있다.

30-3 정본 모형

비가 온다
오누나
오는 비는
올지라도 한 닷새 왔으면 좋지.

여드레 스무 날엔
온다고 하고

초하루 삭망이면 간다고 했지.
가도 가도 왕십리 비가 오네.

웬걸, 저 새야
울려거든
왕십리 건너가서 울어나 다오,
비 맞아 나른해서 벌새가 운다.

천안에 삼거리 실버들도
촉촉이 젖어서 늘어졌다데.
비가 와도 한 닷새 왔으면 좋지.
구름도 산마루에 걸려서 운다.

31-1 원문 : 진달래쏫

나보기가 역겨워
가실때에는
말업시 고히 보내드리우리다

寧邊에 藥山
진달래쏫
아름짜다 가실길에 뿌리우리다

가시는거름거름
노힌그쏫츨
삽분히즈려밟고 가시옵소서

나보기가 역겨워
가실때에는
죽어도아니 눈물흘니우리다

31-2 주석 및 논평

- 『개벽』 25호(1922. 7)에 발표되었다가 시집에 수록할 때 일부 개작함.
- 시편의 제명은 '진달내쏫'이며, 시집의 제명은 '진달래쏫'이다.
- 아름짜다 : '아름'은 두 팔로 벌려서 안을 수 있는 부피를 뜻한다.
- 즈려밟고 : 일반적으로 '지레밟고. 짓밟고'로 인식하고 있으나 앞의 '삽분히'와 의미상 모순과 충돌을 일으키기 때문에 두고두고 해석상의 문제가 될 수 있는 시어이다.
- '우' '영변에' '아름' '아니' 등은 현저하게도 문법적인 탈선(deviation)에 해당한다.
- 꽃 뿌림의 행위는 불전에 꽃을 흩뿌려 부처를 공양하는 의식인 산화공덕을 연상하게 한다. 그것은 대상을 축복, 찬미하는 행위이며, 이 시에서는 그것이 떠나는 님을 증오하거나 저주하지 않겠다는 의미로 변용되고 있다. 그리고, 이 시는 민중적 내지 민족적 정한, 유교적 인륜에 입각한 휴머니즘 절망의 현실을 초극하는 절제된 정서 등과 관련하여 이해될 수 있다. 북한에서도 인민성 인도주의적 감격, 생활긍정의 의욕 등이 내포된 시로 이해해 왔다.
- W. B. 예이츠의 시와 시상이 흡사한 부분을 인용해본다 "……I have spread my dreams under your feet ; Tread softly because you tread on ny dreams." 이 시는 안서 김억이 1918년 『태서

문예신보』에 「꿈」이란 제목으로 번역한 바 있다.

31-3 정본 모형

나 보기가 역겨워
가실 때에는
말없이 고이 보내드리우리다

연변에 약산
진달래꽃
아름따다 가실 길에 뿌리우리다

가시는 걸음걸음
높인 그 꽃을
사뿐히 즈려밟고 가시옵소서

나 보기가 역겨워
가실 때에는
죽어도 아니 눈물 흘리우리다

32-1 원문 : 접동새

접동
접동
아우래비접동

津頭江가람까에 살든누나는

津頭江압마을에
와서웁니다

옛날, 우리나라
먼뒤쪽의
津頭江가람까에 살든누나는
이붓어미싀샘에 죽엇습니다

누나라고 불너보랴

오오 불설워
싀새음에 몸이죽은 우리누나는
죽어서 접동새가 되엿습니다

아웁이나 남아되든 오렙동생을
죽어서도 못니저 참아못니저
夜三更 남다자는 밤이깁프면
이山 저山 올마가며 슬피웁니다

32-2 주석 및 논평

- 『배재』 2호(1923. 3)에 발표했다가 개작하여 시집에 수록하였음.
- 소월의 숙모 계희영 여사는 당시 서북 지방에 유포된 접동새 배경 설화를 어린 시절의 김소월에게 들려주었다고 증언한 적이 있다.
- 아우래비 : '아웁 오랩'으로 해석하면 '아홉명의 오래비'가 되고,

'아우 오래비'로 해석하면 남동생이 된다.

· 津頭江 : 조사에 의하면, 평안북도 박천 지방에 소재하는 강의 이름이다.
· 뒤쪽 : 문맥상, '뒤쪽'이라기보다는 '북쪽'을 뜻하는 것 같다. 『용비어천가』(1447)에 북천동을 '뒷샘골'이라 표현하고 있거나, 『훈몽자회』(1527)에도 '앎남(南)' '뒤북(北)'이라고 뜻을 새기고 있는 데 그 근거를 찾을 수 있다.
· 불설워 : '몹시 서러워'는 오독이다. 김이협의 『평북방언사전』에는 '살림이 곤궁하여 신세가 매우 가엾다'라고 풀이하고 있다. 이 시어의 용례는 김억의 「코스모스」에도 나타나고 있는 바, "불서럽은 그 경상(景狀)하도 애연해"가 바로 그것이다. 사람의 마음에 깊은 느낌을 주는 시어이다.
· 남아되든 : 남게 된.
· 이 시의 주된 정조는 모성적인 의식의 상실감으로부터 기인된 포한의 정서이다. 몸과 접동새 육신과 화신의 관계는 물신적인 초자연성에 근거하고 있다 화자는 전래된 민담을 얘기하는 설화자이며 청자는 이에 귀를 기울이는 극화된 청중이다. 화자의 말은 민간의 비극적 카타르시스를 느끼게 하기에 충분하다.

32-3 정본 모형

접동
접동
아우래비 접동

진두강 가람가에 살던 누나는
진두강 앞마을에

와서 웁니다

옛날, 우리 나라
먼 뒤쪽의
진두강 가람가에 살던 누나는
의붓어미 시샘에 죽었습니다

누나라고 불러보랴
오오 불설워
시새움에 몸이 죽은 우리 누나는
죽어서 접동새가 되었습니다

아홉이나 남아되던 오랩 동생을
죽어서도 못 잊어 차마 못 잊어
야삼경 남 다 자는 밤이 깊으면
이산 저산 옮아가며 슬피 웁니다

33-1 원문 : 山有花

山에는 꼿픠네
꼿치픠네
갈 봄 녀름업시
꼿치픠네

山에
山에
픠는꼿은

저만치 혼자서 픠여잇네

山에서우는 적은새요
꽃치죠와
山에서
사노라네

山에는 꼿지네
꼿치지네
갈 봄 녀름업시
꼿치지네

33-2 주석 및 논평

- 조선총독부와 문세영이 1920～30년대에 각각 편찬한 『조선어사전』에 의하면 산유화는 메나리 즉 농요(農謠)이다. 그러나 이 시의 제목과는 무관하다.
- 갈 : 가을
- 적은새요 : 작은 새여.
- 새는 서정적 자아의 감정이 이입된 대상이다. 반면에 꽃은 화자의 자연친화적 정서로부터 반하는 객관적인 거리에 존재하는 대상이다. 개화와 낙화, 생성과 사멸, 공존과 고독 등의 무수한 반복의 도정 속에서 우주론적 조화의 세계는 완결된다.
- 이 시에서의 난해한 부분은 '저만치' 이다. 일종의 시적 모호성이라 할 수 있다. 김용직은 「소월시와 앰비귀이티」(현대문학, 1970. 11)에서 '저만치'를 1.거리(저기, 저쪽) 2.상태(저렇게) 3.정황(저와 같은)으로 해석할 수 있다고 설명했다. 3의 경우가

적합하다면, '저만치'는 '자기만큼이나' 혹은 '자신의 처지와도 같이' 정도로 이해되어야 한다.

33-3 정본모형

산에는 꽃피네
꽃이 피네
갈 봄 여름 없이
꽃이 피네

산에
산에
피는 꽃은
저만치 혼자서 피어 있네

산에서 우는 작은 새여
꽃이 좋아
산에서
사노라네

산에는 꽃 지네
꽃이 지네
갈 봄 여름 없이
꽃이 지네

34-1 원문 : 첫치마

봄은 가나니 저믄날에,
꼿츤 지나니 저믄봄에,
속업시 우나니 지는꼿츨,
속업시 늣기나니 가는봄을.
꼿지고 닙진가지를 잡고
밋친듯 우나니, 집난이는
해다지고 저믄봄에
허리에도 감은첫치마를
눈물로 함빡히 쥐여짜며
속업시 우노나 지는꼿츨,
속업시 늣기노나, 가는봄을.

34-2 주석 및 논평

- 『개벽』 19호(1922. 1)에 발표했으나 개작하여 시집에 등재하였음.
- 집난이 : 출가녀(出嫁女)를 가리키지만 여기에서는 어감상 '새댁'이 정확하다. 이기문의 기억에 의하면, 정부 방언 중에 새로 시집간 색시를 가리키는 '진나니'가 있다. 그렇다면, 소월의 '집난이'는 '진난이'의 어원을 해석한 결과로 수용된다.
- 북한의 엄호석(1958)은 이 시에 강요당한 시집살이를 서러워하는 여성의 애수와, 조혼에 대한 증오의 감정이 동거하고 있다고 주장한 바 있다. 그러나 봉건제에 대한 비판이 작품의 이면에 감추어져 있으므로 비판적 사실주의를 인정되기에는 한계가 있다고 아쉬워했다. 사회문학적인 해석의 작위적인 면을 어느 정도 짐작할 수 있다.

34-3 정본 모형

봄은 가나니 저문 날에,
꽃은 지나니 저문 봄에,
속없이 우나니, 지는 꽃을,
속없이 느끼나니 가는 봄을.
꽃 지고 잎 진 가지를 잡고
미친 듯 우나니, 집난이는
해 다 지고 저문 봄에
허리에도 감은 첫치마를
눈물로 함빡이 쥐어짜며
속없이 우노나 지는 꽃을,
속없이 느끼노나, 가는 봄을.

35-1 원문 : 닭은꼬꾸요

닭은 꼬꾸요, 꼬꾸요 울제.
헛잡으니 두팔은 밀녀낫네.
애도타리만치 기나긴밤은……
꿈깨친 뒤엔 감도록 잠아니오네.

우헤는 淸草언덕, 곳은 깁섬.
엇저녁대인 南浦배깐.
몸을 잡고 뒤재며 누엇스면
솜솜 하개도 감도록 그리워오네.

아모리 보아도

밝은燈불, 어스렷한데.
감으면 눈속엔 흰모래밧,
모래에 얼인 안개는 물우헤슬제.

大同江뱃나루에 해도다오네.

35-2 주석 및 논평

- 감도록 : 사전적 해석으로는 불충분하다. 즉 '감다'는 '어떤 생각이 마음속 깊이 자리를 잡다'를 의미한다.
- 뒤재며 : '뒤재다'는 '뒤척이다'의 방언. 「그를 꿈꾼 밤」에도 "아무리 혼자 누워 몸을 뒤재도"라는 표현이 있다.
- 솜솜 하개도 : '솜솜하다'는 '잊혀지지 않아 눈앞에 아른거린다'의 뜻을 지는 방언.
- 물우헤슬제 : 물 위에 스러질 적에

35-3 정본 모형

닭은 꼬꾸요, 꼬꾸요 울 제,
헛잡으니 두 팔은 밀려났네.
애도 타리만치 기나긴 밤은……
꿈 깨친 뒤엔 감도록 잠 아니 오네.

위에는 청초(青草) 언덕, 곳은 깁섬.
엊저녁 대인 남포(南浦) 뱃간.
몸을 잡고 뒤재며 누었으면
솜솜하게도 감도록 그리워오네.

아무리 보아도 밝은 등불, 어스렷한데.
감으면 눈 속에 흰 모래밭,
모래에 어린 안개는 물 위에 슬 제

대동강 뱃나루에 해 돋아오네.

36-1 원문 : 길손

얼굴횔슴한길손이어,
지금막, 지는해도그림자조차
그대의 묵업은발아래로
여지도 업시스러지고마는데

들너보는그대의눈길을막는
섞죽섞죽한멧봉우리
긔여오르는구름씃테도
빗긴놀은붉어라, 압피밝게.

천천히밤은외로히
금시스럽게덧터나리나니
물소래쳐량한냇물가에,
잠가느 그대의발길을멈추라.

길손이어,
별빛세푸르도록푸른밤이고요하고
맑은바람은짬을씨처라.
그대의씨달픈마음을가다듬을지어다.

36-2 주석 및 논평

·『배재』 2호(1923.3)에 발표된 시. 시집에 수록되지 않았지만 좋은 시이다.
·묵업은 : 무거운.
·쀼죽쀼죽 : '뾰족뾰족'보다 어감이 크다.
·딋터 : 지쳐
·씨처라 : 스쳐라. 스치는구나.
·씨달픈 : 잔약하고 고달픈. 피곤한.
·마음의 안식을 누리고 싶은 심정이 잘 반영되어 있다.

36-3 정본 모형

얼굴 희끔한 길손이여,
지금 막, 지는 해도 그림자조차
그대의 무거운 발 아래로
여지도 없이 스러지고 마는데

둘러보는 그대의 눈길을 막는
쀼죽쀼죽한 멧봉우리
기어오르는 구름 끝에
비낀 놀은 붉어라, 앞이 밝게.

천천이 밤은 외로이
근심스럽게 지쳐 내리나니
물소리 처량한 냇물가에,
잠깐, 그대의 발길을 멈추어라.

길손이여,
별빛에 푸르도록 푸른 밤이 고요하고
맑은 바람은 땀을 스쳐라.
그대의 씨달픈 마음을 가다듬을지어다.

37-1 원문 : 信仰

눈을 감고 잠잠이 생각하라
무거운 짐에 우는목숨에는
밧어가질 安息을 더하랴고
반듯이 힘잇는 도음의손이
그대들을 위하야 기다릴지니.

그러나 길은 다 하고 날이 저므는가
애처럽은 人生이어
鐘소리는 배밧비 흔들니고
애쑤즌 弔歌는 빗겨올때,
머리 숙으리며 그대 歎息하리,

그러나 쑤러안저 고요히
빌라, 힘잇게 敬虔한게.
그대의 맘가운데
그대를 지키고 잇는 아름답은 神을
노피 우러러 敬拜하라.

멍에는 괴롭고 짐은 무거워도
두다리든 門은 멀지안아 열릴지니,

가슴에품고잇는 明滅의 그등잔을
부드럽은 叡智의 기름으로
채우고 또 채우라.

그리하면 목숨의 봄두던의
살음을 感謝하는 노픈가지
니젓든眞理의 봉우리에 닙흔피여
신앙의 불붓는 고은잔듸
그대의 헐벗은 靈을 싸덥흐리.

37-2 주석 및 논평

- 출전은 『신여성』(1924. 6)과 『개벽』 55호(1925. 1)이다. 소월 자신은 시를 '구작(舊作)'이라고 스스로 밝히고 있다. 짐작컨대, 학창시절에 쓴 작품인 듯하다.
- 도음 : 도움.
- 배밧비 : ?
- 애 꾸즌 : 애꿎은. 죄없이 횡액을 당하여 억울한.
- 빗겨올때 : 비스듬히 돌려올 때.
- 봄두던 : 봄 언덕.
- 살음 : 삶. 생명.
- 소월 시 중에서 보기 드물게 종교적 신앙을 제재로 삼고 있는 작품이다. '예지의 기름'은 성유(聖油)의 이미지를 함유하고 있다. 기름을 채우라든지, '불붓는'이라든지 하는 것으로 보아 여혼의 다비(茶毘) 의식을 암시하거나 묘사하고 있는 듯하다.

37-3 정본 모형

눈을 감고 잠잠이 생각하라
무거운 짐에 우는 목숨에는
받어가질 안식을 더하려고
반드시 힘있는 도움의 손이
그대들을 위하여 기다릴지니

그런 길은 다하고 날이 저무는가
애처러운 인생이여
종소리는 배밧비 흔들리고
애꿎은 조가(弔歌)는 비껴올 때
머리 수그리며 그대 탄식하리.

그러나 꿇어앉아 고요히
빌라, 힘있게 경건하게.
그대의 맘 가운데
그대를 지키고 있는 아름다운 신을
높이 우러러 경배하라.

멍에는 괴롭고 짐은 무거워도
두드리는 문은 머지 않아 열릴지니,
가슴에 품고 있는 명멸의 그 등잔을
부드러운 예지의 기름으로
채우고 또 채워라.

그러하면 목숨의 봄 두던의

삶을 감사하는 높은 가지
잊었던 진리의 봉우리에 잎은 피어
신앙의 불붙는 고운 잔디
그대의 헐벗은 영(靈)을 싸 덮으리.

38-1 원문 : 녯님을 따라가다가 꿈깨여歎息함이라

븕은해西山우헤걸니우고
쌜못염근사슴이의무리는슬피울때,
둘너보면써러져안즌山과거츠른들이
차레업시어우러진외따롭은길을
나는홀로아득이며거럿노라,
불설업게도모신그女子의祠堂에
늘한자루燭불이타붓틈으로.

우둑키섯서내가볼때,
모라가는말은원암소래댕그랑거리며
唐朱紅漆에 藍絹의 휘장을달고
얼는얼는지나든가마한채.
지금이라도이름불너차즐수잇섯스면!
어늣대나心中에남아잇는한마듸말을
사람은마자하지못하는 것을.

오오내집의허러진門樓우헤
자리잡고안잣는그女子의
畵像은나의가슴속에서물조차날것마는!
오히려나는울고잇노라

생각은쉼쌘을지어주나니.
바람이나무가지를슷치고가면
나도바람결에붓쳐바리고마랏스면.

38-2 주석 및 논평

- 『영대』 5호(1925. 1)에 발표한 것으로 시집에는 미수록한 시.
- 썰못염근 : 뿔이 아직 여물지 못한. '염글다'는 '여물다'의 옛말.
- 차례업시 : 두서없이. 난잡하게. 몹쓸꿈에 "두새없는 저 까마귀……"란 표현이 있다. 문맥상의 의미는 질서가 없다는 뜻.
- 외짜롭은 : 외딴
- 불설엄게도 : 처지가 매우 딱하게도.
- 원암 : 표준어로는 워낭. 즉 마소의 턱 아래에 늘어진 쇠고리, 혹은 귀에서 턱 밑으로 단 방울.
- 이 시는 띄어쓰기가 무시되어 있다는 형태상의 특징과 샤머니즘적인 이미지가 강하다는 내용상의 특징을 아울러 지적할 수 있다.
- 이 시에 관한 유일한 언급은 김윤식의 논문 「혼과 형식」(1980)에 포함되어 있다. 인용하면 다음과 같다. "촛불이 늘 타오르는 서러운 어떤 여인의 사당(祠堂)과 '나'의 만남, 견사 휘장 두른 가마 타고 시집가던, 사랑하던 그 여인, 그리고 그 여자의 화상(畵像)을 문루(門樓)에 걸어 두고 보는 나의 지극한 한(恨)은 '심중(心中)의 마지막 한마디의 금제(禁制)' 자체인 것이다. (……) 과격하고도 병적 미의식에로 치달음은 논리적으로 명백하다."

38-3 정본 모형

붉은 해 서산 위에 걸리우고
뿔 못 여문 사슴의 무리 슬피 울 때,
둘러보면 떨어져 앉은 산과 거칠은 들이
차례 없이 어우러진 외따로운 길을
나는 홀로 아득이며 걸었노라,
불서럽게도 모신 그 여자의 사당에
늘 한 자루 촛불이 타 붙음으로.

우둑히 서서 내가 볼 때,
몰아가는 말은 워낭 소리 댕그랑거리며
당주홍칠(唐朱紅漆)에 남견(藍絹)의 휘장을 달고
얼른얼른 지나던 가마 한 채.
지금이라도 이름 불러 찾을 수 있었으면!
어느 때나 심중에 남아 있는 한마디 말을
사람은 마저 하지 못하는 것을.

오오 내 집의 헐어진 문루(門樓) 위에
자리 잡고 앉았는 그 여자의
화상(畵像)은 나의 가슴속에서 물조차 날 것마는!
오히려 나는 울고 있노라
생각은 꿈 뿐을 지어 주나니.
바람이 나뭇가지를 스치고 가면
나도 바람결에 부쳐 버리고 말았으면.

39-1 원문 : 옷과밥과自由

空中에 써단니는
저긔 저새여
네몸에는 털잇고 짓이잇지.
밧헤는 밧곡석
논에 물베.
눌하게 닉어서 숙으러젓네.
楚山 지나 狄踰嶺
넘어선다.
짐실은 저나귀는 너왜넘늬?

39-2 주석 및 논평

- 출전은 『동아일보』(1925. 1. 1)와 『백치』 2호(1928. 7)이다. 전자는 「서도여운(西道餘韻)」이란 제목으로 된 3련시이다. 여기에서는 통련시의 형태로 된 후자의 표기를 따랐다.
- 짓 : '깃'의 오식인지 구개음화인지 알 수 없다.
- 밧곡석 : 밭곡식.
- 물베 : 아직 채 마르지 아니한 물기 있는 벼.
- 눌하게 : 누렇게.
- 狄踰嶺 : 평북 강계에 있는 재.
- 공중의 새는 편히 쉴 안식처가 있지만 나그네인 화자에게는 그렇지 못하다. 일제하 현실의 뿌리를 내리지 못한 유민의 의식주 소유의 결여를 노래한 시로는 『백치』 2호에 함께 발표한 「나무리벌노래」가 있다.
- 유민들에겐 '밭곡식, 물벼'는 그림의 떡에 불과하다. 이때 시인

은 봉건지주와 일제가 수탈자임을 암시하고 있다. 『진달래꽃』에 실려 있는 「물마름」(8련 32행시)은 "정의의 기(旗)를 들던 그 사람이여.//그 누가 기억하랴 다복동에서/피물던 옷을 입고 외치던 일을" 즉 홍경래란을 소재로 한 시로서, 특히 서북인들의 민중적 원망을 서술하고 있다. 소월의 시 중에서 이른바 유일한 '단편서사시'라고 할 수 있다.

· 짐실은 나귀는 헐벗음과 자유 없음의 곤핍한 삶으로부터 벗어나지 못하고 있는 화자의 자기상에 투사한 객관적 상관물이다.

· 유종호의 「임과 집과 길」(세계의 문학, 1977, 봄)에 이 시에 대한 언급이 있어 다음과 같이 인용한다. "이 세상을 보다 풍요한 삶이 약속된 내세로 가는 눈물의 골짜기로 보는 종교관이나 궁핍과 자유 없음을 근원적인 인간 조건이라고 보는 철학 사상과 무연했던 소월에게 있어 옷과 밥과 자유를 모두 빼앗긴 상황이 헐벗고 굶주리고 자유 없는 식민지 조국의 현실이었음은 말할 필요조차 없다."

39-3 정본 모형

공중에 떠다니는
저기 저 새여
네 몸에는 털 있고 깃이 있지.
밭에는 밭곡식
논에 물벼
누렇게 익어서 수그러졌네.
초산(楚山) 지나 적유령
넘어선다.
짐 실은 저 나귀는 너 왜 넘니?

40-1 원문 : 次岸曙先生三水甲山韻

삼수갑산 내 왜왔노 삼수갑산 이 어듸뇨
오고나니 奇險타 아아 물도 만코 山 첩첩치라 아하하

내故鄕을 돌우가쟈 내고향을 내 못가네
삼수갑산 멀드라 아아 蜀道之難이 예로구나 어허허

삼수갑산 이 어듸뇨 내가 오고 내 못가네
不歸로다 내고향아 새가되면 쩌나가리라 아하하

님계신곳 내고향을 내못가네 왜못가네
오다 가다 야속타 아아 삼수갑산이 날 가둡엇네 아하하

내고향을 가고지고 오호 삼수갑산이 날가둡엇네

불귀로다 내몸이야 아아 삽수갑산 못버서난다 아하하

40-2 주석 및 논평

- 일명 「삼수갑산」이다. 김억의 「삼수갑산」을 차운(남의 시의 문자를 따서 시를 지음)한 화답시이다. 김억에게 보낸 마지막 서간문(1934. 9. 21)에 이 시가 적혀 있으며, 여기의 본문은 『신동아』 40호(1035. 2)의 표기를 따른다.
- 三水甲山 : 구체적 지명이지만 여기에서는 세계와 격절된 상징적 공간
- 蜀道之難 : 이백의 유명한 시구 "蜀道之難 難於上靑天"에서 따왔음.

즉, 촉나라 가는 길의 어려움이여, 푸른 하늘에 오른댄들 이처럼 어려우랴.

- 不歸 : 한 번 가고는 다시 돌아오지 못함. 즉, 죽음을 뜻함. 소월은 이 시를 끝으로 영원한 불귀의 객이 되고 말았다.
- 일종의 유언시로 읽혀도 좋을 이 시는 소월 최후의 유작이다. 죽음을 목전에 둔 소월의 스산한 내면 풍경을 잘 짐작할 수 있다. 측량할 수 있는 그의 고독의 깊이와, 괴로운 인생살이 내지 처세의 어려움을 견디다 못해 스스로 죽음을 선택한 그의 적발한 정신적 상황을 엿볼 수 있는 작품이다.

40-3 정본 모형

삼수갑산 내 왜 왔노, 삼수갑산 이 어디뇨
오고 나니 기험타, 아아 물도 많고 산 첩첩이라 아하하

내 고향을 돌아가자, 내 고향을 내 못 가네
삼수갑산 멀더라, 아아 촉도지난(蜀道之難)이 예로구나 아하하

삼수갑산 이 어디뇨, 내가 오고 내 못 가네
불귀(不歸)로다 내 고향아, 새가 되면 떠가리라 아하하

님 계신 곳 내 고향을 내 못 가네 내 못 가네
오다가다 야속타 아아 삼수갑산이 날 가두었네 아하하

내 고향을 가고 지고 오호 삼수갑산 날 가두었네
불귀로다 내 몸이야 아아 삼수갑산 못 벗어난다 아하하

41-1 爽快한아츰

무연한 벌우헤 드러다 노흔듯한 이집
쏘는 밤새에 어듸서 어쓰케 왓는지 아지못할 이비.
新開地에도 봄은 와서, 간열픈 빗줄은
쑥까의 아슴푸러한 개버들 어린엄도축이고,
난벌에 파릇한 누집파밧테도 쑤린다.
뒷가시나무밧테 깃드린 까치쎄 조화짓거리고
개굴까에서 오리와 닭이 마주안자 깃을 다듬는다.
무연한이벌, 심거서 자라는 쏫도업고 멧쏫도업고
이비에 장차 일홈몰을 들쏫치나 필는지?
壯快한 바닷물결, 쏘는丘陵의 微妙한 起服도업시
다만 되는대로되고 잇는대로잇는 무연한벌!
그러나 나는 낫바리지안는다, 이쌍이 지금 쓸쓸타고,
나는생각한다, 다시금, 시언한비빨이 얼굴을 칠째,
예서뿐 잇슬 압날의, 만흔 轉變의후에
이쌍이 우리의손에서 아름답아질것을! 아름답아질것을!

41-2 주석 및 논평

- 『삼천리』 56호(1943. 11)에 발표한 시이다.
- 무연한 : 주인 없는. 마치, 주인 없는 무덤을 무연분묘라고 하듯이.
- 간열픈 : 가냘픈.
- 엄 : 움(芽)의 옛말.
- 축이고 : 적시고
- 난벌 : 난들. 소월 시 다른 용례에도 '거친들난들'이 있다. 마을

에서 멀리 떨어진 탁 트인 들판. 이 난벌을 한자로 표현하면 광야, 광원 등이 된다.

- 메꽃 : 중세 국어에서는 '메'가 들을 뜻하지만 여기에서는 산으로 보아야 할 것이다. 즉, 산의 피어있는 꽃을 뜻한다.
- 소월의 살아생전 마지막으로 誌上에 발표한 작품이다. 죽음을 1년 앞둔 시점에 쓰인 시이지만 어둡지 않고 매우 희망차다. 無緣한, 즉 주인 없이 마구 내버려진 벌판 위에 서 있는 시인의 개척정신은 훗날 사회주의 국가건설을 위한 전진적 사상으로 이용되기도 했다.

41-3 정본 모형

무연한 벌 위에 들어다 놓은 듯한 이 집
또 밤새에 어디서 어떻게 왔는지 알지 못할 이 비.
신개지에도 봄이 와서, 가냘픈 빗줄은
둑가의 아슴푸레한 개버들 어린 엄도 축이고,
난벌에 파릇한 뉘 집 파밭에도 뿌린다.
뒷가시나무 밭에 깃들인 까치떼 좋아 지껄이고
개울가에서 오리와 닭이 마주 앉아 깃을 다듬는다.
무연한 이 벌, 심어서 자라는 꽅도 없고 멧꽂도 없고
이 비에 장차 이름 모를 들꽂이나 필는지?
장쾌한 바닷물결, 또는 구름의 미묘한 기복도 없이
다만 되는 대로 되고 있는 대로 있는 무연한 벌!
그러나 나는 내 버리지 않는다, 이땅이 지금 쓸쓸타고,
나는 생각한다, 다시금, 시원한 빛발이 얼굴을 칠 때,
예서뿐 있을 앞날의, 많은 전변의 후에
이땅이 우리의 손에서 아름다워질 것을! 아름다워질 것을!

배따라기

김동인

(…전략…)

이때에 기자묘 근처에서 무슨 슬픈 소리가, 떨리면서 봄 공기를 진동시키며 날아오는 것을 들었다. 나는 무심 중 귀를 기울였다.

영유 배따라기[1]다. 그것도 웬만한 광대나 기생은 발꿈치에도 미치지 못하리만한 그만큼, 그 배따라기의 주인은 잘 부르는 사람이었다.

비나이다, 비나이다.
산천후토 일월성신[2]
하누님[3] 전 비나이다.
실낱 같은 우리 목숨
살려 달라 비나이다.
에-야, 어그여지야.

---

1) 대표적인 서도 민요의 하나. '배떠나기'의 평안도 방언으로 알려져 있다.
2) 모든 토착신을 말함.
3) 한울님-하늘에 계시는 신-의 ㄹ탈락 현상.

여기까지 이르렀을 때에 저편 아래 물에서 장고(長鼓) 소리와 함께 기생의 노래가 울리어 오며 배따라기는 그만 안 들리게 되었다.

나는 이 년 전 한 여름을 영유서 지내본 일이 있다. 배따라기의 본곳[4]인 영유를 몇 달 있어본 사람은 한 속절없는 애처로움을 깨달을 터이다. 배따라기에 속절없는 눈물을 흘린 시인이 그 몇일고.

영유, 이름은 모르지만 ×산에 올라가서 내려다보면, 앞에는 망망한 황해이니, 거기 저녁때의 경치는 한 번 본 사람은 영구히 잊을 수가 없으리라. 불덩이 같은 커다란 시뻘건 해가 남실남실 넘치는 바다에, 도로 빠질 듯 도로 솟아오를 듯 춤을 추며 거기서 때때로 보이지 않는 배에서 배따라기만 슬프게 날아오는 것을 들을 때엔 눈물 많은 나는 때때로 눈물을 흘렸다. 이로 보아서, 어떤 원[5]의 아내가 자기의 모든 영화를 낡은 신같이 내어 던지고 뱃사람과 정처 없는 물길을 떠났다 함도 믿지 못할 말이랄 수가 없다.

영유서 돌아온 뒤에도, 그 배따라기는 내 마음에 깊이 새기어져, 잊으려 아니 잊을 수가 없었고, 언제 한 번 다시 영유를 가서 그 노래를 한 번 더 들어보고, 그 경치를 다시 한 번 보고 싶은 생각이 늘 떠나지를 않았다.

장고 소리와 기생의 노래는 멎고 배따라기만 구슬프게 날아온다. 결결이 부는 바람으로 말미암아 때때로는 들을 수가 없으되, 나의 기억과 곡조를 부합하여 들은 배따라기는 여기이다.

> 강변에 나왔다가
> 나를 보더니만,
> 혼비백산하여
> 꿈인지 생시인지

---

4) 본고장.
5) 고을 수령.

와르륵 달려들어
섬섬옥수로 부처잡고,
호천망극(昊天罔極)[6] 하는 말이
"하늘로서 떨어지며
땅으로서 솟아났나.
바람결에 묻어오고
구름길에 싸여왔나"
이리 서로 붙들고 울음울 제,
인리제인(隣里諸人)[7]이며
일가친척이 모두 모여

여기까지 들은 나는 마침내 참지 못하고 벌떡 일어서서, 소나무 가지에 걸었던 모자를 내려 쓰고 그 곳을 찾으러 모란봉 꼭대기에 올라섰다. 꼭대기는 좀 더 노래 소리가 잘 들린다. 그는 배따라기의 맨 마지막, 여기를 부른다-.

밥을 빌어서
죽을 쑬지라도
제발 덕분에
뱃놈 노릇은 하지 마라.
에-야, 어그여지야…

그의 소리로서 방향을 찾으려던 나는, 그만 그 자리에 섰다.
어딘가? 기자묘, 혹은 을밀대?

---

6) 일반적으로 제사의 축문에서는 어버이의 다함없는 은혜를 말하지만, 여기에서는 다른 의미로 쓰이는 듯하다.
7) 가까운 마을에 살고 있는 여러 지인들.

그러나 나는 오래 서 있을 수가 없었다. 어떻든 찾아보자 하고, 현무문으로 가서, 문 밖에 썩 나섰다. 기자묘의 깊은 솔밭은 눈앞에 쫙 퍼진다.

어딘가?

나는 또 물어 보았다.

이때에 그는 또 다시 배따라기를 첫 번부터 부른다. 그 소리는 왼편에서 온다.

왼편이구나 하면서, 소리 나는 곳을 더듬어서 소나무 틈으로 한참 돌다가, 겨우 기자묘 대고는 그 중 하늘이 넓고 밝은 곳에, 혼자서 뒹굴고 있는 그를 찾아내었다. 나의 생각한 바와 같은 얼굴이다. 얼굴, 코, 입, 눈, 몸집이 모두 네모나고-그의 이마의 굵은 주름살과 시커먼 눈썹은, 고생 많이 함과 순전(純全)한[8] 성격을 나타낸다.

그는 어떤 신사가 자기를 들여다보는 것을 보고 노래를 그치고 일어나 앉는다.

"왜? 그냥 하지요."

하면서 나는 그의 곁에 가 앉았다.

"머……."

할 뿐, 그는 눈을 들어서 터진 하늘을 쳐다본다.

좋은 눈이었다. 바다의 넓고 큼이, 유감없이 그의 눈에 나타나 있다. 그는 뱃사람이라 나는 짐작하였다.

"잘하는 구레."

"잘 해요?"

그는 나를 잠깐 보고 사람 좋은 웃음을 띤다.

"고향이 영유요?"

"예, 머, 영유서 나기는 했디만, 한 이십 년 영유 가보디두 않았시요."

---

8) 아주 순수한.

"왜, 이십 년씩 고향엘 안 가요?"

"사람의 일이라니, 마음대로 됩데까?"

그는 왜 그러는지, 한숨을 짓는다.

"거저, 운명이 데일 힘 디다."

운명의 힘이 제일 세다는 그의 소리는 삭이지 못할 원한과 뉘우침이 섞여 있다.

"그래요?"

나는 다만 그를 건너다 볼 뿐이다.

한참 잠잠하니 있다가 나는 다시 말하였다.

"자 노형의 경험담이나 한 번 들어 봅시다. 감출 일이 아니면 한 번 이야기해 보소."

좀 있다가, 그는

"하디요."

하면서 내가 담배를 붙이는 것을 보고 자기도 대에 담배를 붙여 물고 이야기를 꺼낸다.

"십 구 년 전 팔월 열 하룻날 일인데요."

하면서 그가 이야기한 바는 대략 이와 같은 것이다.

그의 살던 마을은 영유 고을서 한 이십 리 떠나 있는 바다를 향한 조그만 동리이다. 그의 살던 조그만 마을(서른 집쯤 되는)에서는 그는 꽤 유명한 사람이었었다.

그의 부모는 모두 열댓 났을 때에 없었고, 남은 친척은 곁집에 딴 살림하는 그의 아우 부처[9]와 그 자기 부처뿐이었었다. 그들 형제가 그 마을에서 제일 부자이고 또 제일 고기잡이를 잘하였고, 그 중 글이 있었고, 배따라기도 그 마을에서 빼어나게 그 형제가 잘 하였다.

9) 부부의 높임말.

말하자면 그 형제가 그 동리의 대표적 사람이었었다.

팔월 보름은 추석 명절이다. 팔월 열 하룻날, 그는 명절에 쓸 장도 볼 겸 그의 아내가 늘 부러워하는 거울도 하나 사올 겸, 장으로 향하였다.

"당손네 집에 있는 것보다 큰 것이요. 닞디 말구요."

그의 아내는 길까지 따라 나오면서 잊지 않도록 부탁하였다.

"안 닞어."

하면서 그는 떠오르는 새빨간 햇빛을 앞으로 받으면서 자기 마을을 나섰다.

그는 아내를 이렇게 말하기는 우습지만 고와했다[10]. 그의 아내는 촌에서는 드물도록 연연하고도[11] 예쁘게 생겼다. (그는 나에게 이렇게 말하였다.)

"성내(평양) 덴줏골[12]을 가두 그만한 거 쉽디 않갔이요."

그러니까 촌에서는, 그러고 그 당시에는 놈에게[13] 우습게 보이도록 그 내외의 새[14]는 좋았다. 늙은이들은 계집에게 혹하지 말라고[15] 흔히 그에게 권고하였다.

부처의 새는 좋았지만-아니, 오히려 좋으므로, 그는 아내에게 싀긔[16]를 많이 하였다. 그리고 그의 아내는 싀긔를 받을 일을 많이 하였다. 품행이 나쁘다는 것이 아니라, 그의 아내는 대단히 쾌활한 성질로서 아무에게나 말 잘하고 애교를 잘 부렸다.

그 동네에서는 무슨 명절이나 되면, 집이 그 중 정함[17]을 핑계 삼

---

10) '고와하다'는 '예뻐하다'의 예스러운 말.
11) 연연(娟娟)하다 : 빛이 엷고 산뜻하게 곱다.
12) 사창가. 갈보촌.
13) 남에게.
14) 사이.
15) 자신의 아내에게 지나치게 유혹되지 말라고.
16) 시기. 샘.
17) 정결함. 깨끗함.

아 젊은이들은 모두 그의 집에 모이고 하였다. 그 젊은이들은 모두 그의 아내에게 '아즈마니'라 부르고, 그의 아내는 '아즈바니 아즈바니'하며 그들과 지껄이고 즐기며, 그 웃기 잘하는 입에는 늘 웃음을 흘리고 있었다. 이럴 때마다 그는 한편 구석에서 눈만 힐근거리며[18] 있다가 젊은이들이 돌아간 뒤에는 불문곡직하고 아내에게 덤비어들어, 발길로 차고 때리며, 이전에 사다 주었던 것을 모두 거두어 올린다. 싸움을 할 때에는 언제든 곁집에 있는 아우 부처가 말리러 오며, 그렇게 되면 언제든 그는 아우 부처까지 때렸다.

그가 아우에게 그렇게 구는 데는 이유가 있었다. 그의 아우는 촌사람에게는 다시 없도록 늠름한 위엄이 있었고, 만날[19] 바닷바람을 쏘였지만 얼굴이 희였다. 이것뿐도[20] 싀긔가 된다 하면 되지만, 특별히 아내가 그의 아우에게 친절히 하는 데 이르러서는, 그는 억울하도록 싀긔를 하였다[21].

그가 영유를 떠나기 반 년 전쯤-다시 말하자면 그가 거울을 사러 장에 갈 때부터 반 년 전쯤 이월 열여섯 날이 그의 생일날이었다. 그의 집에서는 음식을 차려서 잘 먹었는데, 그에게는 한 버릇이 있어서, 맛있는 음식은 남겨두었다가 좀 있다 먹고 하는 것을 예사로 하였다. 그의 아내도 이 버릇은 잘 알 터인데 그의 아우가 점심때쯤 오니까, 아까 그가 아껴서 남겨 두었던 그 음식을 아우에게 주려 하였다. 그는 눈을 부릅뜨고 '못주리라'고 암호하였지만, 아내는 그것을 보았는지 못 보았는지 그의 아우에게 주어버렸다. 그는 마음속이 자못 편치 못하였다. 트집만 있으면 이 년을……, 그는 마음먹었다. 그의 아내는 시아우에게 상을 준 뒤에 물러오다가 그만 그의 발을

18) 눈을 크게 뜨고 눈망울만 사납게 굴리며.
19) 맨날. 늘. (매일의 뜻이 아니다)
20) 이것만으로도.
21) 분하고 답답할 정도로 시기심을 내다.

조금 밟았다.

"이년!"

그는 힘껏 발을 들어서 아내는 냅다 찼다. 그의 아내는 상 위에 고꾸러졌다가 일어난다.

"이년, 사나이 발을 짓밟는 년이 어디 있어!"

"거 좀 밟아서 발이 부러졌쉐까?"

아내는 낯이 새빨개져서 울음 섞인 소리로 고함친다.

"이년! 말대답이……."

그는 일어서서 아내의 머리채를 휘어잡았다.

"형님! 왜 이리십네까?"

아우가 일어서면서 그를 부처잡았다[22].

"가만 있가라, 이 놈에 자식."

하며, 그는 아우를 밀친 뒤에 아내를 되는 대로 내리찧었다.

"죽얼, 이 년! 나가라!"

"죽에라, 죽에라! 난, 죽어두 이 집에선 못 나가!"

"못 나가?"

"못 나가디 않구."

이때다. 그의 마음에는 그 '못 나가겠다'는 아내의 마음이 푹 들이박혔다. 그 이상 때리기가 싫었다.

"망할 년, 그럼 내가 갈라."

하고, 그만 문 밖으로 뛰어나갔다.

"형님, 어디 갑네까?"

하는 아우의 말을 대답도 안 하고, 그는 곁 동리 탁줏집으로 뒤도 안 돌아보고 가서, 거기 있는 술파는 계집과 술상 앞에 마주 앉았다…….

---

22) 붙잡았다.

그 날 저녁, 얼근히 취한 그는 아내를 위하여 떡을 한 돈어치 사 가지고 집으로 돌아왔다…….

이리하여 또 서너 달은 평화가 이르렀다. 그러나 이 평화가 언제까지든 연속할 수가 없었다. 그의 아우로 말미암아 또 평화가 쪼개져 나갔다.

오월 초승부터 영유 고을 출입이 잦던 그의 아우는 오월 그믐께부터는 고을서 며칠씩 묵어 오는 일이 많았다. 함께, 고을에 첩을 얻어 두었다는 소문이 퍼졌다. 이 소문이 있은 뒤는, 아내는 그의 아우가 고을 들어가는 것을 벌레보다도 더 싫어하고, 며칠 묵어 나오는 때면, 곧 아우의 집으로 가서 그와 담판을 하며, 심지어 동서되는 아우의 처에까지 못 가게 하지 않는다고 싸우는 일이 있었다. 칠월 초승께 그의 아우는 고을에 들어가서 열흘쯤 묵어온 일이 있었다. 이때도 전과 같이 그의 아내는 그의 아우와 제수와 싸우다 못하며, 마침내 그에게까지 와서, 아우가 그런 못된 데를 다니는 것을 그냥 둔다고 해보자 한다. 그 꼴을 곱게 보지 않았던 그는 첫마디로 고함을 쳤다.

"네게 상관이 무에가? 듣기 싫다."

"못난둥이 아우가 그런 델 댕기는 걸 말리디두 못하구!"

분김에 이렇게 그의 아내는 고함쳤다.

"이년, 무얼?"

그는 벌떡 일어섰다.

"못난둥이!"

그 말이 채 끝나기 전에 그의 아내는 악 소리와 함께 그 자리에 고꾸러졌다.

"이년! 사나이게 그 따윗 말버릇 어디서 배완!"

"에미네 때리는 건 어디서 배왔노? 못난둥이!"

그의 아내는 울음소리로 부르짖었다.

"상년 그냥? 나갈, 우리집에 있디 말구 나갈!"

그는 내리찧으면서 부르짖었다. 그리고 아내를 문을 열고 밀쳤다.

"나가디 않으리."

하고, 그의 아내는 울면서 뛰어나갔다.

"망할 년!"

토하는 듯이 중얼거리고, 그는 그 자리에 주저앉았다.

그의 아내는 해가 져서 어두워져도 돌아오지 않았다. 일단 내어 쫓기는 하였지만, 그는 아내의 돌아옴을 기다리고 있었다. 어두워져서도 그는 불도 안 켜고, 성이 나서 우들우들 떨면서 아내의 돌아오기를 기다렸다. 그러나 그의 아내의 참 기쁜 듯이 웃는 소리가 그의 아우의 집에서 밤새도록 울리어 왔다. 그는 움쩍도 안하고 그 자리에 앉아서 밤을 새운 뒤에, 새벽 동터올 때, 아내와 아우를 죽이려고 부엌에 가서 식칼을 가지고 들어와서 문을 벌컥 열었다.

그의 아내로서 만약 근심스러운 얼굴을 하고 그 문밖에 우두커니 서서 문을 들여다보고 있지 않았으면, 그는 아내와 아우를 죽이고야 말았으리라.

그는 아내를 보는 순간, 마음에 가득 차는 사랑을 깨달으면서, 칼을 내어던지고 뛰어나가서 아내의 머리채를 휘어잡고, 이년, 하면서 들어와서 뺨을 물어뜯으면서 함께 이리저리 자빠져서 뒹굴었다.

그런 이야기는 다 하려면 끝이 없으되 다만 '그' '그의 아내' '그의 아우' 세 사람의 삼각관계는 대략 이와 같았다…….

각설[23]–

거울은 마침 장에 마음에 맞는 것이 있었다. 지금 것과 대보면,

23) 화제를 다른 데로 돌림. 고전소설의 관습적인 표현.

어떤 때는 코도 크게 보이고 입이 작게도 보이는 것이지만, 그 당시에는, 그리고 그런 촌에서는 둘이 없는 귀물이었다. 거울을 사가지고 장을 본 뒤에 그는 이 거울을 아내에게 주면 그 기뻐할 모양을 생각하며, 새빨간 저녁 햇빛을 받은, 넘치는 듯한 바다를 안고 자기 집으로, 늘 들려오던 탁줏집에도 안 들어서 돌아왔다.

그러나 그가 그의 집 방안에 들어선 때에는, 뜻도 안 하였던 광경이 그의 눈에 벌이었다.

방 가운데는 떡상이 있고, 그의 아우는 수건이 벗어져서 목 뒤로 늘어지고, 저고리 고름이 모두 풀어져 가지고, 한편 모퉁이에 서 있고, 아내도 머리채가 모두 뒤로 늘어지고, 치마가 배꼽 아래 늘어지도록 되어 있으며, 그의 아내와 아우는 그를 보고, 어찌할 줄을 모르는 듯이, 움쭉도 안 하고 서 있었다.

세 사람은 한참 동안 어이가 없어서 서 있었다. 좀 있다가 그의 아우가 겨우 말했다.

"그놈의 쥐 어디 갔니?"

"흥! 쥐? 훌륭한 쥐 잡댔다!"

그는 말을 끝내지 않고, 짐을 벗어 버리고 뛰어가서 아우의 멱살을 끌어 쥐었다.

"형님, 정말 쥐가!"

"쥐? 이놈, 형수와 그런 쥐 잡는 놈 어디 있니?"

그는 따귀를 몇 번 때린 뒤에 등을 밀어서 문 밖에 집어던졌다.

그런 뒤에 이제 자기에게 이를 매를 생각하고, 우들우들 떨면서 아랫목에 서 있는 아내에게 달려들었다.

"이년! 시아우와 그러는 년이 어디 있어!"

그는 아내를 꺼꾸러뜨리고 함부로 내리찧었다.

"정말 쥐가…… 아이 죽겠다!"

"이년! 너두 쥐? 죽어라!"

그의 팔다리는 함부로 아내의 몸에 오르내렸다.

"아이, 죽갔다. 정말 아까 적은이(시아우) 왔기에 떡 먹으라구 내놓았더니……."

"듣기 싫다. 무슨 잔소릴……."

"아이, 아이, 정말이야요. 쥐가 한 마리 나……"

"그냥 쥐?"

"쥐 잡을래다가……."

"샹년 죽얼! 물에래두 빠데 죽얼!"

그는 실컷 때린 뒤에 아내도 아우와 같이 등을 내여쏘았다[24]. 그 뒤에 그의 등으로,

"고기 뱃대기에 장사해라!"

토하였다.

분풀이는 실컷 하였지만, 그래도 마음속이 자못 편치 못하였다. 그는 아랫목으로 가서, 바람벽[25]을 의지하고 실신한 사람 같이 우두커니 서서 떡상만 들이다보고 있었다.

서편으로 바다를 향한 마을이라 다른 곳보담은 늦게 어둡지만, 그래도 술시(戌時)[26]쯤 되어서는 깜깜하니 어두웠다. 그는 불을 켜려고 바람벽에서 떠나서 성냥을 찾으러 돌아갔다.

성냥은 늘 있던 자리에 있지 않았다. 그래서 여기저기 뒤적이노라니까, 어떤 낡은 옷뭉치를 들칠 때에 쥐 소리가 나면서 무엇이 후덕후덕 뛰어나온다. 그리하여 저편으로 기어서 도망한다.

"역시 쥐댔다."

그는 조그만 소리로 부르짖었다. 그리고 그만 그 자리에 맥없이 덜썩 주저앉았다.

---

24) 내쫓았다.
25) 바람은 한자로 벽이다. 같은 말이 중첩된 말.
26) 오후 7시부터 9시까지.

아까 그가 보지 못한 때의 광경이, 활동사진과 같이 그의 머리에 지나갔다.

아우가 집에를 왔다. 아우에게 친절한 아내는 떡을 먹으라고 아우에게 떡상을 내어놓는다. 그 때에 어디선가 쥐가 한 마리 뛰어나온다. 둘이서는 쥐를 잡노라고 돌아간다. 한참 성화시키던[27] 쥐는 어느 구석에 숨어 버린다. 그들은 쥐를 찾느라고 두룩거린다[28]. 그 때에 그가 집에 들어선 것이다.

"샹년, 좀 있으면 안 들어오리?"

그는 억지로 마음먹고, 그 자리에 드러누웠다.

그러나 아내는 밤이 가고 밝기는커녕 해가 중천에 떠올라도 들어오지를 않았다. 그는 차차 걱정이 나서 찾아보러 나섰다.

아우의 집에도 없었다. 동리를 모두 찾아보아도 본 사람도 없다 한다.

그리하여, 낮쯤 한 삼사 리 내려가서 바닷가에서 겨우 아내를 찾기는 찾았지만, 그 아내는 이전 같은 생기로 찬 산 아내가 아니요, 몸은 물에 불어서 곱이나 크게 되고, 이전에 늘 웃음을 흘리던 예쁜 입에는 거품을 잔뜩 물은 죽은 아내이다.

그는 아내를 업고 집에 오기까지는 정신이 없었다.

이튿날 간단하게 장사를 하였다. 뒤에 따라오는 아우의 얼굴에는

"형님, 이게 웬일이오니까."

하는 기운이 떠돌았다.

장사를 지낸 이튿날부터 아우는 그 조그만 마을에서 없어졌다. 하루 이틀은 심상히 지냈지만 닷새 엿새가 지나도 아우는 돌아오지 않았다. 그래서 알아보니까, 꼭 그의 아우와 같이 생긴 사람이 오륙 일 전에 멧산자 봇짐을 하여 진 뒤에, 시뻘건 저녁 해를 등으로 받

27) 몹시 귀찮게 하였던.

28) 두룩거리다(현행 북한어) : 크고 둥그런 눈알을 조금 천천히 자꾸 굴리다.

고, 더벅더벅 동쪽으로 가더라 한다. 그리하여 열흘이 지나고 스무날이 지났지만, 한번 떠난 그의 아우는, 돌아올 길이 없고, 혼자 남은 아우의 아내는 만날 한숨으로 세월을 보내게 되었다.

그도 이것을 잠자코 보고 있을 수가 없었다. 그 불행의 모든 죄는 죄 그에게 있었다.

그도 마침내 뱃사람이 되어, 적으나마 아내를 삼킨 바다와 늘 접근하며, 가는 곳마다 아우의 소식을 알아보려고, 어떤 배를 얻어 타고 물길을 나섰다.

그는 가는 곳마다 아우의 이름과 모양을 말하여 물었으되, 아우의 소식은 알 수가 없었다.

이리하여, 꿈결같이 십 년을 지나서, 구 년 전 가을, 탁탁히 낀 안개를 꿰며 연안(延安) 바다를 지나가던 그의 배는, 몹시 부는 바람으로 말미암아 파선을 하여, 몇 몇 사람은 죽고, 그는 정신을 잃고 물위에 떠돌고 있었다.

그가 겨우 정신을 차린 때는 밤이었었다. 그리고 어느덧 그는 뭍위에 올라와 있었고 그를 말리우노라고 새빨갛게 피워 놓은 불빛으로 자기를 간호하는 아우를 보았다.

그는 이상하게, 놀라지 않고 천연히[29] 물었다.

"너, 어듸캐(어떻게-인용자) 여게 완[30]?"

아우는 잠자코 한참 있다가 겨우 대답하였다.

"형님, 거저[31] 다 운명이왼다[32]."

따뜻한 불기운에 잠들려 하던 그는, 화닥닥 깨이면서 또 말하였다.

29) 겉으로 아무렇지 아니한 듯이.

30) 여기에 왔니.

31) '아무 대가도 없이'의 '거저'가 아닌 '그저'에 해당한다. 별로 신기할 것도 없이. '아무 일도 없이'의 뜻을 가진 북한어 '거저'도 있다.

32) 원본에는 '운명이왼다'로 표기되어 있다. 모든 이본들에는 '운명이외다'로 표기되어 있다. 원본이 오식(誤植)인지 하는 여부는 더 검토되어야 한다.

"십 년 동안에, 되게 파리했구나!"

"형님, 나두 변했거니와, 형님두 되게 변하셨쉐다!"

이 말을 꿈결같이 들으면서, 그는 또 혼혼히[33] 잠이 들었다. 그리하여 두어 시간, 꿀보담도 단 잠을 잔 뒤에 깨어보니, 아까같이 새빨간 불은 피어 있지마는 아우는 어디로 갔는지 없어졌다. 곁의 사람에게 물어 보니까, 아까 아우는 형의 얼굴을 물끄러미 한참 들여다보고 있다가, 새빨간 불빛을 등으로 받으면서, 더벅더벅 아무 말 없이 어두움 가운데로 스러졌다[34] 한다.

이튿날 아무리 알아보(아)야 그의 아우는 종적이 없어지고, 알 수 없으므로, 그는 하릴없이[35] 다른 배를 얻어 타고 또 물길을 떠났다. 그리하여 그의 배가 해주에 이르렀을 때, 그는 해주장에를 들어가서 무엇을 사려다가, 저편 맞은편 가가[36]에 얼핏 그의 아우 같은 사람이 있으므로 뛰어가서 보니, 그는 벌써 없어졌다. 배가 해주에는 오래 머물지 않으므로 그는 마음은 해주에 남겨 두고, 또 다시 바닷길을 떠났다.

그 뒤에 삼 년을 이리저리 돌아다녔어도 아우는 다시 볼 수가 없었다.

그리하여 삼 년을 지나서 지금부터 육 년 전에, 그의 탄 배가 강화도를 지날 날에, 바다로 향한 가파로운 뫼켠에서 바다로 향하여 날아오는 '배따라기'를 들었다. 그것도 어떤 구절과 곡조는 그의 아우 특식으로 변경된-그의 아우가 아니면 부를 사람이 없는, 그 배따라기다.

배가 강화도에는 머물지 않아서 거저 지나갔으나, 인천서 열흘쯤

---

33) 훈기를 느낄 만큼 따스하게.

34) 사라졌다.

35) 어쩔 수 없이.

36) 가가(假家) : 가게의 원말.

머무르게 되었으므로, 그는 곧 내려서 강화도로 건너갔다. 거기서 이러 저리 찾아다니다가, 어떤 조그만 객줏집[37]에서 물어보니, 이름도 그의 아우요, 생긴 모양도 그의 아우인 사람이 묵어 있기는 하였으나, 사나흘 전에 도로 인천으로 갔다 한다. 그는 곧 돌아서서 인천으로 건너가서 찾아보았지만, 그 조그만 인천서도 그의 아우를 찾을 바이[38] 없었다.

그 뒤에 눈 오고 비 오며, 육 년이 지났지만, 그는 다시 아우를 만나 보지 못하고 아우의 생사까지 알 수가 없었다.

말을 끝낸 그의 눈에는 저녁 해에 반사하여 몇 방울의 눈물이 반득인다[39].

나는 한참 있다가 겨우 물었다.

"노형 제수는?"

"모르디요. 이십 년을 영유는 안 가 봤으니낀요."

"노형은 이제 어디루 갈테요?"

"것두 모르디요. 뎡처가 있나요? 바람 부는 대루 몰려댕기디요."

그는 한번 다시 나를 위하여 배따라기를 불렀다. 아아, 그 속에 잠겨 있는 삭이지 못할 뉘우침, 바다에 대한 애처로운 그리움.

노래를 끝낸 다음에 그는 일어서서 시뻘건 저녁 해를 잔뜩 등으로 받고, 을밀대로 향하여 더벅더벅 걸어간다. 나는 그를 말릴 힘이 없어서 멀거니 그의 등만 바라보고 있을 따름이었다.

그 날 밤, 집에 돌아와서도 그 배따라기와 그의 숙명적 경험담이 귀에 쟁쟁히 울리어서 잠을 못 이루고, 이튿날 아침 깨어서 조반도 못 먹고 기자묘로 뛰어가서 또 다시 그를 찾아보았다. 그가 어제 깔

---

37) 다른 지역에서 온 상인들의 거처를 제공하며 물건을 맡아 팔거나 흥정을 붙여 주는 일을 하던 상인이 있는 집.

38) 바가.

39) 반사된 작은 빛이 나타나다.

고 앉았던 풀은 모두 한편으로 누워서 그가 다녀감은 기념하되, 그는 그 근처에 보이지 않았다.

그러나-그러나, 배따라기는 어디선가 쟁쟁히 울리어서 모든 소나무들을 떨리지 않고는 안 두겠다는 듯이 날아온다.

"모란봉이다. 모란봉에 있다."

하고 나는 한숨에 모란봉으로 뛰어갔다. 모란봉에는 사람이 하나도 없다. 부벽루에도 없다.

"을밀대다."

하고 나는 다시 을밀대로 갔다. 을밀대에서 부벽루를 연한, 지옥까지 연한 듯한 그렁텅이에, 물 한 방울을 안 새이리라고 빽빽이 난 소나무의, 그 모든 잎잎은 떨리는 배따라기를 읊고 있지만, 그는 여기도 있지 않다. 기자묘의 하늘을 향하여 퍼져 나간 그 모든 소나무의 천만의 잎잎도, 그 아래 쭉 퍼진 천만의 풀들도, 모두 그 배따라기를 슬프게 부르고 있지만, 그는 이 조그만 모란봉 일대에서 찾을 수가 없었다.

강가에 나가서 알아보니, 그의 배는 오늘 새벽에 떠났다 한다.

그 뒤에 여름과 가을이 가고 일 년이 지나서 다시 봄이 이르렀으되, 잠깐 평양을 다녀간 그는 그 숙명적 경험담과 슬픈 배따라기를 남겨둔 뿐, 다시 조그만 모란봉에 나타나지 않는다.

모란봉과 기자묘에 다시 봄이 이르러서, 작년에 그가 깔고 앉아서 부러졌던 풀들도 곧게 대가 나서 자줏빛 꽃이 피려 하지만, 끝없는 뉘우침을 다만 한낱 배따라기로 하소연하는 그는, 이 조그만 모란봉과 기자묘에서 다시 볼 수가 없었다. 다만 그가 남기고 간 배따라기만, 추억하는 듯이, 긔렴하는[40] 듯이 모든 잎잎이 속삭이고 있을 따름이다.

---

40) 기념하는.

날개

이상

'剝製가 되어버린 天才'[1]를 아시오? 나는 愉快하오. 이런 때 戀愛까지가 愉快하오.

肉身이 흐느적흐느적하도록 疲勞했을 때만 精神이 銀貨처럼 맑소. 니코틴이 내 횟배 앓는 배 속으로 스미면 머릿속에 으레 白紙[2]가 準備되는 법이오. 그 위에다 나는 위트와 패러독스를 바둑 布石처럼 늘어놓소. 可憎할 常識의 病이오.

나는 또 女人과 生活을 設計하오. 戀愛技法에마저 서먹서먹해진 知性의 極致를 흘낏 좀 들여다본 일이 있는, 말하자면 일종의 精神奔逸者 말이오. 이런 女人의 半-그것은 온갖 것의 半이오-만을 領收하는 生活을 設計한다는 말이오. 그런 生活 속에 한 발만 들여놓고 恰似 두 개의 太陽[3]처럼 마주 쳐다보면서 낄낄거리는 것이오. 나는 아마 어지간히 人生의 諸行이 싱거워서 견딜 수가 없게쯤 되고 그만둔 모양이오. 굿 바이.

---

1) 폐쇄된 공간에 갇혀 정신의 생명력을 상실한 천재. 시대를 앞서 간 이상(李箱) 자신이거나 현대인을 우의적으로 표현한 것임.
2) 천재의 백치화(白痴化).
3) 자아의 이중성과 분열. 이상의 시 「거울」에서 묘사된 '두 개의 나'와 상응한다.

굿 바이. 그대는 이따금 그대가 제일 싫어하는 飮食을 貪食하는 아이러니를 實踐해 보는 것도 좋을 것 같소. 위트와 패러독스와…….

그대 自身을 僞造하는 것도 할 만한 일이오. 그대의 작품은 한 번도 본 일이 없는 旣成品에 의하여 차라리 輕便[4]하고 高邁하리라.

19世紀는 될 수 있거든 封鎖하여버리오. 도스토예프스키 精神[5]이란 자칫하면 浪費일 것 같소. 위고를 佛蘭西의 빵 한 조각이라고는 누가 그랬는지 至言인 듯싶소. 그러나 人生 혹은 그 模型에 있어서 디테일 때문에 속는다거나 해서야 되겠소? 禍를 보지 마오. 부디 그대께 告하는 것이니…….
(테이프가 끊어지면 피가 나오. 傷채기도 머지않아 完治될 줄 믿소. 굿 바이)

感情은 어떤 포오즈. (그 포오즈의 元素만을 指摘하는 것이 아닌지 나도 모르겠소) 그 포오즈가 不動姿勢에까지 高度化할 때 感情은 딱 供給을 停止합네다.

나는 내 非凡한 發育을 回顧하여 世上을 보는 眼目을 規定하였소.
女王蜂과 未亡人[6] ── 世上의 하고많은 女人이 本質的으로 이미 未亡人 아닌 이가 있으리까? 아니 ── 女人의 전부가 그 日常에 있어서 개개 '未亡人'이라는 내 論理가 뜻밖에도 女性에 대한 冒瀆이 되오? 굿 바이.

4) 손쉽고 편리하다는 뜻의 일본식 조어.
5) 19세기의 대표적인 문예사조인 자연주의의 정신. 19세기는 이상에게 전근대성을 의미한다.
6) 이어령의 해석에 의하면, 교미 후 웅봉이 죽어버린다는 이상의 여성관이 반영되어 있다.

*　*　*

그 33번지라는 것이 구조가 흡사 유곽이라는 느낌이 없지 않다.

한 번지에 18가구가 죽 어깨를 맞대고 늘어서서 창호가 똑같고 아궁이 모양이 똑같다. 게다가 각 가구에 사는 사람들이 송이송이 꽃과 같이 젊다.[7] 해가 들지 않는다. 해가 드는 것을 그들이 모른 체하는 까닭이다. 턱살 밑에다 철줄을 매고 얼룩진 이부자리를 널어 말린다는 핑계로 미닫이에 해가 드는 것을 막아버린다. 침침한 방안에서 낮잠들을 잔다. 그들은 밤에는 잠을 자지 않나? 알 수 없다. 나는 밤이나 낮이나 잠만 자느라고 그런 것을 알 길이 없다. 33번지 18가구[8]의 낮은 참 조용하다.

조용한 것은 낮뿐이다. 어둑어둑하면 그들은 이부자리를 걷어 들인다. 전등불이 켜진 뒤의 18가구는 낮보다 훨씬 화려하다. 저물도록 미닫이 여닫는 소리가 잦다. 바빠진다. 여러 가지 냄새가 나기 시작한다. 비웃[9] 굽는 내, '탕고도오랑'[10]내, 뜨물 내, 비누 내…….

그러나 이런 것들보다도 그들의 문패가 제일로 고개를 끄덕이게 하는 것이다. 이 18가구를 대표하는 대문이라는 것이 일각이 져서 외따로 떨어지기는 했으나, 있다. 그러나 그것은 한 번도 닫힌 일이 없는 한길이나 마찬가지 때문인 것이다. 온갖 장사아치들은 하루 가운데 어느 시간이라도 이 대문을 통하여 드나들 수 있는 것이다. 이네들은 문간에서 두부를 사는 것이 아니라, 미닫이만 열고 방에서 두부를 사는 것이다. 이렇게 생긴 33번지 대문에 그들 18가구의 문

---

7) 화류계 여인이 모여 살고 있음을 암시하고 있음.

8) 섹스와 관련된 음감의 중의성. 33은 퇴폐적인 성교의 자세를 뜻하며, 18은 상스러운 어감을 전달하는 효과를 나타내고 있다. 단층집의 한 지붕 아래 여러 가구가 몰려 사는 것은 나가야(長屋)의 구조이다.

9) 생선, 특히 청어를 지칭함.

10) 오늘날 파운데이션보다 더 짙은 고체의 화장품.

패를 몰아다 붙이는 것은 의미가 없다. 그들은 어느 사이엔가 각 미닫이 위 백인당(百忍堂)이니 길상당(吉祥堂)이니 써 붙인 한 곁에다 문패를 붙이는 풍속을 가져버렸다.

내 방 미닫이 위 한 곁에 칼표 딱지를 넷에다 낸 것 만한 내-아니! 내 아내의 명함이 붙어 있는 것도 이 풍속을 좇은 것이 아닐 수 없다.

나는 그러나 그들의 아무와도 놀지 않는다. 놀지 않을 뿐만 아니라 인사도 않는다. 나는 내 아내와 인사하는 외에 누구와도 인사하고 싶지 않았다.

내 아내 외의 다른 사람과 인사를 하거나 놀거나 하는 것은 내 아내 낯을 보아 좋지 않은 일인 것만 같이 생각이 되었기 때문이다. 나는 이만큼까지 내 아내를 소중히 생각한 것이다.

내가 이렇게까지 내 아내를 소중히 생각한 까닭은 이 33번지 18가구 속에서 내 아내가 내 아내의 명함처럼 제일 작고 제일 아름다운 것을 안 까닭이다. 18가구에 각기 빌어 든 송이송이 꽃들 가운데서도 내 아내가 특히 아름다운 한 떨기의 꽃으로 이 함석지붕 밑 볕 안 드는 지역에서 어디까지든지 찬란하였다. 따라서 그런 한 떨기 꽃을 지키고-아니 그 꽃에 매어달려 사는 나라는 존재가 도무지 형언할 수 없는 거북살스러운 존재가 아닐 수 없었던 것은 물론이다.[11]

나는 어디까지든지 내 방이-집이 아니다, 집은 없다.-마음에 들었다. 방안의 기온은 내 체온을 위하여 쾌적하였고, 방안의 침침한 정도가 또한 내 안력을 위하여 쾌적하였다. 나는 내 방 이상의 서늘

---

11) 이 단락을 보아서 화자인 '나'는 내연의 처에게 빌붙어 사는 기둥서방임이 암시되어 있다.

한 방도 또 따듯한 방도 희망하지 않았다. 이 이상으로 밝거나 이 이상으로 아늑한 방을 원하지 않았다. 내 방은 나 하나를 위하여 요만한 정도를 꾸준히 지키는 것 같아 늘 내 방에 감사하였고 나는 또 이런 방을 위하여 이 세상에 태어난 것만 같아서 즐거웠다.

그러나 이것은 행복이라든가 불행이라든가 하는 것을 계산하는 것은 아니었다. 말하자면 나는 내가 행복되다고도 생각할 필요가 없었고, 그렇다고 불행하다고도 생각할 필요가 없었다. 그냥 그 날을 그저 까닭 없이 펀둥펀둥 게으르고만 있으면 만사는 그만이었던 것이다.

내 몸과 마음에 옷처럼 잘 맞는 방 속에서 뒹굴면서 축 처져 있는 것은 행복이니 불행이니 하는 그런 세속적인 계산을 떠난, 가장 편리하고 안일한, 말하자면 절대적인 상태인 것이다. 나는 이런 상태가 좋았다.

이 절대적인 내 방은 대문간에서 세어서 똑 일곱째 칸이다. 럭키 세븐의 뜻이 없지 않다. 나는 이 일곱이라는 숫자를 훈장처럼 사랑하였다. 이런 이 방이 가운데 장지로 말미암아 두 칸으로 나뉘어 있었다는 그것이 내 운명의 상징이었던 것을 누가 알랴?[12)]

아랫방은 그래도 해가 든다. 아침결에 책보만한 해가 들었다가 오후에 손수건만해지면서 나가버린다. 해가 영영 들지 않는 웃방이 즉 내 방인 것은 말할 것도 없다. 이렇게 볕드는 방이 아내 해이요[13)] 볕 안 드는 방이 내 해이요, 하고 아내와 나 둘 중에 누가 정했는지 나는 기억하지 못한다. 그러나 나에게는 불평이 없다.

---

12) 이 단락은 화자의 차단된 반쪽 생활을 밝히고 있다. '여인의 반은 온갖 것의 반'이라는 표현과 관련된다. 럭키 세븐이란 서양식 언신관(言信觀)과, 칸막이가 파행적인 부부관계를 암시하고 있다는 불길한 운명의 상징은 콘트라스트를 이루고 있다. 즉, 분열된 자아를 보여준다.

13) 것이요. 소유의 의미. 「처용가」에서 표현된 바 있다.

아내가 외출만 하면 나는 얼른 아랫방으로 와서 그 동쪽으로 난 들창을 열어 놓고, 열어 놓으면 들이비치는 햇살이 아내의 화장대를 비춰 가지각색 병들이 아롱이지면서 찬란하게 빛나고 이렇게 빛나는 것을 보는 것은 다시 없는 내 오락이다. 나는 조그만 돋보기를 꺼내 가지고 아내만이 사용하는 지리가미[14]를 꺼내 가지고 그슬려 가면서 불장난을 하고 논다. 평행광선을 굴절시켜서 한 초점에 모아 가지고 그 초점이 따근따근하다가, 마지막에는 종이를 그슬리기 시작하고 가느다란 연기를 내면서 드디어 구멍을 뚫어 놓는 데까지에 이르는 고 얼마 안 되는 동안의 초조한 맛이 죽고 싶을 만큼 내게는 재미있었다.

이 장난이 싫증이 나면 나는 또 아내의 손잡이 거울을 가지고 여러 가지로 논다. 거울이란 제 얼굴을 비칠 때만 실용품이다. 그 외의 경우에는 도무지 장난감인 것이다.

이 장난도 곧 싫증이 난다. 나의 유희심은 육체적인 데서 정신적인 데로 비약한다. 나는 거울을 내던지고 아내의 화장대 앞으로 가까이 가서 나란히 늘어놓인 그 가지각색의 화장품 병들을 들여다본다. 고것들은 세상의 무엇보다도 매력적이다. 나는 그 중의 하나만을 골라서 가만히 마개를 빼고 병 구멍을 내 코에 가져다 대고 숨죽이듯이 가벼운 호흡을 하여 본다. 이국적인 센슈얼[15]한 향기가 폐로 스며들면 나는 저절로 스르르 감기는 내 눈을 느낀다. 확실히 아내의 체취의 파편이다. 나는 도로 병마개를 막고 생각해 본다. 아내의 어느 부분에서 요 냄새가 났던가를……. 그러나 그것은 분명하지 않다. 왜? 아내의 체취는 여기 늘어 섰는 가지각색 향기의 합계일 것이니까.

아내의 방은 늘 화려하였다. 내 방이 벽에 못 한 개 꽂히지 않은

14) 휴지를 가리키는 일본어.
15) 관능적인.

소박한 것인 반대로 아내 방에는 천정 밑으로 쫙 돌려 못이 박히고 못마다 화려한 아내의 치마와 저고리가 걸렸다. 여러 가지 무늬가 보기 좋다. 나는 그 여러 조각의 치마에서 늘 아내의 동체[16]와, 그 동체가 될 수 있는 여러 가지 포오즈를 연상하고 연상하면서 내 마음은 늘 점잖지 못하다.

그렇건만 나에게는 옷이 없었다. 아내는 내게 옷을 주지 않았다. 입고 있는 콜텐[17] 양복 한 벌이 내 자리옷이었고 통상복과 나들이옷을 겸한 것이었다. 그리고 하이 넥[18]의 스웨터가 한 조각 사철을 통한 내 내의다. 그것들은 하나같이 다 빛이 검다. 그것은 내 짐작 같아서는 즉 빨래를 될 수 있는 데까지 하지 않아도 보기 싫지 않게 하기 위한 것이 아닌가 한다. 나는 허리와 두 가랑이 세 군데 다-고무 밴드가 끼어 있는 부드러운-사루마다[19]를 입고 그리고 아무 소리 없이 잘 놀았다.

어느덧 손수건 만해졌던 볕이 나갔는데 아내는 외출에서 돌아오지 않는다. 나는 요만 일에도 좀 피곤하였고 또 아내가 돌아오기 전에 내 방으로 가 있어야 될 것을 생각하고 그만 내 방으로 건너간다. 내 방은 침침하다. 나는 이불을 뒤집어쓰고 낮잠을 잔다. 한 번도 걷은 일이 없는 내 이부자리는 내 몸뚱이의 일부분처럼 내게는 참 반갑다. 잠은 잘 오는 적도 있다. 그러나 또 전신이 까칫까칫하면서 영 잠이 오지 않는 적도 있다. 그런 때는 아무 제목으로나 제목을 하나 골라서 연구하였다. 나는 내 좀 축축한 이불 속에서 참 여러 가지 발명도 하였고 논문도 많이 썼다. 시도 많이 지었다. 그

---

16) 몸통.
17) 옷감의 일종.
18) 목둘레를 얕게 판 것.
19) 일본식의 남성용 속옷.

러나 그것들은 내가 잠이 드는 것과 동시에 내 방에 담겨서 철철 넘치는 그 흐늑흐늑한 공기에 다 비누처럼 풀어져서 온 데 간 데가 없고 한잠 자고 깨인 나는 속이 무명 헝겊이나 메밀껍질로 띵띵 찬 한 덩어리 베개와도 같은 한 벌 신경이었을 뿐이고 뿐이고 하였다.

그러기에 나는 빈대가 무엇보다도 싫었다. 그러나 내 방에서는 겨울에도 몇 마리의 빈대가 끊이지 않고 나왔다. 내게 근심이 있었다면 오직 이 빈대를 미워하는 근심일 것이다. 나는 빈대에게 물려서 가려운 자리를 피가 나도록 긁었다.[20] 쓰라리다. 그것은 그윽한 쾌감에 틀림없었다. 나는 혼곤히 잠이 든다.[21]

나는 그러나 그런 이불 속의 사색 생활에서도 적극적인 것을 궁리하는 법이 없다. 내게는 그럴 필요가 대체 없었다. 만일 내가 그런 좀 적극적인 것을 궁리해 내었을 경우에 나는 반드시 내 아내와 의논하여야 할 것이고 그러면 반드시 나는 아내에게 꾸지람을 들을 것이고—나는 꾸지람이 무서웠다느니보다는 성가셨다. 내가 제법 한 사람의 사회인의 자격으로 일을 해 보는 것도 아내에게 사설 듣는 것도 나는 가장 게으른 동물처럼 게으른 것이 좋았다. 될 수만 있으면 이 무의미한 인간의 탈[22]을 벗어버리고도 싶었다.

나에게는 인간 사회가 스스로웠다. 생활이 스스로웠다. 모두가 서먹서먹할 뿐이었다.

아내는 하루에 두 번 세수를 한다. 나는 하루 한 번도 세수를 하지 않는다. 나는 밤중 세 시나 네 시쯤 해서 변소에 갔다. 달이 밝은 밤에는 한참씩 마당에 우두커니 섰다가 들어오곤 한다. 그러니까

20) 문학 작품에서 벌레·곤충은 때로 불길한 미래, 종말론적 세계를 상징하곤 한다. 카프카의 「변신」도 이러한 의미를 머금고 있다.

21) 김윤식에 의하면, 잠은 일상 현실과 단절된 상태를 상징하고 있다. 카뮈의 「이방인」에 등장한 주인공 뫼르소가 잠에 탐닉하는 것과 상통하다고 한다. 그런데, 잠은 또한 상징적인 죽음의 세계일 수도 있다.

22) 존재의 무의미성, 권태, 부조리(absurd)를 가리키고 있음.

나는 이 18가구의 아무와도 얼굴이 마주치는 일이 거의 없다. 그러면서도 나는 이 18가구의 젊은 여인네 얼굴들을 거반 다 기억하고 있었다. 그들은 하나같이 내 아내만 못하였다.

열 한 시쯤 해서 하는 아내의 첫 번 세수는 좀 간단하다. 그러나 저녁 일곱 시쯤 해서 하는 두 번째 세수는 손이 많이 간다. 아내는 낮에 보다도 밤에 더 좋고 깨끗한 옷을 입는다. 그리고 낮에도 외출하고 밤에도 외출하였다.

아내에게 직업이 있었던가? 나는 아내의 직업이 무엇인지 알 수 없다. 만일 아내에게 직업이 없었다면 같이 직업이 없는 나처럼 외출할 필요가 생기지 않을 것인데-아내는 외출한다. 외출할 뿐만 아니라 내객이 많다. 아내에게 내객이 많은 날은 나는 온종일 내 방에서 이불을 쓰고 누워 있어야만 된다. 불장난도 못한다. 화장품 냄새도 못 맡는다. 그런 날은 나는 의식적으로 우울해 하였다. 그러면 아내는 나에게 돈을 준다. 오십 전짜리 은화다. 나는 그것이 좋았다. 그러나 그것을 무엇에 써야 옳을지 몰라서 늘 머리맡에 던져두고 두고 한 것이 어느 겨를에 모여서 꽤 많아졌다. 어느 날 이것을 본 아내는 금고처럼 생긴 벙어리[23]를 사다 준다. 나는 한푼씩 한푼씩 그 속에 넣고 열쇠는 아내가 가져갔다. 그 후에도 나는 더러 은화를 그 벙어리에 넣은 것을 기억한다. 그리고 나는 게을렀다. 얼마 후 아내의 머리 쪽에 보지 못하던 누깔잠[24]이 하나 여드름처럼 돋았던 것은 바로 그 금고형 벙어리의 무게가 가벼워졌다는 증거일까. 그러나 나는 드디어 머리맡에 놓였던 그 벙어리에 손을 대지 않고 말았다. 내 게으름은 그런 것에 내 주의를 환기시키기도 싫었다.

아내에게 내객이 있는 날은 이불 속으로 암만 깊이 들어가도 비

23) 벙어리 저금통.
24) 비녀의 일종.

오는 날만큼 잠이 잘 오지 않았다. 나는 그런 때 아내에게 왜 늘 돈이 있나 왜 돈이 많은가를 연구했다.[25)]

내객들은 장지 저쪽에 내가 있는 것을 모르나보다. 내 아내와 나도 좀 하기 어려운 농을 아주 서슴지 않고 쉽게 해 내던지는 것이다. 그러나 내 아내를 가운데 서너 사람의 내객들은 늘 비교적 점잖았다고 볼 수 있는 것이 자정이 좀 지나면 으레히 돌아들 갔다. 그들 가운데는 퍽 교양이 얕은 자도 있는 듯싶었는데 그런 자는 보통 음식을 사다 먹고 논다. 그래서 보충을 하고 대체로 무사하였다.

나는 우선 내 아내의 직업이 무엇인가를 연구하기에 착수하였으나 좁은 시야와 부족한 지식으로는 이것을 알아내기 힘이 든다. 나는 끝끝내 내 아내의 직업이 무엇인가를 모르고 말려나 보다.

아내는 늘 진솔 버선[26)]만 신었다. 아내는 밥도 지었다. 아내가 밥을 짓는 것을 나는 한 번도 구경한 일은 없으나 언제든지 끼니때면 내 방으로 내 조석 밥을 날라다 주는 것이다. 우리 집에는 나와 내 아내 외의 다른 사람은 아무도 없다. 이 밥은 분명 아내가 손수 지었음에 틀림없다.

그러나 아내는 한 번도 나를 자기 방으로 부른 일은 없다.

나는 늘 웃방에서 밥을 먹고 잠을 잤다. 밥은 너무 맛이 없었다. 반찬이 너무 엉성하였다. 나는 닭이나 강아지처럼 말없이 주는 모이를 넓적넓적 받아먹기는 했으나 내심 야속하게 생각한 적도 더러 없지 않다. 나는 안색이 여지없이 창백해 가면서 말라 들어갔다. 나날이 눈에 보이는 듯이 기운이 줄어들었다. 영양 부족으로 하여 몸뚱이 곳곳이 뼈가 불쑥불쑥 내어밀었다. 하룻밤 사이에도 수십 차를

25) 뻔한 내용도 연구의 대상으로 삼을 만큼, 윤락 행위를 하는 아내의 직업을 알아내는 데도 애써 연구해야 할 만큼, 주인공은 지적이나 사회적인 훈련이 되어 있지 않은 인물이다.

26) 한 번도 빨지 않은 새 버선.

돌쳐 눕지 않고는 여기저기가 배겨서 나는 배겨 낼 수가 없었다.

그렇기 때문에 나는 내 이불 속에서 아내가 늘 흔히 쓸 수 있는 저 돈의 출처를 탐색해내는 일편 장지 틈으로 새어 나오는 아랫방의 음식은 무엇일까를 간단히 연구하였다. 나는 잠이 잘 왔다.

깨달았다. 아내가 쓰는 그 돈은 내게는 다만 실없는 사람들로밖에 보이지 않는 까닭 모를 내객들이 놓고 가는 것이 틀림없으리라는 것을 나는 깨달았다. 그러나 왜 그들 내객은 돈을 놓고 가나? 왜 내 아내는 그 돈을 받아야 되나 하는 예의 관념이 내게는 도무지 알 수 없는 것이었다.

그것은 그저 예의에 지나지 않는 것일까? 그렇지 않으면 혹 무슨 대가일까? 보수일까? 내 아내가 그들의 눈에는 동정을 받아야만 할 한 가엾은 인물로 보였던가?

이런 것들을 생각하노라면 으레히 내 머리는 그냥 혼란하여 버리고 버리고 하였다. 잠들기 전에 획득했다는 결론이 오직 불쾌하다는 것뿐이었으면서도 나는 그런 것을 아내에게 물어 보거나 한 일이 참 한 번도 없다. 그것은 대체 귀찮기도 하려니와 한잠 자고 일어나는 나는 사뭇 딴 사람처럼 이것도 저것도 다 깨끗이 잊어버리고 그만두는 까닭이다.

내객들이 돌아가고, 혹 외출에서 돌아오고 하면 아내는 경편한 것으로 옷을 바꾸어 입고 내 방으로 나를 찾아온다. 그리고 이불을 들치고 내 귀에는 영 생동생동한 몇 마디 말로 나를 위로하려 든다. 나는 조소도 고소도 홍소(哄笑)도 아닌 웃음[27]을 얼굴에 띠고 아내의 아름다운 얼굴을 쳐다본다. 아내는 방그레 웃는다. 그러나 그 얼굴에 떠도는 일말의 애수를 나는 놓치지 않는다.

27) 비웃음도 쓴웃음도 한바탕의 큰 소리의 웃음도 아닌 미묘한 웃음.

아내는 능히 내가 배고파하는 것을 눈치 챌 것이다. 그러나 아랫방에서 먹고 남은 음식을 나에게 주려 들지는 않는다. 그것은 어디까지든지 나를 존경하는 마음일 것임에 틀림없다. 나는 배가 고프면서도 적이 마음이 든든한 것을 좋아했다. 아내가 무엇이라고 지껄이고 갔는지 귀에 남아 있을 리가 없다. 다만 내 머리맡에 아내가 놓고 간 은화가 전등불에 흐릿하게 빛나고 있을 뿐이다.

그 금고형 벙어리 속에 그 은화가 얼마만큼이나 모였을까? 나는 그러나 그것을 쳐들어 보지 않았다. 그저 아무런 의욕도 기원도 없이 그 단추 구멍처럼 생긴 틈바구니로 은화를 들여뜨려 둘 뿐이었다.

왜 아내의 내객들이 아내에게 돈을 놓고 가나 하는 것이 풀 수 없는 의문인 것같이 왜 아내는 나에게 돈을 놓고 가나 하는 것도 역시 나에게는 똑같이 풀 수 없는 의문이었다. 내 비록 아내가 내게 돈을 놓고 가는 것이 싫지 않았다 하더라도 그것은 다만 그것이 내 손가락에 닿는 순간에서부터 그 벙어리 주둥이에서 자취를 감추기까지의 하잘 것 없는 짧은 촉각이 좋았달 뿐이지 그 이상 아무 기쁨도 없다.

어느 날 나는 그 벙어리를 변소에 갖다 넣어버렸다.[28] 그 때 벙어리 속에는 몇 푼이나 되는지는 모르겠으나 그 은화들이 꽤 들어 있었다.

나는 내가 지구 위에 살며 내가 이렇게 살고 있는 지구가 질풍신뢰의 속력으로 광대무변의 공간을 달리고 있다는 것을 생각했을 때

28) 화자가 초보적인 사회적인 행위조차 서툰 사회부적응자임을 알 수 있다. 그는 사회와 격절된 폐쇄된 자기 세계에 몰입함으로써 칩거의 상태에 빠져 있다. 마침내, 그는 날개를 통해 비상을 꿈꾼다.

참 허망하였다. 나는 이렇게 부지런한 지구 위에서는 현기증도 날 것 같고 해서 한 시 바삐 내려버리고 싶었다.

이불 속에서 이런 생각을 하고 난 뒤에는 나는 그 은화를 그 벙어리에 넣고 넣고 하는 것조차 귀찮아졌다. 나는 아내가 손수 벙어리를 사용하였으면 하고 생각하였다. 벙어리도 돈도 사실은 아내에게만 필요한 것이지 내게는 애초부터 의미가 전연 없는 것이었으니까 될 수만 있으면 그 벙어리를 아내는 아내 방으로 가져갔으면 하고 기다렸다. 그러나 아내는 가져가지 않는다. 나는 내가 아내 방으로 가져다 둘까 하고 생각하여 보았으나 그 즈음에는 아내의 내객이 원체 많아서 내가 아내 방에 가 볼 기회가 도무지 없었다. 그래서 나는 하는 수 없이 변소에 갖다 집어 넣어버리고 만 것이다.

나는 서글픈 마음으로 아내의 꾸지람을 기다렸다. 그러나 아내는 끝내 아무 말도 하지를 않았다. 않았을 뿐 아니라 여전히 돈은 돈대로 머리맡에 놓고 가지 않나! 내 머리맡에는 어느덧 은화가 꽤 많이 모였다.

내객이 아내에게 돈을 놓고 가는 것이나 아내가 내게 돈을 놓고 가는 것이나 일종의 쾌감-그 외의 다른 아무런 이유도 없는 것이 아닐까 하는 것을 나는 또 이불 속에서 연구하기 시작하였다. 쾌감이라면 어떤 종류의 쾌감일까를 계속하여 연구하였다. 그러나 그것은 이불 속의 연구로는 알 길이 없었다. 쾌감, 쾌감, 하고 나는 뜻밖에도 이 문제에 대해서만 홍미를 느꼈다.[29)]

아내는 물론 나를 늘 감금하여 두다시피 하여 왔다. 내게 불평이 있을 리 없다. 그런 중에도 나는 그 쾌감이라는 것의 유무를 체험하고 싶었다.

---

29) 이 쾌감은 일종의 정신적인 매저키(masochism)이다. 아내는 내객에 의해 사육되고, 화자 자신은 아내에 의해 사육된다. 사육은 학대를 의미한다.

나는 아내의 밤 외출 틈을 타서 밖으로 나왔다. 나는 거리에서 잊어버리지 않고 가지고 나온 은화를 지폐로 바꾼다. 5원이나 된다. 그것을 주머니에 넣고 나는 목적을 잃어버리기 위하여 얼마든지 거리를 쏘다녔다. 오래간만에 보는 거리는 거의 경이에 가까울 만치 내 신경을 흥분시키지 않고는 마지않았다. 나는 금시에 피곤하여버렸다. 그러나 나는 참았다. 그리고 밤이 이슥하도록 까닭을 잊어버린 채 이 거리 저 거리로 지향 없이 헤매었다. 돈은 물론 한 푼도 쓰지 않았다. 돈을 쓸 아무 엄두도 나서지 않았다. 나는 벌써 돈을 쓰는 기능을 완전히 상실한 것 같았다.

나는 과연 피로를 이 이상 견디기가 어려웠다. 나는 가까스로 내 집을 찾았다. 나는 내 방을 가려면 아내 방을 통과하지 않으면 안 될 것을 알고 아에게 내객이 있나 없나를 걱정하면서 미닫이 앞에서 좀 거북살스럽게 기침을 한 번 했더니 이것은 참 또 너무나 암상스럽게 미닫이가 열리면서 아내의 얼굴과 그 등 뒤에 낯선 남자의 얼굴이 이쪽을 내다보는 것이다. 나는 별안간 내어쏟아지는 불빛에 눈이 부셔서 좀 머뭇머뭇했다.

나는 아내의 눈초리를 못 본 것은 아니다. 그러나 나는 모른 체하는 수밖에 없었다. 왜? 나는 어쨌든 아내의 방을 통과하지 아니 하면 안 되니까…….

나는 이불을 뒤집어썼다. 무엇보다도 다리가 아파서 견딜 수가 없었다. 이불 속에서는 가슴이 울렁거리면서 암만해도 까무러칠 것만 같았다. 걸을 때는 몰랐더니 숨이 차다. 등에 식은땀이 쭉 내배인다. 나는 외출한 것을 후회하였다. 이런 피로를 잊고 어서 잠이 들었으면 좋았다. 한잠 잘 자고 싶었다.

얼마 동안이나 비스듬히 엎드려 있었더니 차츰차츰 뚝딱거리는 가슴 동기(動氣)[30]가 가라앉는다. 그만해도 우선 살 것 같았다. 나는 몸을 돌쳐 반듯이 천장을 향하여 눕고 쭈욱 다리를 뻗었다.

그러나 나는 또 다시 가슴이 동기를 피할 수 없게 되었다.[31] 아랫방에서 아내와 그 남자의 내 귀에도 들리지 않을 만큼 낮은 목소리로 소곤거리는 기척이 장지 틈으로 전하여 왔던 것이다. 청각을 더 예민하게 하기 위하여 나는 눈을 떴다. 그리고 숨을 죽였다. 그러나 그 때는 벌써 아내와 남자는 앉았던 자리를 툭툭 털고 일어섰고 일어서면서 옷과 모자 쓰는 기척이 나는 듯하더니 이어 미닫이가 열리고 구두 뒤축 소리가 나고 그리고 뜰에 내려서는 소리가 쿵하고 나면서 뒤를 따르는 아내의 고무신 소리가 두어 발자국 찍찍 나고 사뿐사뿐 나나 하는 사이에 두 사람의 발소리가 대문간 쪽으로 사라졌다.

나는 아내의 이런 태도를 본 일이 없다. 아내는 어떤 사람과도 결코 소곤거리는 법이 없다. 나는 웃방에서 이불을 쓰고 누웠는 동안에도 혹 술이 취해서 혀가 잘 돌아가지 않는 내객들의 담화는 더러 놓치는 수가 있어도 아내의 높지도 낮지도 않은 말소리는 일찍이 한 마디도 놓쳐 본 일이 없다. 더러 내 귀에 거슬리는 소리가 있어도 나는 그것이 태연한 목소리로 내 귀에 들렸다는 이유로 충분이 안심이 되었다.

그렇던 아내의 이런 태도는 필시 그 속에 여간하지 않은 사정이 있는 듯시피 생각이 되고 내 마음은 좀 서운했으나 그보다도 나는 좀 너무 피로해서 오늘만은 이불 속에서 아무것도 연구하지 않기로 굳게 결심하고 잠을 기다렸다. 잠은 좀처럼 오지 않았다. 대문간에 나간 아내도 좀처럼 들어오지 않았다. 그러는 동안에 흐지부지 나는 잠이 들어버렸다. 꿈이 얼쑹덜쑹, 종을 잡을 수 없는 거리의 풍경을

---

30) 심장의 고동이 보통 때보다 심하여 가슴이 두근거리는 것.

31) "나는 이불을 뒤집어 썼다."에서 여기까지는 이상 자신의 병적 징후를 짐작하고 있는 듯하다. 가슴 두근거림을 뜻하는 '동기', '동계'는 폐질환과 관련이 있어서, 그가 폐결핵으로 사망한 사실과 상관한다.

여전히 헤매었다.[32)]

나는 몹시 흔들렸다. 내객을 보내고 들어온 아내가 잠든 나를 잡아 흔드는 것이다. 나는 눈을 번쩍 뜨고 아내의 얼굴을 쳐다보았다. 아내의 얼굴에는 웃음이 없다. 나는 좀 눈을 비비고 아내의 얼굴을 자세히 보았다. 노기가 눈초리에 떠서 얇은 입술이 바르르 떨린다. 좀처럼 이 노기가 풀리기는 어려울 것 같았다. 나는 그대로 눈을 감아버렸다. 벼락이 내리기를 기다린 것이다. 그러나 쌔근하는 숨소리가 나면서 푸시시 아내의 치맛자락 소리가 나고 장지가 여닫히며 아내는 아내 방으로 돌아갔다. 나는 다시 몸을 돌쳐 이불을 뒤집어 쓰고는 개구리처럼 엎드리고 엎드려서 배가 고픈 가운데도 오늘 밤의 외출을 또 한 번 후회하였다.

나는 이불 속에서 아내에게 사죄하였다. 그것은 네 오해라고…….

나는 사실 밤이 퍽이나 이슥한 줄만 알았던 것이다. 그것이 네 말마따나 자정 전인지는 정말이지 꿈에도 몰랐다. 나는 너무 피곤하였다. 오래간만에 나는 너무 많이 걸은 것이 잘못이다. 내 잘못이라면 잘못은 그것밖에는 없다. 외출은 왜 하였더냐고?

나는 그 머리맡에 저절로 모인 5원 돈을 아무에게라도 좋으니 주어보고 싶었던 것이다. 그뿐이다. 그러나 그것도 내 잘못이라면 나는 그렇게 알겠다. 나는 후회하고 있지 않나?

내가 그 5원 돈을 써버릴 수가 있었던들 나는 자정 안에 집에 돌아올 수 없었을 것이다. 그러나 거리는 너무 복잡하였고 사람은 너무도 들끓었다. 나는 어느 사람을 붙들고 그 5원 돈을 내어 주어야 할지 갈피를 잡을 수 없었다. 그러는 동안에 나는 여지없이 피곤해 버리고 말았던 것이다.

---

32) 일종의 몽유 현상으로, 화자의 정신 상태가 건강하지 못하다는 사실을 가리키고 있다.

나는 무엇보다 좀 쉬고 싶었다. 눕고 싶었다. 그래서 나는 하는 수 없이 집으로 돌아온 것이다. 내 짐작 같아서는 밤이 어지간히 늦은 줄만 알았는데, 그것이 불행히도 자정 전이었다는 것은 참 안 된 일이다. 미안한 일이다. 나는 얼마든지 사죄하여도 좋다. 그러나 종시 아내의 오해를 풀지 못하였다 하면 내가 이렇게까지 사죄하는 보람은 그럼 어디 있나? 한심하였다.

한 시간 동안을 나는 이렇게 초조하게 굴지 않으면 안 되었다. 나는 이불을 홱 젖혀버리고 일어나서 장지를 열고 아내 방으로 비칠비칠 달려갔던 것이다. 내게는 거의 의식이라는 것이 없었다. 나는 아내 이불 위에 엎드러지면서 바지 포키트 속에서 그 돈 5원을 꺼내 아내 손에 쥐어 준 것을 간신히 기억할 뿐이다.

이튿날 잠이 깨었을 때 나는 내 아내 방 아내 이불 속에 있었다. 이것이 이 33번지에서 살기 시작한 이래 내가 아내 방에서 잔 맨 처음이었다.

해가 들창에 훨씬 높았는데 아내는 이미 외출하고 벌써 내 곁에 있지는 않다. 아니! 아내는 엊저녁 내가 의식을 잃은 동안에 외출한 것인지도 모른다. 그러나 나는 그런 것을 조사하고 싶지 않았다. 다만 전신이 찌뿌드드한 것이 손가락 하나 꼼짝할 힘조차 없었다. 책보보다 좀 작은 면적의 볕이 눈이 부시다. 그 속에서 수없는 먼지가 흡사 미생물처럼 난무한다. 코가 콱 막히는 것 같다. 나는 다시 눈을 감고 이불을 푹 뒤집어쓰고 낮잠을 자기에 착수하였다. 그러나 코를 스치는 아내의 체취는 꽤 도발적이었다.[33] 나는 몸을 여러 번 여러 번 비비 꼬면서 아내의 화장대에 늘어선 그 가지각색 화장품 병들과 그 병들의 마개를 뽑았을 때 풍기는 냄새를 더듬느라고 좀처럼 잠은 들지 않는 것을 나는 어찌 하는 수도 없었다.

33) 성적으로 자극하는 아내의 관능적인 매혹을 표현한 것임.

견디다 못하여 나는 그만 이불을 걷어차고 벌떡 일어나서 내 방으로 갔다. 내 방에는 다 식어빠진 내 끼니가 가지런히 놓여 있는 것이다. 아내는 내 모이를 여기다 두고 나간 것이다.[34] 나는 우선 배가 고팠다. 한 숟갈을 입에 떠 넣었을 때 그 촉감은 참 너무도 냉회와 같이 써늘하였다. 나는 숟갈을 놓고 내 이불 속으로 들어갔다. 하룻밤을 비었던 내 이부자리는 여전히 반갑게 나를 맞아 준다. 나는 내 이불을 뒤집어쓰고 이번에는 참 늘어지게 한잠 잤다. 잘 ―.

내가 잠을 깬 것은 전등이 켜진 뒤다. 그러나 아내는 아직도 돌아오지 않았나보다. 아니! 돌아왔다 또 나갔는지도 알 수 없다. 그러나 그런 것을 상고하여 무엇하나?

정신이 한결 난다. 나는 지난밤 일을 생각해 보았다. 그 돈 5원을 아내 손에 쥐어 주고 넘어졌을 때에 느낄 수 있었던 쾌감을 나는 무엇이라고 설명할 수가 없었다. 그러나 내객들이 내 아내에게 돈 놓고 가는 심리며 내 아내가 내게 돈 놓고 가는 심리의 비밀을 나는 알아낸 것 같아서 여간 즐거운 것이 아니다. 나는 속으로 빙그레 웃어 보았다. 이런 것을 모르고 오늘까지 지내 온 내 자신이 어떻게 우스꽝스럽게 보이는지 몰랐다. 나는 어깨춤이 났다.

따라서 나는 또 오늘 밤에도 외출하고 싶었다. 그러나 돈이 없다. 나는 엊저녁에 그 돈 5원을 한꺼번에 아내에게 주어버린 것을 후회하였다. 또 그 벙어리를 변소에 갖다 처넣어 버린 것도 후회하였다. 나는 실없이 실망하면서 습관처럼 그 돈 5원이 들어 있던 내 바지 포키트에 손을 넣어 한 번 휘둘러보았다. 뜻밖에도 내 손에 쥐어지는 것이 있었다. 2원 밖에 없다. 그러나 많아야 맛은 아니다. 얼마간이고 있으면 된다. 나는 그만한 것이 여간 고마운 것이 아니었다.

---

34) 화자와 아내의 관계는 사육당하는 짐승과 사육사의 관계로 은유된다. 정신분석의 맥락에서 볼 때, 피학대음란증과 관련된 자조(自嘲)와 자기혐오증의 또 다른 표현이다.

나는 기운을 얻었다. 나는 그 단벌 다 떨어진 콜텐 양복을 걸치고 배고픈 것도 주제 사나운 것도 다 잊어버리고 활갯짓을 하면서 또 거리로 나섰다. 나서면서 나는 제발 시간이 화살 닫듯 해서 자정이 어서 홱 지나버렸으면 하고 조바심을 태웠다. 아내에게 돈을 주고 아내 방에서 자 보는 것은 어디까지든지 좋았지만 만일 잘못해서 자정 전에 집에 들어갔다가 아내의 눈총을 맞는 것은 그것은 여간 무서운 일이 아니었다. 나는 저물도록 길 가 시계를 들여다보고 들여다보고 하면서 또 지향 없이 거리를 방황하였다. 그러나 이 날은 좀처럼 피곤하지는 않았다. 다만 시간이 좀 너무 더디게 가는 것만 같아서 안타까웠다.

경성역(京城驛) 시계가 확실히 자정이 지난 것을 본 뒤에 나는 집을 향하였다. 그 날은 그 일각 대문에서 아내와 아내의 남자가 이야기하고 섰는 것을 만났다. 나는 모른 체하고 두 사람 곁을 지나서 내 방으로 들어갔다. 뒤이어 아내도 들어왔다. 와서는 이 밤중에 평생 안 하던 쓰게질[35]을 하는 것이다. 조금 있다가 아내가 눕는 기척을 엿보자마자 나는 또 장지를 열고 아내 방으로 가서 그 돈 2원을 아내 손에 덥석 쥐어 주고 그리고-하여간 그 2원을 오늘 밤에도 쓰지 않고 도로 가져온 것이 참 이상하다는 듯이 아내는 내 얼굴을 몇 번이고 엿보고-아내는 드디어 아무 말도 없이 나를 자기 방에 재워 주었다. 나는 이 기쁨을 세상의 무엇과도 바꾸고 싶지는 않았다. 나는 편히 잘 잤다.

이튿날도 내가 잠이 깨었을 때는 아내는 보이지 않았다. 나는 또 내 방으로 가서 피곤한 몸이 낮잠을 잤다.

내가 아내에게 흔들려 깨었을 때는 역시 불이 들어온 뒤였다. 아

35) 쓰레질. 비로 쓸어 집 안을 깨끗이 하는 일.

내는 자기 방으로 나를 오라는 것이다. 이런 일은 또 처음이다. 아내는 끊임없이 얼굴에 미소를 띠고 내 팔을 이끄는 것이다. 나는 이런 아내의 태도 이면에 엔간치 않은 음모가 숨어 있지나 않은가 하고 적이 불안을 느끼지 않을 수 없었다.

나는 아내의 하자는 대로 아내의 방으로 끌려갔다. 아내 방에는 저녁 밥상이 조촐하게 차려져 있는 것이다. 생각하여 보면 나는 이틀을 굶었다. 나는 지금 배고픈 것까지도 긴가 민가 잊어버리고 어름어름하던 차다.

나는 생각하였다. 이 최후의 만찬을 먹고 나자마자 벼락이 내려도 나는 차라리 후회하지 않을 것을. 사실 나는 인간 세상이 너무나 심심해서 못 견디겠던 차다. 모든 것이 성가시고 귀찮았으나 그러나 불의의 재난이라는 것은 즐겁다. 나는 마음을 턱 놓고 조용히 아내와 마주 이 해괴한 저녁밥을 먹었다. 우리 부부는 이야기하는 법이 없었다. 밥을 먹은 뒤에도 나는 말이 없이 부시시 일어나서 내 방으로 건너 가버렸다. 아내는 나를 붙잡지 않았다. 나는 벽에 기대어 앉아서 담배를 한 대 피워 물고 그리고 벼락이 떨어질 테거든 어서 떨어져라 하고 기다렸다.

오 분! 십 분!

그러나 벼락은 내리지 않았다.[36] 긴장이 차츰 풀어지기 시작한다. 나는 어느덧 오늘 밤에도 외출할 것을 생각하고 있었다. 돈이 있었으면 하고 생각하고 있었다. 그러나 돈은 확실히 없다. 오늘은 외출하여도 나중에 올 무슨 기쁨이 있나? 내 앞이 그저 아뜩하였다. 나는 화가 나서 이불을 뒤집어쓰고 이리 뒹굴 저리 뒹굴 굴렀다. 금시 먹은 밥이 목으로 자꾸 치밀어 올라온다. 메스꺼웠다.

하늘에서 얼마라도 좋으니 왜 지폐가 소낙비처럼 퍼붓지 않나?

36) 벼락 얘기는 환각에 시달리는 자의 정신적인 불안의 징후를 보여준다.

그것이 그저 한없이 야속하고 슬펐다. 나는 이렇게밖에 돈을 구하는 아무런 방법도 알지는 못했다. 나는 이불 속에서 좀 울었나보다. 왜 없느냐면서…….

그랬더니 아내가 또 내 방에를 왔다. 나는 깜짝 놀라 아마 이제서야 벼락이 내리려나보다 하고 숨을 죽이고 두꺼비 모양으로 엎드려 있었다. 그러나 떨어진 입을 새어 나오는 아내의 말소리는 참 부드러웠다. 정다웠다. 아내는 내가 왜 우는지를 안다는 것이다. 돈이 없어서 그러는 게 아니냔다. 나는 실없이 깜짝 놀랐다. 어떻게 사람의 속을 환 하게 들여다보는고 해서 나는 한편으로 슬그머니 겁도 안 나는 것은 아니었으나 저렇게 말하는 것을 보면 아마 내게 돈을 줄 생각이 있나보다, 만일 그렇다면 오죽이나 좋은 일일까. 나는 이불 속에 뚤뚤 말린 채 고개도 들지 않고 아내의 다음 거동을 기다리고 있으니까 옛소 하고 내 머리맡에 내려뜨리는 것은 그 가뿐한 음향으로 보아 지폐에 틀림없었다. 그리고 내 귀에다 대고 오늘을랑 어제보다도 늦게 돌아와도 좋다고 속삭이는 것이다. 그것은 어렵지 않다. 우선 그 돈이 무엇보다도 고맙고 반가웠다.

어쨌든 나섰다. 나는 좀 야맹증(夜盲症)[37]이다. 그래서 될 수 있는 대로 밝은 거리로 골라서 돌아다니기로 했다. 그리고는 경성역 일 이등 대합실 한곁 티룸[38]에를 들렀다. 그것은 내게는 큰 발견이었다. 거기는 우선 아무도 아는 사람이 안 온다. 설사 왔다가도 곧들 가니까 좋다. 나는 날마다 여기 와서 시간을 보내리라 속으로 생각하여 두었다.

제일 여기 시계가 어느 시계보다도 정확하리라는 것이 좋았다. 선불리 서투른 시계를 보고 그것을 믿고 시간 전에 집에 돌아갔다

37) 화자가 야행성이면서도 야맹증인 것은 사회적 부적응을 암시하는 듯하다.
38) 다방을 가리킴.

가 큰코를 다쳐서는 안 된다.

나는 한 박스[39]에 아무 것도 없는 것과 마주 앉아서 잘 끓은 커피를 마셨다. 총총한 가운데 여객들은 그래도 한 잔 커피가 즐거운가보다. 얼른얼른 마시고 무얼 좀 생각하는 것같이 담벼락도 좀 쳐다보고 하다가 곧 나가버린다. 서글프다. 그러나 내게는 이 서글픈 분위기가 거리의 티룸들의 그 거추장스러운 분위기보다는 절실하고 마음에 들었다. 이따금 들리는 날카로운 혹은 우렁찬 기적 소리가 모차르트보다도 더 가깝다. 나는 메뉴에 적힌 몇 가지 안 되는 음식 이름을 치읽고 내리읽고[40] 여러 번 읽었다. 그것들은 아물아물하는 것이 어딘가 내 어렸을 때 동무들 이름과 비슷한 데가 있었다.

거기서 얼마나 내가 오래 앉았는지 정신이 오락가락 하는 중에 객이 슬며시 뜸해지면서 이 구석 저 구석 걷어치우기 시작하는 것을 보면 아마 닫는 시간이 된 모양이다. 열 한 시가 좀 지났구나, 여기도 결코 내 안주의 곳은 아니구나, 어디 가서 자정을 넘길까? 두루 걱정을 하면서 나는 밖으로 나섰다. 비가 온다. 빗발이 제법 굵은 것이 우비도 우산도 없는 나를 고생시킬 작정이다. 그렇다고 이런 이한 풍모를 차리고 이 홀에서 어물어물하는 수도 없고 에이 비를 맞으면 맞았지 하고는 그냥 나서버렸다.

대단히 선선해서 견딜 수가 없다. 콜텐 옷이 젖기 시작하더니 나중에는 속속들이 스며들면서 처근거린다. 비를 맞아 가면서라도 견딜 수 있는 데까지 거리를 돌아 다녀서 시간을 보내려 하였으나 인제는 선선해서 이 이상은 더 견딜 수가 없다. 오한이 자꾸 일어나면서 이가 딱딱 맞부딪는다.

나는 걸음을 잦추면서 생각하였다. 오늘 같은 궂은 날도 아내에게 내객이 있을라구? 없겠지 하는 생각이 드는 것이다. 집으로 가야

39) 서로 마주앉은 자리.
40) 아래에서 위로 향해 읽고, 위에서 아래로 향해 읽고.

겠다. 아내에게 불행히 내객이 있거든 내 사정을 하리라. 사정을 하면 이렇게 비가 오는 것을 눈으로 보고 알아주겠지.

부리나케 와 보니까 그러나 아내에게는 내객이 있었다. 나는 너무 춥고 척척해서 얼떨김에 노크하는 것을 잊었다. 그래서 나는 보면 아내가 덜 좋아할 것[41]을 그만 보았다. 나는 감발 자국 같은 발자국을 내면서 덤벙덤벙 아내 방을 디디고 그리고 내 방으로 가서 쭉 빠진 옷을 활활 벗어버리고 이불을 뒤 썼다. 덜덜덜덜 떨린다. 오한이 점점 더 심해 들어온다. 여전 땅이 꺼져 들어가는 것만 같았다. 나는 그만 의식을 잃어버리고 말았다.

이튿날 내가 눈을 떴을 때 아내는 내 머리맡에 앉아서 제법 근심스러운 얼굴이다. 나는 감기가 들었다. 여전히 으시시 춥고 또 골치가 아프고 입에 군침이 도는 것이 씁쓸하면서 다리팔이 척 늘어져 노곤하다. 아내는 내 머리를 쓱 짚어 보더니 약을 먹어야지 한다. 아내 손이 이마에 선뜻한 것을 보면 신열이 어지간한 모양인데 약을 먹는다면 해열제를 먹어야지 하고 속생각을 하자니까 아내는 따뜻한 물에 하얀 정제약 네 개를 준다. 이것을 먹고 한잠 푹 자고 나면 괜찮다는 것이다. 나는 널름 받아먹었다. 쌉싸름한 것이 짐작 같아서는 아마 아스피린인가 싶다. 나는 다시 이불을 쓰고 단번에 그냥 죽은 것처럼 잠이 들어버렸다.[42]

나는 콧물을 훌쩍훌쩍 하면서 여러 날을 앓았다. 앓는 동안에 끊이지 않고 그 정제약을 먹었다. 그러는 동안에 감기도 나왔다. 그러나 입맛은 여전히 소태처럼 썼다.

나는 차츰 또 외출하고 싶은 생각이 났다. 그러나 아내는 나더러 외출하지 말라고 이르는 것이다. 이 약을 날마다 먹고 그리고 가만

41) 아내가 덜 좋아할 것은 아내와 내객이 수작을 나누는 일이다.
42) 신화비평에 의하면, 잠은 가사 상태이며, 상징적인 죽음의 세계를 체험하는 행위이다.

히 누워 있으라는 것이다. 공연히 외출을 하다가 이렇게 감기가 들어서 저를 고생시키는 게 아니란다. 그도 그렇다. 그럼 외출을 하지 않겠다고 맹세하고 그 약을 연복(連服)하여 몸을 좀 보(輔)해 보리라고 나는 생각하였다.

나는 날마다 이불을 뒤집어쓰고 밤이나 낮이나 잤다. 유난스럽게 밤이나 낮이나 졸려서 견딜 수가 없는 것이다. 나는 이렇게 잠이 자꾸만 오는 것은 내가 몸이 훨씬 튼튼해진 증거라고 굳게 믿었다.

나는 아마 한 달이나 이렇게 지냈나보다. 내 머리와 수염이 좀 너무 자라서 훗훗해서 견딜 수가 없어서 내 거울을 좀 보리라고 아내가 외출한 틈을 타서 나는 아내 방으로 가서 아내의 화장대 앞에 앉아 보았다. 상당하다. 수염과 머리가 참 산란하였다. 오늘은 이발을 좀 하리라고 생각하고 겸사겸사 그 화장품 병들 마개를 뽑고 이것저것 맡아 보았다. 한동안 잊어버렸던 향기 가운데서는 몸이 배배 꼬일 것 같은 체취가 전해 나왔다. 나는 아내의 이름을 속으로만 한 번 불러 보았다. '연심(蓮心)[43]이-'하고…….

오래간만에 돋보기 장난도 하였다. 거울 장난도 하였다. 창에 든 볕이 여간 따뜻한 것이 아니었다. 생각하면 5월이 아니냐.

나는 커다랗게 기지개를 한 번 켜 보고 아내 베개를 내려 베고 벌떡 자빠져서는 이렇게도 편안하고 즐거운 세월을 하느님께 흠씬 자랑하여 주고 싶었다. 나는 참 세상의 아무 것과도 교섭을 가지지 않는다.[44] 하느님도 아마 나를 칭찬할 수도 처벌할 수도 없는 것 같다.

그러나 다음 순간 실로 세상에도 이상스러운 것이 눈에 띄었다.

---

43) 연심(蓮心)은 이상의 동거녀 금홍의 본명이다. 이상의 친구였던 문종혁의 증언이라고 한다.

44) 서사 문학의 장르적 성격으로서, 자아와 세계의 불화를 여실히 보여주고 있는 대목이다.

그것은 최면약 아다링[45]갑이었다. 나는 그것을 아내의 화장대 밑에서 발견하고 그것이 흡사 아스피린처럼 생겼다고 느꼈다. 나는 그것을 열어 보았다. 꼭 네 개가 비었다.

나는 오늘 아침에 네 개의 아스피린을 먹은 것을 기억하고 있었다. 나는 잤다. 어제도 그제도 그끄제도—. 나는 졸려서 견딜 수가 없었다. 나는 감기가 다 나았는데도 아내는 내게 아스피린을 주었다. 내가 잠이 든 동안에 이웃에 불이 난 일이 있다. 그 때에도 나는 자느라고 몰랐다. 이렇게 나는 잤다. 나는 아스피린으로 알고 그럼 한 달 동안을 두고 아다링을 먹어 온 것이다. 이것은 좀 너무 심하다.

별안간 아뜩하더니 하마터면 나는 까무러칠 뻔하였다. 나는 그 아다링을 주머니에 넣고 집을 나섰다. 그리고 산을 찾아 올라갔다. 인간 세상의 아무 것도 보기가 싫었던 것이다. 걸으면서 나는 아무쪼록 아내에 관계되는 일은 일체 생각하지 않도록 노력하였다. 길에서 까무러치기 쉬우니까다. 나는 어디라도 양지가 바른 자리를 하나 골라 자리를 잡아 가지고 서서히 아내에 관하여서 연구할 작정이었다. 나는 길 가의 돌창[46], 핀, 구경도 못한 진개나리꽃, 종달새, 돌멩이도 새끼를 까는 이야기, 이런 것만 생각하였다. 다행히 길 가에서 나는 졸도하지 않았다.

거기는 벤치가 있었다. 나는 거기 정좌하고 그리고 그 아스피린과 아다링에 관하여 연구하였다. 그러나 머리가 도무지 혼란하여 생각이 체계를 이루지 않는다. 단 오 분이 못 가서 나는 그만 귀찮은 생각이 번쩍 들면서 심술이 났다. 나는 주머니에서 가지고 온 아다링을 꺼내 남은 여섯 개를 한꺼번에 질겅질겅 씹어 먹어버렸다. 맛이 익살맞다.[47] 그리고 나서 나는 그 벤치 위에 가로 기다랗게 누웠

45) 아달린(adalin). 수면제의 상품명.
46) 지저분하고 불결한 도랑.

다. 무슨 생각으로 내가 그 따위 짓을 했나, 알 수가 없다. 그저 그러고 싶었다. 나는 게서 그냥 깊이 잠이 들었다. 잠결에도 바위틈으로 흐르는 물소리가 졸졸 하고 귀에 언제까지나 어렴풋이 들려 왔다.

내가 잠을 깨었을 때는 날이 환히 밝은 뒤다. 나는 거기서 일주야를 잔 것이다. 풍경이 그냥 노랗게 보인다. 그 속에서도 나는 번개처럼 아스피린과 아다링이 생각났다.

아스피린, 아다링, 아스피린, 아다링, 마르크스, 말사스, 마도르스, 아스피린, 아다링.[48]

아내는 한 달 동안 아다링을 아스피린이라고 속이고 내게 먹였다. 그것은 아내 방에서 이 아다링 갑이 발견된 것으로 미루어 증거가 너무나 확실하다.

무슨 목적으로 아내는 나를 밤이나 낮이나 재웠어야 됐나?

나를 밤이나 낮이나 재워 놓고 그리고 아내는 내가 자는 동안에 무슨 짓을 했나?

나를 조금씩 조금씩 죽이려던 것일까?[49]

그러나 또 생각하여 보면 내가 한 달을 두고 먹어 온 것이 아스피린이었는지도 모른다. 아내는 무슨 근심되는 일이 있어서 밤이면 잠이 잘 오지 않아서 정작 아내가 아다링을 사용한 것이나 아닌지? 그렇다면 나는 참 미안하다. 나는 아내에게 이렇게 큰 의혹을 가졌다는 것이 참 안됐다.

나는 그래서 부리나케 거기서 내려왔다. 아랫도리가 홰홰 내어저이면서 어찔어찔한 것을 나는 겨우 집을 향하여 걸었다. 여덟 시

---

47) '맛이 익살맞다'의 정확한 뜻은 잘 알 수 없으나, 매우 재미있는 표현이다.

48) 유사한 음감으로 배열된 자유연상, 자동기술은 정신의 착란을 암시한다.

49) 아내가 자신의 부정한 행위를 위해 남편인 화자에게 살의를 품었다고 근거가 확실하지 않는 상태에서 의심하는 것은 일종의 강박관념이요, 피해망상이다.

가까이였다.

나는 내 잘못된 생각을 죄다 일러바치고 아내에게 사죄하려는 것이다. 나는 너무 급해서 그만 또 말을 잊어버렸다.

그랬더니 이건 참 큰일 났다. 나는 내 눈으로 절대로 보아서 안 될 것[50]을 그만 딱 보아버리고 만 것이다. 나는 얼떨결에 그만 냉큼 미닫이를 닫고 그리고 현기증이 나는 것을 진정시키느라고 잠깐 고개를 숙이고 눈을 감고 기둥을 짚고 섰자니까 일 초 여유도 없이 홱 미닫이가 다시 열리더니 매무새를 풀어 헤친 아내가 불쑥 내밀면서 내 멱살을 잡는 것이다. 나는 그만 어지러워서 게가 나둥그러졌다. 그랬더니 아내는 넘어진 내 위에 덮치면서 내 살을 함부로 물어뜯는 것이다. 아파 죽겠다. 나는 사실 반항할 의사도 힘도 없어서 그냥 넓적 엎드려 있으면서 어떻게 되나 보고 있자니까 뒤이어 남자가 나오는 것 같더니 아내를 한 아름에 덥석 안아 가지고 방으로 들어가는 것이다. 아내는 아무 말 없이 다소곳이 그렇게 안겨 들어가는 것이 내 눈에 여간 미운 것이 아니다. 밉다.

아내는 너 밤새워 가면서 도둑질하러 다니느냐, 계집질하러 다니느냐고 발악이다. 이것은 참 너무 억울하다. 나는 어안이 벙벙하여 도무지 입이 떨어지지를 않았다.

너는 그야말로 나를 살해하려던 것이 아니냐고 소리를 한 번 꽥 질러 보고도 싶었으나 그런 긴가민가한 소리를 섣불리 입 밖에 내었다가는 무슨 화를 볼는지 알 수 없다. 차라리 억울하지만 잠자코 있는 것이 우선 상책인 듯싶은 생각이 들길래 나는 이것은 또 무슨 생각으로 그랬는지 모르지만 툭툭 떨고 일어나서 내 바지 포키트 속에 남은 돈 몇 원 몇 십 전을 가만히 꺼내서는 몰래 미닫이를 열고 살며시 문지방 밑에다 놓고 나서는 나는 그냥 줄달음박질을 쳐

50) 절대로 보아서 안 될 것은 아내의 불륜 현장이다.

서 나와 버렸다.

여러 번 자동차에 치일 뻔하면서 나는 그래도 경성역으로 찾아갔다. 빈자리와 마주 앉아서 이 쓰디쓴 입맛을 거두기 위하여 무엇으로나 입가심을 하고 싶었다.

커피-. 좋다. 그러나 경성역 홀에 한걸음을 들여놓았을 때 나는 내 주머니에는 돈이 한 푼도 없는 것을 그것을 깜박 잊었던 것을 깨달았다. 또 아뜩하였다. 나는 어디선가 그저 맥없이 머뭇머뭇하면서 어쩔 줄을 모를 뿐이었다. 얼빠진 사람처럼 그저 이리 갔다 저리 갔다 하면서…….

나는 어디로 어디로 들입다 쏘다녔는지 하나도 모른다. 다만 몇 시간 후에 내가 미쓰꼬시[51] 옥상에 있는 것을 깨달았을 때는 거의 대낮이었다.

나는 거기 아무 데나 주저앉아서 내 자라 온 스물여섯 해를 회고하여 보았다. 몽롱한 기억 속에서는 이렇다는 아무 제목도 불거져 나오지 않았다.

나는 또 내 자신에게 물어 보았다. 너는 인생에 무슨 욕심이 있느냐고. 그러나 있다고도 없다고도 그런 대답은 하기가 싫었다. 나는 거의 나 자신의 존재를 인식하기조차도 어려웠다.

허리를 굽혀서 나는 그저 금붕어를 들여다보고 있었다. 금붕어는 참 잘들도 생겼다. 작은 놈은 작은 놈대로 큰 놈은 큰 놈대로 다 싱싱하니 보기 좋았다. 내려 비치는 5월 햇살에 금붕어들은 그릇 바탕에 그림자를 내려뜨렸다. 지느러미는 하늘하늘 손수건을 흔드는 흉내를 낸다. 나는 이 지느러미 수효를 헤어 보기도 하면서 굽힌 허리를 좀처럼 펴지 않았다. 등어리가 따뜻하다.

나는 또 희락[52]의 거리를 내려다보았다. 거기서는 피곤한 생활이

---

51) 신세계 백화점 건물.

52) 즐겁고 유쾌한. 이본(異本)에 따라 '희탁', '오탁'으로 표기되어 있기도 하다.

똑 금붕어 지느러미처럼 흐늑흐늑 허우적거렸다. 눈에 보이지 않는 끈적끈적한 줄에 엉켜서 헤어나지들을 못한다. 나는 피로와 공복 때문에 무너져 들어가는 몸뚱이를 끌고 그 오탁의 거리 속으로 섞여 가지 않는 수도 없다 생각하였다.

나서서 나는 또 문득 생각하여 보았다. 이 발길이 지금 어디로 향하여 가는 것인가를…….

그때 내 눈 앞에는 아내의 모가지가 벼락처럼 내려 떨어졌다.[53] 아스피린과, 아다링.

우리들은 서로 오해하고 있느니라. 설마 아내가 아스피린 대신에 아다링의 정량을 나에게 먹여 왔을까? 나는 그것을 믿을 수는 없다. 아내가 대체 그럴 까닭이 없을 것이니. 그러면 나는 날밤을 새면서 도둑질을 계집질을 하였나? 정말이지 아니다.

우리 부부는 숙명적으로 발이 맞지 않는 절름발이인 것이다. 내나 아내나 제 거동에 로직[54]을 붙일 필요는 없다. 변해(辨解)[55]할 필요는 없다. 사실은 사실대로 오해는 오해대로 그저 끝없이 발을 절뚝거리면서 세상을 걸어가면 되는 것이다. 그렇지 않을까?

그러나 나는 이 발길이 아내에게로 돌아가야 옳은가 이것만은 분간하기가 좀 어려웠다. 가야 하나? 그럼 어디로 가나?[56]

이 때 뚜우 하고 정오 사이렌이 울었다. 사람들은 모두 네 활개를 펴고 닭처럼 푸드득거리는 것 같고 온갖 유리와 강철과 대리석과 지폐와 잉크가 부글부글 끓고 수선을 떨고 하는 것 같은 찰나! 그야말로 현란을 극한 정오[57]다.

나는 불현듯이 겨드랑이가 가렵다. 아하. 그것은 내 인공의 날

53) 일종의 환각(hallucination)이다.
54) 논리, 이치 따지기, 혹은, 자기변명.
55) 변명하거나 해명하는 일.
56) 방향 감각을 상실한 현대인의 모습을 풍유하기도 함.
57) 아주 눈부신 한낮.

개[58]가 돋았던 자국이다. 오늘은 없는 이 날개. 머릿속에서는 희망과 야심이 말소된 페이지가 딕셔너리 넘어가듯 번뜩였다.

나는 걷던 걸음을 멈추고 그리고 일어나 한 번 이렇게 외쳐 보고 싶었다.

날개야 다시 돋아라.

날자. 날자. 날자. 한 번만 더 날자꾸나.

한 번만 더 날아 보자꾸나.[59]

---

58) 신화비평에 의하면, 인공의 날개는 '이카로스'의 날개라는 인류의 원형 심상이 있다.

59) 박제로부터 비롯한 소설이 날개로 끝맺음하고 있다. 한 번 더 날겠다는 것은, 의지적 행위로의 전환, 실존적 주체로서의 자기 각성, 초극의 욕망을 의미한다.

작가작품론의 실제

초판 1쇄 인쇄 • 2014년 8월 23일
초판 1쇄 발행 • 2014년 8월 31일

저　자 • 송희복
발행인 • 박성복
발행처 • 도서출판 월인
서울특별시 강북구 노해로25길 61(수유2동 252-9)
등　록 • 제6-0364호
등록일 • 1998년 5월 4일
전　화 • (02) 912-5000
팩　스 • (02) 900-5036
www.worin.net

ISBN 978-89-8477-571-8 93810

값 15,000원